Elmar Weixlbaumer

Wer's glaubt

Widersprüche und Kurioses rund
um Kirche und Religionen

 GOLDEGG
VERLAG

Bildrechte Autorenfoto: Nathalie B. Bauer
Umschlaggestaltung: zdravilina – ahorn.co

Der Verlag und seine Autoren sind für Reaktionen, Hinweise oder Meinungen dankbar. Bitte wenden Sie sich diesbezüglich an verlag@goldegg-verlag.com.

Der Goldegg Verlag achtet bei seinen Büchern und Magazinen auf nachhaltiges Produzieren. Goldegg Bücher sind umweltfreundlich produziert und orientieren sich in Materialien, Herstellungsorten, Arbeitsbedingungen und Produktionsformen an den Bedürfnissen von Gesellschaft und Umwelt.

ISBN Print: 978–3-99060–014–6
ISBN E-Book: 978–3-99060–015–3

© 2017 Goldegg Verlag GmbH
Friedrichstraße 191 • D-10117 Berlin
Telefon: +49 800 505 43 76-0

Goldegg Verlag GmbH, Österreich
Mommsengasse 4/2 • A-1040 Wien
Telefon: +43 1 505 43 76-0

E-Mail: office@goldegg-verlag.com
www.goldegg-verlag.com

Layout, Satz und Herstellung: Goldegg Verlag GmbH, Wien
Druck und Bindung: EuroPB, CZ

Gewidmet meiner Frau Verena,
die mir in bislang über zwanzig Jahren als
intellektueller Sparringspartner zur Seite stand,
stets neue und für mich verblüffende
Sichtweisen an mich herangetragen hat,
viele meiner Meinungen verändert hat
und mir so geholfen hat, ein klügerer Mensch zu werden.

Vorwort

Warum schreiben Menschen über Religionen? Es gibt viele Gründe, warum sich Autoren an dieses Thema heranwagen. Manche nähern sich dem Glauben wissenschaftlich und versuchen, aus alten Schriften herauszulösen, worauf eine Religion sich begründet und was damals wirklich geschehen ist. Andere wollen ihre flammende Überzeugung zu Papier bringen und anderen weitergeben. Wieder andere empfinden Religionen als etwas Überholtes, dass Gott »tot sei« und wollen das in die Welt hinaustragen. Oder jemand möchte aus auf Missstände in der Organisation einer Kirche hinweisen, in der Hoffnung, dass sich etwas ändert.

Mich hat etwas anderes beschäftigt: Während meiner Kindheit in der Provinz wurde ich wie fast alle Kinder dieser Region katholisch erzogen. Aber solange ich mich erinnern kann, ärgerte ich mich über die maßlose, geradezu blasphemische Verwischung der Grenzen zwischen Erklärbarem und dem, was wir nur glauben können. An Gott muss man glauben, das ist auch für einen Minderjährigen nachvollziehbar. Aber warum Jesus weint, wenn ich in der Schule im Religionsunterricht nicht aufpasse, erschien mir nicht schlüssig. Wir sollen unserem Schöpfer huldigen, als dem Herrscher der Welt und unserem Richter. Aber wieso soll ich nicht über das, was meiner Ansicht nach in der Organisation der Kirche falsch läuft, oder über verwirrende Widersprühe sprechen dürfen? Mir wurde immer gesagt, der Pfarrer sei ein »Mann Gottes« und daher dürfen wir Kinder ihm keine Streiche spielen, müssen höflicher sein als gegenüber anderen Lehrern und vor allem darf absolut nichts an ihm kritisiert werden. Das wollte nicht und nicht in meinen Kopf hinein. Vor allem deshalb, weil all diese Umgangsregeln nirgendwo verschriftlicht waren. Meine Fragen, wer denn dies oder das gesagt hatte oder von uns verlangen würde, wurde mit den üblichen Aussagen Erwachsener abgeblockt: »Weil es eben so ist« oder »weil es immer schon so war« und Ähnliches.

Seitdem führte ich viele Diskussionen mit vielen unterschiedlichen Menschen. Nach und nach entstand der Gedanke ein System zu erfinden, das unterscheidet zwischen dem, was einfach Glaube ist, und dem, was Menschen rein für die Organisation ihres Glaubens entwickelt haben. Dieses System soll eine Hilfestellung dafür bieten, was ein Gläubiger einfach annehmen muss und auf welchen anderen Gebieten er sich auf seine Hinterbeine stellen sollte und wo konstruktive Kritik sogar wichtig ist, um als aktiver Gläubiger etwas beizutragen. Heraus gekommen ist eine Art Farbskala der Religiosität, die stetig von »strikt zu glauben» über »hinterfragbar« bis zu »eindeutig irdisch und nicht religiös« verläuft. Jedes Element des christlichen Alltags vermag zugeordnet zu werden. Und natürlich funktioniert so ein Schema mit allen Religionen gleichermaßen, nicht nur mit dem Christentum.

Bei dieser Spurensuche und der Entwicklung meiner »Glaubenspyramide« habe ich im Laufe der Zeit eine Menge skurriler, verblüffender Geschichten und Widersprüche zusammengesammelt. Alle Religionen haben ihre Absurditäten, das ergibt sich allein schon daraus, weil sich unsere Vorstellungen zu gesellschaftlichem Zusammenleben über die Jahrhunderte immer wieder verändert haben. Was uns heute morbid, abartig oder zumindest sonderbar erscheint, war vor tausend Jahren manchmal eine übliche Praxis. Anhand dieser ungewöhnlichen Geschichten, die ohne jede Bewertung rein zur Unterhaltung in dieses Buch eingestreut sind, möchte ich Ihnen dabei behilflich sein, einen eigenen Weg zu finden zwischen dem, was Sie glauben möchten, und dem, was Sie ganz ohne schlechtes Gewissen an Ihrer Religion einfach ablehnen dürfen, weil Sie es als das identifizieren werden, was es ist: pure menschliche Erfindung ohne Bezug zum Wesenskern Ihrer Religion. Eines ist mir wichtig: Es liegt mit völlig fern, irgendetwas zu bewerten oder zu kritisieren. Ich verbrachte mein bisheriges Leben in einem religiös geprägten Land. Die meisten meiner Freunde und Familienmitglieder sind in irgendeiner Weise gläubig. Ich habe einst Mathematik studiert und daher ist mein Zugang ein wertfrei rationaler: Jeder hat das gleiche Recht, an etwas zu glauben oder nicht. Glaube heißt auch, dass er nicht widerlegbar ist. Und solange das gilt, hat jeder Autor die Pflicht, mit höchstem Respekt über die Vorstellungen vom Jenseits seiner Mitmenschen zu schreiben. Wer die Grenzen gegenseitiger Wertschätzung einhält, hat auch das Recht, für seinen eigenen Glauben Toleranz einzufordern.

In diesem Sinne erwartet Sie viel Unterhaltung, hoffentlich das eine oder andere Neue und ein originelles System, das Ihnen im Alltag vielleicht eine Hilfestellung ist.

Viel Freude beim Lesen,

Ihr *Elmar Weixlbaumer*

Inhaltsverzeichnis

Vorwort 7

1. Wer's glaubt 13

2. Glaubet! Nur wer rechten Glaubens ist, wird einkehren ins Himmelreich 23

3. Kampf dem Chaos – Entdeckung des eigenen Weges   51
Eine Pyramide des Glaubens – zur einfachen Orientierung   52
Stufe A – Glaube ich? 65
Stufe B – Was ist Gott? 82
Stufe C – Gottes großer Plan 115
Stufe D – das Wort Gottes, oder: Wo steht es geschrieben?   133
Stufe E – Vereinsmeierei 180

4. Glaubt noch irgendjemand? 205
Warum wir glauben 205
Glaube – Hoffnung – frommer Wunsch 220

5. Dankesworte 233
Anmerkungen 235

KAPITEL 1

Wer's glaubt ...

Seit Anbeginn versuchen Menschen, die für sie unverständliche Welt durch Überwesen zu erklären. Was sich unserem rationalen Verständnis entzog, wurde Göttern oder Geistern zugeschrieben. Je mehr wir wissen, desto größer wird das Bewusstsein darüber, wie wenig wir wissen und wo die Grenzen unserer Erkenntnis sind. So wird paradoxerweise das Bedürfnis nach spiritueller Unterstützung immer größer, je weiter wir in der Erkenntnis voranschreiten.

Heute tummeln sich über 10.000 Religionen auf unserem Planeten. Etwa 270 davon haben mehr 500.000 Anhänger. Allein 34.000 christliche Abspaltungen bieten unterschiedliche Zugänge zu den Geschehnissen des Neuen Testaments.[1] In Brasilien wurden seit 2010 insgesamt 67.951 neue Kirchen bei den Steuerbehörden angemeldet. Das ist eine Kirchengründung stündlich![2] Den rund vier Milliarden Menschen, die an den einen Gott glauben (Christen, Moslems und Juden) steht eine Milliarde Hindus gegenüber, die unzählige einzelne Glaubensrichtungen und Sekten bilden. Diese Menschen behaupten von sich selbst, an rund 330 Millionen unterschiedliche Götter zu glauben, eine genaue Zahl ist unbekannt. Jede einzelne dieser religiösen Ausrichtungen ist davon überzeugt, als einzige recht zu haben.

Aber die Menschen glauben nicht nur daran, als Einzige die Wahrheit zu kennen. Wir waren von jeher bereit, unser gläubiges Unwissen durch das Schwert zu verteidigen. Rund um den Globus haben sich immer schon Menschen gegenseitig im Namen Gottes abgeschlachtet. Und der Trend geht hin zu mehr Gewalt: Eine Studie des *Pew Research Center* zeigt eine stetige Zunahme religiöser Konflikte. Von 2007 bis 2012 stieg der Anteil an Staaten, in denen mit religiösen Konflikten gerechnet werden muss, von 20 auf 33 Prozent.[3] Allein Übergriffe gegen Frauen aus religiösen Gründen, sowohl durch Inidividuen als auch in Form staatlicher Repressionen, stiegen enorm. Waren 2007 nur in sieben Prozent der untersuchten 198 Nationen Belästigungen von Frauen aufgrund ihrer Kleidung notiert worden, stieg in nur fünf Jahren dieser Anteil sprunghaft auf 32 Prozent der untersuchten Länder an. Auch die Zahl religiös motivierter Terroranschläge verdoppelte sich in diesem Zeitraum. Mehr als drei Viertel aller Menschen leben heute in Regionen mit einem hohen Level an sozialen Konflikten aufgrund der Religionszugehörigkeit.

Immer wieder begegnen mir Menschen, die Erklärungen für unterschiedlichste alltägliche Ereignisse anbieten. Gott habe uns mit einer Steuerrückzahlung belohnt, das Universum hat uns einen Parkplatz geschickt, die Vorsehung hat für gutes Wetter gesorgt, unsere Bitten erhört, sich unseres Flehens erbarmt. Ebenso in der anderen Richtung: eine Erkrankung, schlechte Schulnoten, ein verlorener Auftrag, alles, was schiefgeht, sind Strafen für meine Verfehlungen, Unterlassungen oder einfach böse Gedanken. »Kleine Sünden bestraft der Herr sofort«, sagt der Volksmund. Geradezu hemmungslos greifen Menschen zu jenseitigen Begründungen für diesseitige Geschehnisse.

»Wir haben den Glauben an Gott nicht verloren, um nichts mehr zu glauben, sondern vielmehr, um alles zu glauben«, lautet ein bekannter Spruch. Der moderne Mensch ist beständig auf der Suche. Verzweifelt bemühen wir uns, die großen Fragen des Daseins zu erklären: Woher kommt das

Leben? Wohin gehen wir nach dem Tod? Was ist richtig, was ist falsch? Die Kirchen haben dabei ihre Glaubwürdigkeit als moralische Instanz heillos verspielt. Die moderne Wissenschaft bohrt den Finger gnadenlos in Widersprüche und Ungereimtheiten. Doch die Sehnsucht nach spirituellen Konzepten bleibt und wir suchen Antworten, Orientierung und Sicherheit in einer Welt, die wir immer weniger verstehen. Wir wünschen uns das Versprechen aus unserer Kindheit, dass »alles wieder gut wird« zurück und wissen, dass es niemand gibt, der das noch versprechen könnte. Wo ist die Instanz geblieben, die sich um uns sorgt und alles wieder heil zu machen vermag?

Die bestehenden religiösen Erklärungen zu grundlegenden spirituellen Fragen sind widersprüchlich, aber nicht jeder kann recht haben. Das bringt mich zur Frage, ob wir ein System entwickeln können, das zumindest in sich widerspruchsfrei ist. Ist es möglich, die zentralen Aussagen einer Religion so zu formulieren, dass sie in sich logisch konsistent bleiben, wenn schon das Glauben an sich ein Tribut an die Unsicherheit ist? Gibt es ein Schema, das uns hilft, klar zu entscheiden, wer in Glaubensfragen zumindest theoretisch recht haben könnte, und wer keinesfalls? Wenn so viele Menschen gleichzeitig behaupten, Gott, Jehova, Allah, die Schutzengel, die heilige Maria, Buddha, Brahma, Baalchamman, Boaitja, Io, Atius Tirawa, Inti, Padmapani, Ame-No-Minaka-Nushi-No-Kami, das Universum, die Vorsehung und noch ein paar andere mehr seien für unser Leben verantwortlich, kann ein Gutteil dieser Menschen nicht recht haben. Doch wie das »richtige« Religionssystem identifizieren?

Noch niemals ist es jemandem gelungen, ein solches Schema eines widerspruchsfreien Glaubens aufzustellen. Aber was sich auf diesen Seiten findet, ist zumindest ein System, das es ermöglicht, alle Aspekte, Argumente und Geschichten einer Religion nach ihrer Beweisbarkeit einzuordnen. Eine Hilfestellung, zwischen Glaubensgrundsätzen, historischen Begebenheiten, Machtstreben und Gier oder purer Dogmatik zu unterscheiden. Dieses System habe ich *Glaubenspyramide* genannt, weil es alles, was zu einer Religion gehört, in einzelne Stufen einteilt und zu einer Pyramide aufbaut. Wenn es Ihnen, werte Leserin, werter Leser, hilft, ein wenig Ordnung in das tägliche Chaos zu bringen, ist meine Aufgabe als Autor erfüllt.

Unterschiedlichste Details prägen unseren religiösen Alltag. Dazu gehören »von Gott verkündete« Gesetze und Gebote, »Jungfrauengeburten« und wieder andere Jungfrauen, die im Himmel auf uns warten. Neben höchst erstaunlichen Legenden wie Wandlungen, Auferstehungen und Wunder, zählen aber ebenso höchst banale Dinge zu dem, was unsere Religionen für uns bereithalten wie die Miete des Gemeindezentrums und Kirchensteuerbescheide. Wir müssen uns mit der Kirchenrenovierungen beschäftigen, dem Einkauf von Liederbüchern, klösterlichen Regeln von Nonnen und Ordensbrüdern, deren Einhaltung oder Verletzung und wie wir damit umgehen. Wir sind mit selbsternannten Gurus und Abgesandten Christi konfrontiert, mit heiligen Gewänder, göttlichen Schriften, heiligen Kriegen im Namen Gottes und unendlich viel mehr. All das wird praktisch immer zu einem einzigen trüben Brei zusammengerührt, der sich »Religion« nennt. Wer weiß schon mit Sicherheit, ob es göttlicher Wille war, dass der Priester am Aschermittwoch eine violette Stola und zu Pfingsten eine rote tragen muss? Dass in der römisch-katholischen Kirche ausschließlich Männer Priester sein sollen und woanders Frauen verschleiert herumlaufen sollen? Oder ob die Bibel wirklich eine *Heilige Schrift* oder doch nur ein altes Buch ist? Ist dann der Katechismus auch ein *heiliges Buch*? Ist das Beschmieren des Gesangsbuchs durch Lausbuben einfach eine Dummheit oder ein Sakrileg? Wer hat gesagt, dass durch ein Gebet zu Allerseelen einer armen Seele alle Sünden vergeben sind? Bin ich des Teufels, wenn ich mit meiner Kirchensteuer säumig bin? Unreflektiert werden Glaube, Dogmatik, Legenden und Kirchenvorschriften je nach Gusto durcheinandergemischt und als *Puls horribilis*, als furchtbarer Brei, den Gläubigen kredenzt.

Dieser Brei ist nicht nur hässlich anzusehen, er ist auch ungesund, weil er die Menschen verwirrt und mehr Fragen aufwirft als beantwortet. In diesem Buch möchte ich Ordnung schaffen, möchte Ihnen eine Orientierungshilfe dazu geben, was als menschlicher Wille zu bewerten und was als reiner Glaube zu verorten ist. Die Entscheidung, welchen Elementen Sie dann folgen möchten, bleibt ganz bei Ihnen.

Die *Glaubenspyramide* nimmt alle Elemente eines Glaubens auf und sortiert sie in unterschiedlichen Ebenen oder Stufen ein.

Werfen wir also zu Ihrer ersten Orientierung einen raschen Blick darauf. Details zu allen Elementen der Glaubenspyramide finden sich dann ausführlich in den folgenden Kapiteln.

Stellen wir uns dazu eine beliebige Pyramide vor: Auf der untersten breitesten Stufe ist Platz für alles Mögliche. Je weiter wir nach oben kommen, desto schmäler wird die Pyramide und umso weniger Raum für Interpretation gibt es. Ganz oben schließlich findet sich nur mehr ein einziger Punkt, die Spitze der Pyramide.

Die Glaubenspyramide verfügt über fünf Stufen:

A. Wie eine normale Pyramide hat auch die *Glaubenspyramide* an der Spitze, auf Stufe A, nur Platz für eine zentrale Frage. Diese Frage lautet: *Glaubst du?*

Auf dieser Stufe – im Folgenden benenne ich zur leichteren Orientierung die Stufen von A bis E – ist kein Platz für Argumentationen oder Diskussionen. Jeder Mensch entscheidet sich, zu glauben oder nicht.

B. Die Frage »*Woran glaubst du?*« findet sich erst darunter, auf der Stufe B. Hier benennt der Mensch das Objekt seines Glaubens: »Gott«, »Allah« oder »Jawhe«, das Unversium, die »Vorsehung«, Naturgewalten oder Sonnengötter, das »Gute im Menschen« oder eine vielfältige Götterwelt wie in manchen asiatischen Regionen oder im alten Griechenland. Sie können auch Ihren eigenen Gott kreieren, an den Sie glauben möchten. Während es auf Stufe A nur zwei Möglichkeiten gab – nämlich die Entscheidung zu glauben oder nicht zu glauben, ist diese Stufe ein klein wenig breiter und lässt mehr Platz für Vielfalt.

C. Darunter, auf Stufe C, wird es konkret: Mit der Frage »*Was ist das Fundament deines Glaubens?*« beschreiben wir die zentralen Botschaften einer Religion, die Grundlagen, auf die der Glaube beruht. Zum Beispiel in der römisch-katholischen Kirche, die Dreifaltigkeit und dass Jesus sein Leben für die Menschheit hingegeben hat. Im Islam ist unter anderem die Barmherzigkeit Gottes zentral. Wer nur an die Vorsehung glaubt, für den gibt es keine weiteren Informationen mehr. Andere beschreiben auf dieser Stufe C die Taten ihres Gottes und seinen Einfluss auf uns. Wenn Sie sich also keiner vorhandenen Religion anschließen, sondern Ihren eigenen Gott kreieren, beschreiben Sie auf dieser Stufe, was Ihr Gott Ihnen verspricht, was die Kernaussagen Ihres Glaubens sind.

D. All diese Religionsinhalte wurde uns in irgendeiner Form überliefert, zumeist in Büchern und Schriften. Diese finden sich auf Stufe D und jetzt wird es wirklich kompliziert. Es stellt sich hier die Frage: »*Auf welchen schriftlichen Grundlagen beruht deine Religion?*« Welche Bücher sind die richtigen? Ab nun greift auch die Wissenschaft nach Raum. Denn Papier und Tinte, Texte und Autoren, können und müssen untersucht, verglichen und auf historische Relevanz geprüft werden. Nicht nur, um Richtiges von Falschem zu tren-

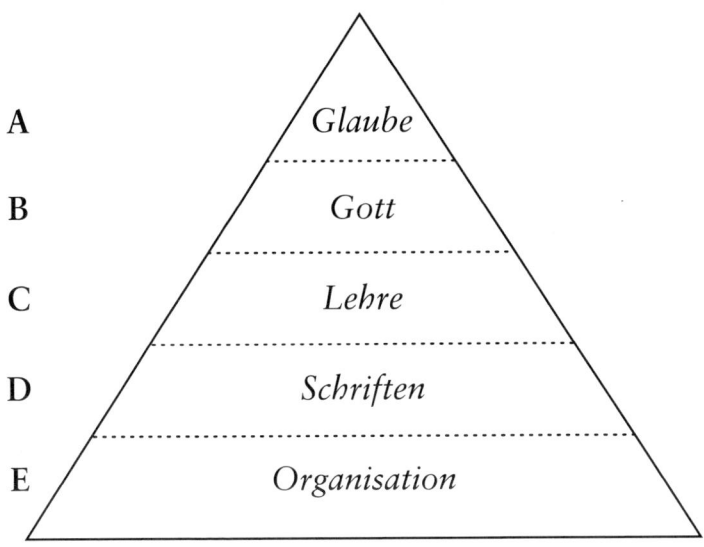

A   Glaube

B   Gott

C   Lehre

D   Schriften

E   Organisation

nen, auch, um den eigenen Glauben möglichst widerspruchsfrei zu halten. Selbstschutz in weitestem Sinne.

E. Zuletzt, auf Stufe E, findet sich die Frage »*Wie ist deine Religion für die Gläubigen organisiert?*« Es geht um all das, was für den Alltag einer Glaubensgemeinschaft wichtig ist, aber mit dem Glauben selbst nichts zu tun hat. Mietverträge, Anstellungsverhältnisse, irdische Gerichtsbarkeit, Führungspositionen und Befehlsempfänger, Einnahmen und Ausgaben, Schulden und Vermögen. Wichtig für unser zwischenmenschliches Zusamemnleben, aber völlig frei von Fragen des Glaubens.

Diese fünf Stufen der Glaubenspyramide bilden ein einfaches System, um zu jeder Frage, die sich Gläubigen stellt, zu unterscheiden: Auf welcher Ebene befinden wir uns mit dieser Frage? Bei jenen, die ihren Glauben praktizieren, werden diese Stufen oft vermischt, ohne dass es ihnen auffällt. Mit an den Haaren herbeigezogenen Argumenten wird erklärt, dass sogar völlig Banales letztlich »von Gott gewollt« sei. Aussagen von gewöhnlichen Menschen gelten als unantastbar, nur weil diese von anderen Menschen geweiht wurden. Von einfachen Regeln des Alltags wird behauptet, sie seien göttlichen Ursprungs, um jegliche Diskussion im Keim zu ersticken.

Letztlich kann ein Dogmatiker jeden alltäglichen Vorgang mit Zitaten aus »heiligen Schriften« in Verbindung bringen und seine Interessen als »Gottes Wille« argumentieren. Und in diese Falle dürfen wir nicht tappen. Auch wenn manche behaupten, absolut alles, jeder Bestandteil einer Religion sei von Gott gewollt, stimmt dies nicht. Täuschen, Betrug und Arglist sind an der Tagesordnung, um den eigenen Willen mit der Macht Gottes durchzusetzen. Nur weil jemand ein geweihtes Amt innehat, bedeutet dies nicht automatisch, dass jeder Machtanspruch tatsächlich von Gott kommt. Letztlich sind wir alle Menschen, mit menschlichem Streben, menschlichen Bedürfnissen und Fehlern.

Zwischen den beiden Extremen – der menschlichen Notwendigkeit, sich zu organisieren, und dem reinen Glauben – gibt es etliche Stufen mit unterschiedlichen Anteilen an möglicher Überprüfbarkeit. Je weiter wir von oben nach unten steigen, desto irdischer werden die Bestandteile einer Religion und desto größer wird der Druck auf Repräsentanten einer kirchlichen Organisation, ihr Verhalten und ihre Entscheidungen vor den Mitgliedern zu rechtfertigen.

Albert Einstein meinte einst: »Wissenschaft ohne Religion ist lahm und Religion ohne Wissenschaft ist blind.« Wer nur glaubt, ohne die irdischen Teile seiner Religion zu hinterfragen, ist nicht gläubig, sondern leichtgläubig. Die spannende Frage bleibt, was analysiert werden soll und was wir glauben sollen. Und dabei soll das vorgestellte System der Pyramide ein nützliches Werkzeug sein.

Ich habe dieses System der *Glaubenspyramide* bereits vielfach online veröffentlicht und regen Zuspruch dazu erhalten. Doch das Internet ist rasch vergänglich, daher freut es mich, Ihnen, geschätzte Leserin, geschätzter Leser, dieses Konzept in Buchform anbieten zu können. Da in einem Buch viel mehr Platz vorhanden ist als in einem Online-Forum oder in Social Media, habe ich noch etliche Anekdoten zur Unterhaltung beigesteuert. Ich hoffe, Sie haben viel Spaß daran und finden dazwischen auch ein paar Anregungen für Ihr religiöses Verständnis.

KAPITEL 2

Glaubet! Nur wer rechten Glaubens ist, wird einkehren ins Himmelreich

Kalte, nackte Angst griff um sich: Die Menschen sahen sich mit einer Macht konfrontiert, deren Gewalt sie nicht annähernd verstanden und einschätzen konnten. Ein gnadenloses Monster streifte unermüdlich durch die Straßen und mordete ohne Unterschied Alte und Junge, Männer, Frauen und Kinder. Weder Geld, Titel noch Macht konnten die Menschen schützen. Das Monster hieß Pest und wütete vor 250 Jahren in ganz Europa.

Auch die Bewohner einer der prunkvollsten und größten Städte der damaligen Welt, Moskau, lebten in Angst und Schrecken. Niemand begriff die Seuche, niemand verstand das Sterben, es gab kein erkennbares System, nur willkürliches Leiden und Sterben. Die größte Angst haben die Menschen vor etwas, das sie nicht verstehen, wenn der Schrecken scheinbar zufällig über die Menschen herfällt und keine Vorsicht hilft.

Im Jahr 1770 kannte niemand ein Heilmittel gegen die Pest oder einen Schutz davor. Die Ärzte und Heilkundigen waren ratlos und wussten genauso wenig wie einfache Menschen, warum die kalte Hand des Todes nach dem einen griff und den anderen verschonte. Die Medizin konnte der Bevölkerung nichts anbieten, um ihr Überleben zu gewährleisten. Auch die bewunderte Mutter Russlands, Katharina II., die Erste und Einzige mit dem Beinamen *die Große*, schien keinen Rat mehr zu wissen und übertrug den Kampf gegen die Krise ihren Beratern.

Das Volk wagte sich nicht mehr aus seinen Häusern, verriegelte die Türen und schlug die Fensterläden zu. Niemand ging zur Arbeit, keiner besuchte seine Verwandten, selbst der tägliche Einkauf von Lebensmitteln wurde vermieden, wenn es irgendwie möglich war. Der Adel und die Bürokraten hatten im Frühjahr 1771 die Stadt schon lange verlassen und waren auf das weit entfernte Land geflohen, beschützt vom Militär und abgesondert vom Rest des russischen Volkes. Kalt und leer blieben Stadtpaläste, Kasernen und Amtsgebäude zurück. Denn auch die Beamten, zumeist aus dem niedereren Adel, waren geflohen und niemand kümmerte sich mehr um die Verwaltung der Stadt. Die Administration wurde auf das Nötigste beschränkt, was aber ohnedies kaum jemandem auffiel.

Still und verwaist lagen die Straßen in trügerischer Stille. Ab und an rumpelte ein Karren mit Leichen durch die Häuserfluchten und skurrile Gestalten mit Kapuzen und langen Schnäbeln vor dem Gesicht schoben diese Leichenhaufen – unter denen sogar noch Lebende in ihren letzten Zügen zu finden waren – zu den Sammelstellen, wo sie kalt und unbarmherzig abgekippt wurden.

In dieser Not wandten sich die Menschen an Gott, *Er* war die letzte Erklärung, die letzte Hoffnung, die ihnen noch einfiel. Wie so oft in Zeiten des Leidens erwachte eine neue Frömmigkeit. Einer musste sich doch bei diesem Desaster etwas überlegt haben, irgendeinen Sinn musste das Leiden doch haben! Ein Strafgericht für die Sünden der verkommenen Stadt, wie Sodom und Gomorrha schien Moskau vom strafenden Schwert eines gnadenlosen Gottes vernichtet zu werden. Gemeindelose Priester, die Popen, predigten an jeder Hausecke und riefen zu Umkehr und Buße auf. Nur durch das Gebet könne der Fluch abgewandt werden. Nur wenn genügend reuige Sünder auf den Knien um Gnade flehten, würde sich Gott vielleicht erbarmen und dem Schrecken ein Ende machen.

Während die einfachen Menschen ihr Heil in der Religion suchten, empfanden sich gebildetere Menschen im Zeitalter der Aufklärung nicht mehr nur als Spielball überirdischer Mächte, nicht als völlig hilflos. Während im 18. Jahrhundert die ungebildete Masse in Gott die letzte Rettung, in ihrem sündigen Verhalten die Ursache für die Pest und im Gebet die letzte Hoffnung sahen, lieferte die westliche Medizin Zentraleuropas bereits andere Denkansätze: die Pest als Infektionskrankheit.

Zarin Katharina II. selbst stand am Gipfel der Bildung ihrer Zeit. Sie korrespondierte mit Voltaire, Cesare Beccaria und Diderot und war Ehrenmitglied der Königlich-Preußischen Akademie der Wissenschaften. Eine Intellektuelle, die kein Verständnis für die mystischen Heilsversprechen der Popen zeigte. Sie suchte die Lösung vielmehr in der Wissenschaft und vertraute auf die Wissenschaftler, vor allem auf jene, die die moderne Medizin Europas nach Russland brachten.

In den vergangenen Jahren hatte die Zarin dafür gesorgt, dass der Kirchenbesitz in Staatsbesitz überging und die Popen nicht nur schöne Predigten schwangen, sondern sich durchaus um Praktisches wie Schulbildung, Armenversorgung und Seelsorge zu kümmern hatten. In der Geistlichkeit sah Katharina keine heiligen Männer mehr, sondern nun Angestellte des Kreml, die für ihr Gehalt auch etwas zu leisten hatten. Ein Vorgehen, das sie bei den einfachen Geistlichen nicht gerade beliebt machte.

Im Kampf gegen die Pest machten sich im Auftrag Katharinas vor allem zwei Menschen verdient: Das war zum einen der Seuchenbeauftragte Petr Dmitrevič Eropkin (1724–

1805), der sich intensiv mit den Ursachen und Heilungsmethoden auseinandergesetzt hatte. Und zum anderen Erzbischof Amvrosij (geb. als Andrej Stepanovič Zertis-Kamenskij, 1706–1771), die beide von Katharina mit der Eindämmung der Seuche in Moskau beauftragt wurden.

Erzbischof Amvrosij war zwar ein geistlicher und frommer Mann, aber auch gebildet und weitsichtig. Dank der Erkenntnisse der westeuropäischen Medizin und einem klaren Verstand begriffen er und Eropkin, dass ihr Gott mit diesem willkürlichen Sterben wohl nichts zu tun hatte. Offenbar wurde die Krankheit von Mensch zu Mensch übertragen, denn wer nicht in Kontakt mit Pestkranken kam, wurde auch nicht befallen. Wie die Krankheit übertragen wurde, war noch unklar. Man vermutete kleine Speicheltröpfchen, die beim Sprechen oder Atmen anfielen, als Überträger winzig kleiner Erreger. So klein, dass sie auch mit dem stärksten Vergrößerungsglas nicht zu sehen waren. Das war freilich Spekulation, aber empirisch nachvollziehbar und somit die beste Chance zur Eindämmung der Seuche.

Als erste Schritte verfügte Eropkin ein Verbot des Straßenhandels mit allerlei Gütern, wie Lumpen und Schnaps, durch die Krankheitskeime übertragen hätten werden könnten. Auch die öffentlichen Bäder wurden geschlossen. Katharinas Wunsch, rund um Moskau eine Mauer zu errichten, konnte Eropkin zwar abwenden, aber das Gerücht über dieses Bauvorhaben drang drang dennoch zur Bevölkerung durch und verunsicherte die Menschen noch mehr.

Wo herrschte nun die größte Gefahr der Ansteckung? Wo versammelten sich regelmäßig viele Menschen, dicht gedrängt und husteten sich gegenseitig ins Gesicht? Bei den Gottesdiensten. Aus dieser Erkenntnis heraus erließ Bischof Amvrosij, dass alle Kirchen ab sofort geschlossen bleiben sollten. Denn wenn das mit der Übertragung durch Atemluft stimmte, war eine randvolle Kirche der ideale Verbreitungsort für die Pest. Bischof Amvrosij blieb natürlich dennoch der gottesfürchtige Mann, der er war. Er versuchte nur, damals moderne wissenschaftliche Erkenntnisse zur Bekämpfung der Seuche anzuwenden.

Auf seinen Befehl hin wurden alle Kirchen vernagelt und der öffentliche Gottesdienst verboten. Können wir uns vorstellen, was das in den Köpfen der einfachen Menschen bewirkte? Ihre letzte Hoffnung, das flehende Gebet zu Gott, sollte ihnen genommen werden! Das Haus Gottes, in dem sie Kerzen opferten und zur Buße beten konnten, wurde ihnen versperrt! Ich glaube, wir können uns kein Bild machen, wie groß die Hoffnungslosigkeit war, als vor den Kirchen die Soldaten anrückten und die Kirchentüren für lange Zeit verschlossen wurden.

All diese Maßnahmen führten vor allem zu einem: sich ausbreitende, massive Panik. Die völlig verängstigten Menschen, die sich in ihren Häusern versteckten, fühlten sich von der Obrigkeit im Stich gelassen und verraten. Wenn dem Volk nicht einmal mehr Gott blieb, welche Hoffnung bestand dann noch? Eine kalte Ausweglosigkeit machte sich in den Herzen der Moskauer breit.

Die Verbote der Leichenwaschung und des Leichenkusses hatten einige der Vernünftigeren noch verstanden. Es war ja auch eklig, eine Leiche voller schwärender Wunden mit unerträglichem Gestank küssen zu müssen. Aber warum man nicht in die Kirchen durfte, konnte niemand mehr nachvollziehen. Das war nicht nur beängstigend, das war auch ein Sakrileg sondergleichen.

Besonders ärgerten sich die gemeindelosen Popen über diese Maßnahmen. Das Verbot öffentlicher Gottesdienste war die letzte Maßnahme in einer Reihe von Repressalien, die sie Bischof Amvrosij zu verdanken hatten. Seit Jahren versuchte er, die Seelsorge in Moskau auf ein höheres Niveau zu heben und kämpfte erbittert gegen Mythen und Aberglauben, aber auch gegen die Korruption, Bereicherung und den moralischen Verfall der Geistlichkeit. Die stellungslosen

Popen – die praktisch an jeder Straßenecke predigten – wollte Amvrosij auf das Umland verteilen und ihnen Gemeinden zuweisen. Da die Popen aber durch Spenden sehr gut lebten, schuf sich Amvrosij unter der einfachen Priesterschaft damit jede Menge Feinde.

»Die Obrigkeit will uns unseren Gott nehmen«, schallte es an jeder Häuserecke. Endlich hatten die Popen ein Argument gefunden, um die Bevölkerung auf ihre Seite zu ziehen. Der von Amvrosij so leidenschaftlich bekämpfte Aberglaube erfuhr jetzt eine Renaissance und die einfachen Popen steigerten sich immer mehr in ihrer Schmähkritik gegen den Bischof. Amvrosij will sich mit ihnen anlegen? Dann soll er mal sehen, welchen Einfluss Straßenprediger auf die Menschen haben!

Der Volkszorn erreichte seinen Höhepunkt, als Amvrosij zu Ohren kam, dass einer der Popen einen florierenden Handel am Barbaren-Tor, dem *Varvarskie Vorota*, mit einer angeblich wundertätigen Ikone betrieb. Die heilige Reliquie, das gesegnete Bildnis der Muttergottes, habe bereits etliche Menschen geheilt, versprach der Pope eifrig. Die Menschen opferten ihr vom Munde abgespartes Geld, um es der Madonna zu spenden. Tausende fanden sich täglich ein und riefen die kleine Holztafel dicht gedrängt auf den Knien um Rettung an. Dass eine solche Hoffnung kostenpflichtig ist, versteht sich von selbst. Eine richtige Schatzkiste wurde aufgestellt und sie füllte sich rasend schnell – Pest sei Dank!

Welch eine elende Ausnützung der Einfalt der Bevölkerung! Nicht nur, dass sie sich bei den öffentlichen Anbetungen der Ikone gegenseitig ansteckten, musste sich dieser elende Pope auch noch am Leid der Menschen bereichern. Amvrosij beschloss, gegen diesen Affront einzuschreiten. Wozu erließ man Verbote, wenn jeder Dahergelaufene sie missachtete? Er wollte doch nur das Beste für die Menschen. Der Bischof sah sich gezwungen, einen Tross Soldaten und einen Kanzleiangestellten loszuschicken, um dem Treiben ein Ende zu bereiten.

Doch so einfach gab der Pope nicht auf: »Sie stehlen der Madonna das Geld!«, geiferte er mit wutverzerrtem Gesicht, als der Kanzleiangestellte das Siegel der Kiste aufbrechen wollte und sich anschickte, seinen Schatz entfernen zu lassen. Viel Ansporn brauchten die Menschen nicht, denn wer gerade seine letzten Münzen in der Hoffnung auf ein Ende des Elends der Muttergottes geopfert hatte, den erfüllte dieser Spendenraub mit ehrlichem und heißem Zorn. »Diebe«, »Gottesräuber«, kreischten die Frauen und die Männer griffen zu Steinen und bewaffneten sich mit Prügeln. Die einfachen Menschen vergaßen jede Ehrfurcht vor der Obrigkeit und Monate der Angst und Frustration brachen aus ihnen hervor. Was kann ein Trupp von ein paar Soldaten gegen Hunderte aufgebrachte, ungezügelte Bauern, Handwerker und Fabrikarbeiter ausrichten? Brutal wurden die Uniformierten zu Boden gerissen und jeder, der in der Nähe stand, prügelte auf die Wehrlosen ein. Verzweifelt versuchten sich die am Boden liegenden Soldaten mit bloßen Händen gegen die Tritte und Schläge zu schützen. Ihr einziges Glück war das Gedränge, das meist nur zufällige Treffer der Wütenden zuließ. Auf allen vieren krochen die blutenden und gedemütigten Wächter in zerfetzter Uniform zwischen den Beinen des Mobs heraus und flohen, so schnell sie noch laufen konnten.

Jetzt waren die glorreichen Minuten für den Popen angebrochen: »Der Bischof ist an allem schuld! Er hat die Männer geschickt, um die Madonna zu berauben, er will alles Geld für sich.« Mit glänzenden Augen wies er in Richtung Kreml. »Dort sitzt der wahre Verbrecher, der Frevler, dem wir die Pest verdanken!«

Es dauerte nur wenige Sekunden, bis die Männer offenen Mundes ihre Blicke von den davonlaufenden Soldaten zum Kreml hinwandten und begriffen, worauf der Pope hinauswollte. Aber, ja: Warum einfache Soldaten prügeln, wenn man auch auf die Obrigkeit eindreschen konnte? Warum die Befehlsempfänger quälen, wenn die Schuld beim Bischof lag? Alle wussten, dass der Großteil des Militärs schon lange abgezogen war. Mit Widerstand war somit kaum zu rechnen. Auf zum Kreml! Heizen wir den Bonzen richtig ein!

Ein paar Flinke stürmten zu den nächsten Glockentürmen, begannen Sturm zu läuten und schon bald hallte in ganz Moskau das Glockengeläut und die Menschen liefen angsterfüllt aus ihren Häusern. Brannte es? Waren die gefürchteten Türken in Moskau eingefallen?

»Nein, wir stürmen den Kreml!«, riefen die vorbei laufenden Männer den anderen zu, die noch ratlos vor ihren Häusern standen. Was, den Kreml stürmen? Ist es so weit? Hat es die Obrigkeit übertrieben?

Die frustrierte Bevölkerung brauchte nicht viel Überredungskunst, um endlich ein Ventil für die angestauten Ängste und den Zorn zu finden. Rasch wuchs die Menge der Revoluzzer an und mit der Macht einer unkontrollierbaren Menschenmasse fiel sie in den Kreml ein. Der Sitz des Bischofs, das Čudov-Kloster, war praktisch unbewacht und so fegte die Menge in die Kirche und zerstörte dort alles, was gut und heilig war. Die goldenen Messgefäße wurden geraubt, die Bilder geschändet, der Kirchenraum verwüstet. Den Bischof fand der Mob nicht vor. Aber das machte nichts, hatten die Männer doch inzwischen den Weinkeller des Klosters gefunden.

Und in diesem startete eines der größten, historisch belegten Besäufnisse Moskaus. Unzählige Hektoliter Wein, einer besser und teurer als der andere, floßen in die Kehlen der Aufständischen. In gieriger Hast schütteten die Männer die edlen Tropfen in sich hinein, als ob es galt, die Pest wegzusaufen. Wein wurde bis zur Ohnmacht getrunken und sobald die Kollabierten wieder erwachten, wurde weiter getrunken, bis die nächste Ohnmacht dem geschundenen Körper eine kurze Pause gönnte. Mehrere Tage dauerte das legendäre, orgiastische Treiben im Weinkeller des Čudov-Klosters, bis

endlich eine Abteilung der Wachen die bis zur Besinnungslo-
sigkeit Betrunkenen aus dem Keller hinaufschleppte und vor
die Kremlmauer warf. Dort schliefen die Helden der Revolution ihren Rausch aus.

Können wir uns den Kater nach einem solchen Exzess
vorstellen? Gewiss waren die Männer in keiner guten Laune,
als sie durchfroren und durstig im Dreck vor den Kremlmau-
ern erwachten. Der misslungene Sturm auf den Bischofssitz
wurmte sie, das war keine richtige Revolution gewesen,
höchsten ein Plündern, und nicht besonders ehrenvoll.

Doch wo war der Bischof abgeblieben? Es dauerte nicht
lange, bis die Meute den Aufenthaltsort von Amvrosij er-
raten hatte: das nur wenige Kilometer entfernte Donskoi-
Kloster.

Der Marsch zum Kloster ernüchterte die Männer wieder
etwas. Die frische Luft tat gut und in der Stunde gemeinsamen Marschierens hatten sie Gelegenheit, sich wieder auf-
zustacheln und sich den Grund des Aufruhrs in Erinnerung
zu rufen: Die Parolen »Der Bischof verbietet uns Gott!«,
»Die Obrigkeit raubt der Madonna das Geld!« heizten die
Menge an. Letztlich war der Bischof schuld an der Pest, weil
er die Popen verjagen wollte, die Ikonenverehrung lächer-
lich machte und die Spenden stehlen wollte. Die Ärzte hatten
nichts gegen die Pest ausrichten können, das war ja ein Beweis, dass die Pest von Gott geschickt worden war, um den
Frevel moderner Ideen zu bestrafen.

Als die Menge das Donskoi-Kloster erreichte, stürmte sie
bereits wieder wild voran und schrie ihren Zorn heraus. Sie
brach die Türen der Kathedrale auf und drang in den Ge-
meinderaum der Kirche ein.

Bischof Amvrosij hatte sich gerade in der Kathedrale
aufgehalten und, wie es die Berichterstattung erzählt, knie-
end gebetet. Durch den Ansturm zu Tode erschrocken lief
er rasch hinter die Trennwand, die Ikonostase, zum Altar-
raum. Doch dieses Davonlaufen bewirkte reflexartig die

Verfolgung durch die Wütenden. Brutal zerrten sie den Bischof hinter der Ikonostase hervor und begannen, auf ihn einzuprügeln. Immer größer wurde der Hass, aufgestachelt durch gegenseitiges Anfeuern, immer brutaler wurden die Schläge, bis der Bischof zusammenbrach und blutend zu Boden ging. Die Wehrlosigkeit dieses bedauernswerten Häufchens Mensch, umhüllt von den Fetzen seines einstmals prunkvollen Sticharions, machte die Rasenden nur noch wütender. Mit Füßen traten sie auf den Bischof ein, bis dieser am Boden seiner Basilika sein Leben verlor. Der zertretene Leichnam wurde in seinem Blut liegen gelassen. Die Muttergottes war gerächt, der Zorn Gottes hoffentlich besänftigt, die alte Ordnung wieder hergestellt. Der Hass auf die Umstände, die erlittenen Verluste, hatte sein Ventil gefunden und in Gott seine Erklärung.

Natürlich nahm ein solcher – wenn auch kleiner – Aufstand kein gutes Ende. Nach dem Mord an Bischof Amvrosij marschierte das Militär auf und mit Kanonenfeuer wurde die Rebellion rasch zerschlagen. Hunderte Männer wurden Opfer des Beschusses, an die dreihundert wurden im Anschluss noch festgenommen und deportiert.[4]

Wer hatte recht bei diesem Aufruhr? Die Popen, weil sie die Wundertätigkeit der Ikone verklärten? Die frommen Menschen, die an Gott glaubten und sich in ihrer Religiosität bedroht sahen? Der mindestens genauso gläubige Bischof, der im Sinne der Volksgesundheit Hygienevorschriften einführen wollte?

Auch heute greifen Menschen zu radikalen Schritten, um ihre Religiosität durchzusetzen. Sie sprengen die Redaktionen von Zeitungen in die Luft, ermorden wahllos Menschen an öffentlichen Plätzen, lassen Flugzeuge in Hochhäuser stürzen oder beschließen, sich und ihre Kinder umzubringen[5], alles im Namen Gottes.

Am 27. November 1095 rief Papst Urban zum ersten

Kreuzzug gegen die Heiden im Namen Gottes auf. Das begeisterte Volk skandierte jubelnd stundenlang »Deus lo vult« (*Gott will es*). Auch König Friedrich III. von Preußen sah sich im Namen Gottes handeln, als er Frankreich den Krieg erklärte. Mit den Worten »Gott (…) wird unserer gerechten Sache den Sieg verleihen« schloß er seine Proklamation »An mein Volk«. Der britische Außenminister Lord Halifax erklärte den Krieg gegen Hitler-Deutschland zum »Holy War«, ebenso wie die sowjetische Propaganda. Das Lied »Der heilige Krieg« wurde ab 1941 täglich im sowjetischen Radio gespielt.

»Möge Gott uns führen«, rief Georg W. Bush, als er Bomben über Bagdad abwerfen ließ. Sein oberster Militär, Donald Rumsfeld, erleuchtete in seinen Memos seine Truppen mit Bibelzitaten: »Dein Gott ist mit dir in allem, was du tun wirst.«[6] Deren Gegner, Saddam Hussein, war jedoch genauso überzeugt, in Gottes Namen zu handeln. Auch er war sicher, im Heiligen Krieg gegen den Satan USA auf Gottes Hilfe vertrauen zu können.

Sogar der unterlegene Präsidentschaftskandidat aus Österreich, Norbert Hofer, bediente sich in seinem Wahlkampf Gottes Hilfe: »So wahr mir Gott helfe« ließ er Oktober 2016 auf seine Plakate drucken.

Doch woher kommt die Gewissheit, Gott auf seiner Seite zu haben? Wer bestimmt, dass die eine Tat von Gott gewünscht ist und die andere nicht? Sollen wir Königen oder Präsidenten trauen, wenn sie uns einen Krieg als »heillig« schmackhaft machen wollen? Wohl kaum.

Können wir uns dann zumindest auf die Worte heiliger Menschen – wie des Popen von zuvor – verlassen? Vermutlich auch nicht, denn was dem einen ein Heiliger ist, ist dem anderen ein Ketzer. Sind es die Schriften, aus denen wir Gewissheit erlangen können? Schwer zu sagen, zumeist wissen wir nicht einmal, wer die sogenannten Heiligen Schriften überhaupt verfasst hat.

Wie trennen wir das, an das wir glauben wollen und an das wir nur glauben können, von dem, was physikalischen oder biologischen Gesetzen gehorcht? Wer hat recht, der Gläubige, der sich der Allmacht Gottes unterwirft? Oder derjenige, der auf das beschränkte menschliche Wissen zurückgreift?

Menschliches Wissen ist gläubigen Menschen zufolge auch nur von Gott geschenkt. Und was sind schon Naturgesetze? Ein allmächtiger Gott kann einen Apfel genauso gut nach oben fliegen lassen, er muss nicht vom Baum herunterfallen. Gerade die Pest von 1771 hat gezeigt, dass die damals moderne westliche Medizin nichts auszurichten vermochte. Täglich starben tausende Menschen, trotz aller Hygienevorschriften und aller Bemühungen, modernes Wissen anzuwenden. Die Aufständischen starben schließlich nicht an der von Gott geschickten Seuche, sondern durch die Kanonenkugeln der Aristokratie. Der moralische Sieger blieb das Volk und nicht die Wissenschaft. Legitim blieb aber auch der Bischof in seinem Versuch, Menschenleben zu retten.

Konflikte, wie damals beim Pestaufstand von 1771 oder heute mit islamisch-radikalen Terroristen, entstehen durch das Vermischen von Glauben, eigenen Interessen und wissenschaftlich belegbaren Fakten.

Wer, so wie ich, im christlichen Kulturkreis aufgewachsen ist, kennt diese Unschärfe aus dem religiösen Alltag. Glaube, belegbares Wissen, uralte Texte und die Interessen eines riesigen Machtapparats namens *Kirche* überlagern sich und vermischen sich zu einem undurchsichtigen Gemenge.

Wir hören beispielsweise beim Gottesdienst alte Verse, mittelalterliche Formulierungen, die heute keinen Sinn mehr ergeben. »Denn dein ist das Reich und die Kraft und die Herrlichkeit in Ewigkeit, Amen« ist eine Sprache, die kaum mehr jemand zu deuten weiß. Praktisch kein moderner, durchschnittlich gebildeter Mensch kann mit der Doxologie »Durch ihn und mit ihm und in ihm ist Dir, Gott, allmächti-

ger Vater, in der Einheit des Heiligen Geistes, alle Herrlichkeit und Ehre ...« etwas anfangen. Diese schönen Formulierungen und viele andere Texte der katholischen Liturgie, die
teilweise aus dem vierten Jahrhundert n.Chr stammen und
aus dem Griechischen und Lateinischen übersetzt wurden,
ergeben für die Menschen unserer Zeit keinen Sinn mehr.
Eine Generation, die sich sprachlich minimalistisch per SMS
und bildlich per WhatsApp-Emoticons unterhält, versteht
diese Anachronismen nicht mehr. Sie werden auch nirgends
erklärt, sondern den Gläubigen kommentarlos vorgeworfen.
Sie lernen diese Formeln auswendig, ob der Sinn verstanden
wird, scheint niemanden zu interessieren, solange brav nach-
gebetet wird.

Doch nicht nur die Texte bleiben unverständlich, diese
literarisch anspruchsvollen Poeme sind zum Teil auch ge-
würzt mit starken Anforderungen an das Glaubensbild
der Zuhörer: Die *Jungfrau Maria* beispielsweise gehört zu
einem Themenkomplex, der von den Zuhörern einfordert,
sie mögen glauben, dass die Mutter Jesu, ohne den dafür nö-
tigen Geschlechtsverkehr gebären konnte. Der ständig verwendete Begriff der *Unbeflecktheit Marias* bezieht sich auf
die Freiheit Marias von der *Erbsünde*, was neben der Jungfräulichkeit genauso bedeutsam für Maria ist. Dogmen, die
geglaubt werden müssen, die man als Gläubiger weder an-
zweifeln noch für möglich erachten kann. Wenn ein Mensch
frei vom Konstrukt der Erbsünde gewesen sein soll, dann
müssen wir das so hinnehmen und können keine sinnvolle
Aussage über den Wahrheitsgehalt dieser Behauptung geben.
Fragen nach der Bedeutung der Erbsünde, ob es sie gibt oder
warum Maria frei von ihr war, bleiben unbeantwortbar.
Wir müssen kommentarlos zugeben, dass uns nichts anderes
übrig bleibt, als entweder an dieses Dogma glauben zu können, oder eben nicht.

Ein anderer, wesentlicher Aspekt einer Religion ist die soziale Interaktion. Regelmäßig treffen sich die Mitglieder einer Gemeinde in der Kirche, tauschen sich vor und nach dem Gottesdienst aus, kommunizieren, informieren sich, interagieren. Es geht ums Dabeisein, andere Menschen treffen, sich anpassen, einfügen, dazugehören. In entlegenen Bergdörfern bleibt dies oftmals die einzige Möglichkeit sozialer Reflexion mit anderen Menschen.

Es gibt in jeder Gemeinschaft Regeln und es ist für das soziale Zusammenleben wichtig, sich an diese zu halten. Wer in einer religiösen Gemeinschaft aufgeht und tut, was von ihm erwartet wird, hat eine höhere soziale Stellung. Wer stets Sonntags zur Kirche geht, seine Kinder ministrieren schickt, regelmäßig spendet, sich im Kirchengemeinderat einbringt, steht mehr im Mittelpunkt als jemand, der sich dem verschließt. Ersterer ist integrierter und hat einen höheren sozialen Status als andere. Die Kirchengemeinde bietet die Möglichkeit sozialen Aufstiegs.

Auch Kirchensteuer zu zahlen ist wichtig, denn wer nichts beiträgt, hat Mitschuld am Verfall der Kirchen und am Priestermangel. Und wenn Kirchensteuer wichtig ist, dann muss es Menschen geben, die diese eintreiben und verwalten. Wie bei jeder Steuer wird geschimpft, wenn sie fällig wird. Aber letztlich sieht jeder brave Kirchgänger ein, dass von irgendwoher das Geld für die Erhaltung der Gebäude kommen muss. Auch das soziale Engagement von kirchennahen Organisationen, wie der Caritas, wird letztlich gewürdigt. Hier geht es um riesige Summen und deren Verteilung muss administriert werden müssen.

Wenn die Gläubigen in der Kirche Lieder singen, gehört es zur irdischen Organisation, dafür einheitliche Liederbücher auszuarbeiten. Diese Gesangbücher, die wir am Sonntag in den Händen halten (und von denen jährlich eine beträchtliche Menge verschwindet), muss irgendjemand in Auftrag gegeben und bezahlt haben. Aber es muss auch jemand die

Verantwortung für den Inhalt gehabt haben. Kaum jemand denkt darüber nach, aber sind all die Lieder und Gebete in den »Gotteslob«-Büchern für alle Gläubigen in Deutschland, Österreich und der deutschsprachigen Schweiz gleich? Und wenn ja, wer hat das entschieden?[7] Nach welchen Kriterien? Sind die Liedertexte und Gebete im »Gotteslob« genauso heilig wie jene in der Bibel? Warum? Warum nicht?

Ein anderes Beispiel: Katholiken verehren im Gottesdienst den »Leib Christi«, der an Feiertagen in einer Monstranz herumgetragen wird. Dieser »Leib Christi« besteht aus einem Stück Brot aus Sauerteig, Weizenmehl und Wasser, das durch einen Segen in Jesus Christus verwandelt wird, was als *Konsekration* bezeichnet wird.

Für den Ungläubigen ein unauffälliges Stück Sauerteig, für den Gläubigen der Sohn Gottes, der in einem prunkvollen Stück goldener Handwerkskunst demonstriert wird. Zu Fronleichnam, dem *Hochfest des Leibes und Blutes Christi (Sollemnitas Sanctissimi Corporis et Sanguinis Christi)*, wird von Katholiken dieser Verwandlung besonders mit prunkvollen Umzügen gedacht.

Doch auch hier stellt sich die Frage: Wer hat beschlossen, dass ein Stück Brot der Sohn Gottes sei? Es ist keine göttliche Erscheinung bekannt, die verkündet hätte, dass ab jetzt kleine Stückchen Sauerteig mit Jesus Christus gleichzusetzen wären. Lediglich die Herleitung aus einem Bibelzitat »dies ist mein Fleisch, (...) dies ist mein Blut« (Mk 14,22–24) dient als schwammige Begründung, warum dieses Stückchen Backware der Leib eines Gottessohns sein soll. Eine Erzählung, die, objektiv betrachtet, nicht im Geringsten nahelegt, dass das, was damals passierte, irgendeine Bedeutung für den heutigen Kirchensonntag hat. Dieses Zitat wurde von längst verstorbenen Exegeten als Basis für das Dogma herangezogen, dass uns Jesu Leib in Form der Oblate nach der Wandlung zuteilwird. Und an Dogmen können wir nur mehr glauben, sonst nichts.

Die römisch-katholische Kirche spricht von einer *Weihelinie*, wenn das Weiheamt von den durch Jesus eingesetzten Aposteln an die Nachfolge Petrus, den Päpsten, von dort an die Bischöfe und letztlich an die Priester weitergegeben wird. Diese Nachfolge, apostolische Sukzession genannt, erlaubt dem Priester, im Rahmen einer Eucharistie – noch so ein Wort – simples Brot in den Leib Christi zu verwandeln. Wer an den Leib Christi in Form der Hostie glaubt, muss auch an die Weihelinie glauben, auch daran, dass diese von Gott so bestimmt wurde, sowie dass diese nie unterbrochen wurde und heute noch unseren örtlichen Priester beseelt. Sonst bleibt nur ein kleines Stück Sauerteig.

Daran muss man glauben, das lässt sich nicht argumentieren. Martin Luther (1483–1546) glaubte das nicht, er verweigerte den Glauben an die katholische *Transsubstantiation*, sondern ging vielmehr von einer *Konsubstantiation* aus. Damit meinte er, dass Brot und Wein zwar in der Eucharistie erhalten bleiben und sich nicht verwandeln, aber »in und unter« ihnen Jesus Christus verzehrt werden.

Wenn Ihnen jetzt der Kopf schwirrt, macht das nichts, vergessen Sie das Ganze am besten schnell wieder. Was wir uns merken müssen, ist, dass der religiöse Alltag viele Facetten in sich birgt. Manche Dinge betreffen den Glauben an Gott, manche den Glauben an das Rundherum – Maria, deren Jungfräulichkeit, Dreifaltigkeit, Hostien und weitere dogmatische Ansprüche –, andere wiederum die organisatorische Manifestation der Kirche, deren Verwaltung, Einnahmen und Ausgaben und auch ein Dienstrecht.

Es ist gar nicht so einfach, wie man meinen möchte, eine Religion in wenige Worte zu fassen. Der schnelle Ausspruch »Ich bin ein gläubiger Mensch« birgt zahllose Fragen und Fallstricke, die sich erst bei genauem Hinschauen offenbaren. Menschen haben über Jahrhunderte gemeint, Religion sei eine einfache Entscheidung: dabei sein oder nicht dabei sein. Fürsten glaubten, dass sie die Bevölkerung ihrer Lehen einfach durch Beschluss von Katholiken zu Protestanten umdrehen konnten – und umgekehrt. Doch je gründlicher wir über einzelne Details nachdenken, umso rascher kommen wir auf unlösbare Probleme, wo auch kein Beichtvater, Imam oder Rabbi mehr weiterhelfen kann.

Erinnern wir uns nur etwa an das Sakrament der Krankenweihe. Ohne Empfang der *Letzten Ölung*, die eine vollständige Vergebung aller Sünden einschließt, würde der Sterbende samt seiner Sündenlast der ewigen Verdammnis oder zumindest einem gut vorgeheizten Fegefeuer anheimfallen. Aber: Hier herrscht doch eine klare Bevorzugung von Gläubigen mit guter christlicher Infrastruktur? Auf einer Alm, wo ein Geistlicher mehrere Stunden benötigen würde, um zum Sterbenden zu kommen, oder nach einem Unfall mit rascher Todesfolge ist dieser Bonus doch verspielt? Oder drehen wir die Argumentation um: Wozu soll ich mich ein Leben lang mit den Zehn Geboten abrackern, wenn mir ohnedies am Krankenbett alles vergeben wird? Als urbaner Mensch mit drei Kirchen in Steinwurfweite ist mir die letzte Ölung ziemlich sicher.

Dass selbst die gewieftesten Theologen mit der Sünde, der Vergebung und der ewigen Verdammnis so ihre Schwierigkeiten haben, können wir an einem anderen Beispiel leicht ersehen: Was passiert mit Säuglingen, die vor der Taufe sterben? Dieser Frage widmen sich Theologen seit knapp zwei Jahrtausenden.

Jesus Christus selbst und seine Jünger kannten übrigens noch keine Hölle. Der Sohn Gottes schien diese ewige Bestrafung der Sünder nicht zu benötigen. Vor allem wäre der historische Jesus vermutlich nie auf die Idee gekommen, Säuglinge in ein ewiges Höllenfeuer zu werfen. Anders jedoch der Heilige Augustinus von Hippo (354–430 n.Chr.): Er war überzeugt und lehrte, dass die Menschen ohne das Sakrament der Taufe nach dem Tode schnurstracks in die

Hölle wandern. Sonst bräuchten wir ja auch keine Sakramente mehr, eigentlich logisch. Dass »die Wilden« im Osten und in Afrika, die noch nie von Jesus Christus gehört hatten, damit von Gott persönlich keine Chance auf den Himmel bekamen, war ihm ziemlich egal. Warum Gott diese »Wilden« dann überhaupt geschaffen hat, wo er sie doch von Anfang an für die Verdammnis konzipiert hat, interessierte den Hl. Augustinus auch nicht weiter.

Ein paar Jahrhunderte später erschien dies anderen Kirchenfürsten dann aber doch zu widersprüchlich, warum sollte Gott so viele Menschen erschaffen, aber sie per definitionem nicht retten wollen? Sie gründeten eine gelindere Form der Hölle, den *Limbus*. Kein wirklicher Urlaubsort, aber immer noch besser als die lodernden Flammen der Hölle. Je nach Auslegung und Jahrhundert wurde der *Limbus* als Schmalspurhölle oder, in gemäßigter Variation, als jenseitiger Ort, zwar ohne leibliche Qual, aber auch »ohne Gottesschau« beschrieben. Manche sahen im Limbus sogar einen Ort ewiger, aber nur natürlicher Glückseligkeit, ohne Kontakt zu Gott jedenfalls. Die Erfindung einer solchen Sonderhölle als juristische Spitzfindigkeit für den Ausnahmefall der ungetauften Säuglinge machte auch Sinn. War doch bereits früher eine andere Sonderhaftanstalt für jene geschaffen worden, die zwar grundsätzlich ins Ewige Reich eingehen sollten, aber aufgrund mangelnder Heiligkeit zuvor eben doch einer Läuterung bedürfen: das *Fegefeuer* oder *Purgatorium*. Auch dieser Gedanke ist ebenso leicht nachvollziehbar wie skurril: Gott kann nicht jeden Menschen – der seit seiner Geburt durch die Erbsünde verkommen ist – vom Himmel ausschließen. Sonst hätte die ganze Religion keinen Sinn mehr. Wenn nur einzelne Superheilige Anrecht auf das Himmelreich haben, ist das keine Religion mehr, sondern ein exklusiver Club ohne Chance auf Mitgliedschaft. Daher benötigten die Kirchenväter eine zeitlich limitierte Hölle, das *Fegefeuer*, wo für den Rest der Menschheit Bußmöglichkeit besteht. Peinigen, aber nicht für ewig, um die große Schar der Gläubigen nicht zu vergraulen.

Ursprünglich war dieser Zwischenzustand nach dem Tod als *refrigerium interim*, als zwischenzeitliche Erfrischung (z.B. bei Tertullian), beschrieben worden. Mit dieser Vorstellung einer jenseitigen Kuranstalt bis zum Ende aller Tage räumte Papst Gregor der Große im 6. Jahrhundert auf. Er erkannte, dass das Warten auf die ersehnte Gegenwart Gottes keine Belohnung sein kann, dass dies ein völliger Widerspruch zu den beiden Alternativen, Bestrafung durch eine Hölle oder Belohnung durch einen Himmel, wäre. Was, wenn die Menschen sich mit dieser gemütlichen Zwischenstation abfinden und gar nicht mehr ins Himmelreich wollen?

Abgesehen davon eröffnete so ein Purgatorium einen völlig neuen Geschäftszweig für die Kirche, den Verkauf von Eintrittskarten ins Paradies: den Ablasshandel. Die Kirche kreierte ein grauenhaftes Fegefeuer mit unvorstellbaren Qualen, aber gleichzeitig bot sie eine Möglichkeit an, vom Stellvertreter Christi auf Erden höchstpersönlich von dieser Qual befreit zu werden – gegen Münzeinwurf natürlich. Ein monströses Geschäftsmodell ward erfunden: Maler zeichneten in Kirchen die unvorstellbaren Gräuel der Hölle (für damalige Zeiten ohne Fernsehen und Internet ein erschütterndes Multimediaerlebnis) und beim Ausgang wurde den verschreckten Kirchenbesuchern die Versicherung gegen dieses drohende Ungemach für bares Geld verkauft. Mit dem Spatenstich für das Fegefeuer wurde ein Businessmodell begründet, das bis heute andauert und über die Jahrhunderte kolossale Mengen an Geld in die Kasse der Mutter Kirche spülte.

Seit Erfindung der Hölle im ersten Jahrtausend nach Christi Geburt (ja, so lange haben wir gebraucht, bis jemand auf diese Idee kam!), herrschten Zweifel, wie ein solcher Ort ewiger Verdammnis denn zu organisieren sei. Weniger aus einem Sinn für Gerechtigkeit oder aus Hoffnung auf Vergebung, sondern weil sonst das gesamte logische Konstrukt von Kirche, Erlösung und ein Leben in Demut keinen Sinn mehr gehabt hätte. Ein frommes Leben braucht eine Belohnung, einem schlechten Leben muss eine Strafe drohen, denn ohne Drohung kein Gehorsam und ohne Gehorsam keine Kirche.

Doch das eindimensionale Konzept der Hölle ist zu simpel. Ein System von Drohung und Belohnung funktioniert nur, wenn für die Gläubigen gutes Handeln einen nachvollziehbaren Effekt zeigt. Je schwerer die Vergehen, umso drastischer muss die Strafe ausfallen. Aber Besserung muss auch Linderung bringen. Sonst würde jeder, der einmal gesündigt hat, jeden weiteren Versuch der Besserung aufgeben, weil der Platz in der Hölle ohnedies fix ist. Das wäre so ähnlich wie mit den Zweimalverurteilten in den USA: Sie wissen, dass die dritte Verurteilung in jedem Fall zumindest lebenslänglich bedeutet. Wenn ein weiteres Verbrechen begangen werden soll, kann dies nach dieser Logik auch unbeschreiblich brutal sein, an der Strafe ändert das nichts mehr.

Um diese Hoffnungslosigkeit zu vermeiden, wurden unterschiedliche Höllen für die verschiedene Typen von Sündern erfunden, sozusagen eine nachträgliche Verbesserung eines Konzeptfehlers. Doch mit jeder Nachbesserung wurde das Konzept noch flickenhafter und widersprüchlicher, es wurde verschlimmbessert, dass es nicht schlimmer ging. Der Limbus musste unterschieden werden in den *Limbus Patrum*, wo die Seelen der Vorväter auf die Erlösung warteten. Sie waren zwar Sünder, konnten aber rein zeitlich Christi Botschaft noch nicht gehört und deshalb keine Taufe empfangen haben, daher war ihnen eine milde Form des Fegefeuers zugedacht. Der *Limbus Puerorum* hingegen war der Aufenthaltsort für Kinder. (*Limbus Puerorum* bedeutet wörtlich »Limbus der Knaben«, Mädchen scheinen in diesem Konzept keinen Platz gehabt zu haben. Erst später raffte sich der Klerus doch dazu auf, einen *Limbus Infantium*, den Limbus aller Kinder, zu eröffnen.) Diese waren ebenfalls nicht getauft, konnten aber auf Grund ihres frühen Todes noch gar nicht sündigen.

Doch was passiert mit Menschen, die nicht getauft waren, ein gutes Leben führten, aber definitiv nach Christi geboren waren? Sie hätten theoretisch getauft werden können, lebten aber dummerweise vielleicht in Brasilien oder Sibirien, wohin sich zu jener Zeit noch kein Missionar verlaufen hatte. Der Limbus Infantium musste auch für sie geöffnet werden. Der dogmatische Kunstgriff dafür heißt jetzt *Begierdetaufe*. Diese ist als Ersatz für jene gedacht, die aus irgendwelchen Gründen nicht getauft werden konnten, aber sich dies sehnsüchtig gewünscht haben. Auch für diese wird der Limbus Infantium geöffnet. Anstelle der Begierdetaufe gilt die *Bluttaufe*, der Märtyrertod, für jene, die sich für ihren christlichen Glauben hinmetzeln ließen, ohne getauft worden zu sein. Das Leiden und der Tod für die christliche Lehre werden letztlich doch als Ersatz für die sonst vorgeschriebene Taufe anerkannt. Was allerdings mit den »Wilden« in Brasilien oder Sibirien passiert, die ein ehrliches und braves Leben führten, aber keine Taufe empfangen konnten und aufgrund von Unwissen auch keine Begierde danach entwickeln konnten, bleibt weiter unklar.

Je mehr Spitzfindigkeiten berücksichtigt werden müssen, desto widersprüchlicher wird das Konzept von Strafe und Vergebung. Es ist wie mit den Köpfen der Hydra: Kaum hat man einen abgeschlagen, wachsen sofort zwei neue nach. Immer mehr Facetten sind nötig und mit jeder neuen Ausnahme werden wieder neue Ungerechtigkeiten geschaffen. Der vermutliche Rekordhalter in Strafdifferenzierung ist der unbekannte Verfasser der *Visio Sancti Pauli*, der Paulusapokalypse aus dem 3. Jahrhundert n.Chr. Diese »Offenbarung« nennt 144.000 Höllenstrafen für die unterschiedlichsten Vergehen, in der Hoffnung, wirklich jeden Sonderfall zu berücksichtigen. Glücklicherweise zählt der Verfasser nicht alle Peinigungen taxativ auf, sondern er geht nur davon aus, dass es wohl so viele sein müssen.

Der Mönch Marcus beschrieb 1148 seine Vorstellung von höllischen Strafen bereits sehr detailliert. Er machte sich zahllose Gedanken, wie die einzelnen Sünden wohl gewogen und bewertet werden, sodass jeder Sünder die passende Strafe erhält. Beispielsweise droht laut Marcus unzüchtigen Priestern und Nonnen das folgende nie enden wollende Ungemach: »Es wurden aber alle Seelen, die in den Sumpf hinabstürzten, schwanger, sowohl die Männer wie auch die Frauen. Innen aber wurden sie in den Eingeweiden nach Schlangenart von der empfangenen Nachkommenschaft gebissen, und so vegetierten sie armselig in den stinkenden Wogen des Sumpfes. Und als es Zeit war, dass sie gebären sollten, erfüllten sie schreiend die Hölle mit Geheul und gebaren auf diese Weise Schlangen. Es hatten aber diese Bestien, die geboren wurden, glühende Eisenköpfe und schärfste Schnäbel, mit denen sie die Leiber, wo sie herauskamen, zerfetzten. An ihren Schwänzen hatten diese Bestien viele Stacheln, die, wie Haken zurückgebogen, diese Seelen, aus denen sie herauskamen, zerstachen. Dazu hackten sie mit ihren glühenden Eisenschnäbeln auf die Leiber, aus denen sie herausgekommen waren, bis sie sie, bis auf Mark und Bein ausgedörrt, auffraßen.« Egal, wie man erotischen Verfehlungen des Klerus gegenübersteht, das Werk Marcus' war zu seiner Zeit ein Bestseller.

Die Krönung der Beschreibung jenseitiger Bestrafung ist natürlich die *Divina Commedia* von Dante Alighieri. In 14.233 Versen schildert Dante seinen visionären Abstieg in die Hölle, die nach seiner Vorstellung wie ein Trichter aufgebaut ist, tief unter der Erde liegt und in acht konzentrische Kreise eingeteilt ist. Der neunte Kreis der Hölle ist schließlich eine Eisfläche, in der der Fürst der Dunkelheit, Luzifer, eingefroren ist. Die Sünder sind nun, je nach ihren Vergehen, in den verschiedenen Kreisen stationiert und werden dort von Stürmen gebeutelt, müssen in eisigem Regen ausharren, werden in Flammensärge eingeschlossen oder müssen in einem Strom aus kochendem Blut schwimmen.

Natürlich bleiben auch bei Dante verschiedene Punkte offen, hier hätte er einiges aus der Paulusoffenbarung lernen können. Wo landeten beispielsweise diejenigen, die gleichzeitig Verräter und Geizhälse waren? Müssten die dann nicht zwischen zwei Höllenkreisen abwechseln? Oder sollte nicht zwischen wiederholten, schweren Sündern und einmalig schwach Gewordenen unterschieden werden?

Sie merken schon, es macht richtig Spaß, sich darüber den Kopf zu zerbrechen, welche Höllenqual man welchen Sündern angedeihen lässt. Wer eine leicht sadistische Ader hat, findet sicherlich seine Freude daran, sich Foltern für die einzelnen Sünder auszudenken. Zensur gibt es dafür keine, jeder ist frei und aufgerufen, sich grauenhafte Demütigungen und Verletzungen auszudenken und das als »Hölle« zu definieren. Es gibt sicher einen Markt dafür. Wie der französische Theologe Nicolas Sylvestre Bergier bereits 1772 bemerkte: »Die Hölle ist so gut, dass sie erfunden werden müsste, wenn es sie nicht schon gäbe.«

Viele Jahrhunderte hielt sich der mittelalterliche Glaube der Kirche daran, dass die Menschen mit der Angst vor einer Hölle gezügelt werden müssen. Einzelne Spielarten der Differenzierung, wie der Limbus für die kleinen Kinder, hielten sich bis in die Gegenwart. Erst im Jahr 2007 raffte sich der Vatikan auf, diesem Unsinn ein Ende zu bereiten: Papst Benedikt XVI. war es, der sich zur Stellungnahme durchrang, dass der Limbus »letztlich doch nur eine Hypothese« sei. Welch Fortschritt! Nach so vielen Hunderten von Jahren spricht endlich jemand aus, dass all diese sadistischen Beschreibungen von postmortalen Folterungen den fantasievollen Gehirnen einzelner Zeitgenossen mit entsprechenden Neigungen entsprungen sind und nichts, aber rein gar nichts, mit Gottes Willen zu tun haben. Fünfzehn Jahrhunderte waren nötig, bis die Kirche aus diesem Irrlauf ausbrach und Spekulationen über Vor-, Neben- und Unterhöllen ein Ende bereitete. Dinge, die nie ein lebender Mensch gesehen hat, die von Menschen erfunden und ausgeschmückt wurden, um logische Fehler in der dogmatischen Lehre auszumerzen, und die – das ist das Wesentliche – niemals von Gott oder seinem Sohn verkündet wurden.

Doch, ketzerisch gefragt: Warum hätten die Kirchenfürsten auch etwas ändern sollen? Es war die Angst vor der Hölle in all ihren Ausprägungen, die die Kasse des Ablasshandels klingeln ließ. Es ist viel bequemer, ein wenig Geld zu opfern, als beständig ein aufrechtes Leben zu führen. Es ist ja auch einfacher, monatlich für das Fitnessstudio zu bezahlen, als dann regelmäßig dort zu trainieren.

Heute sind wir aufgeklärt und lachen über die Einfalt der Leute der damaligen Zeit. Haben die damals ernsthaft Geld für einen Sündenablass an den genusssüchtigen Medici-Papst Leo X. gezahlt, damit der seine lästerlichen Vergnügungen finanzieren konnte? Jenem Papst, der Martin Luther zufolge den Kardinälen des Fünften Laterankonzils zur Zerstreuung zwischen den Sitzungen jeweils maximal fünf Lustknaben auf einmal zugestand?[8] (Was übrigens als Einschränkung verstanden wurde.) Doch, genau das haben die Menschen damals getan und die römisch-katholische Kirche sieht dazu vor: »Ablass ist der Nachlass zeitlicher Strafe vor Gott für Sünden, deren Schuld schon getilgt ist; ihn erlangt der entsprechend disponierte Gläubige unter bestimmten festgelegten Voraussetzungen durch die Hilfe der Kirche, die im Dienst an der Erlösung den Schatz der Sühneleistungen Christi und der Heiligen autoritativ verwaltet und zuwendet.«[9]

Die Kirche verwaltete und wendete die Sühneleistung Christi zu? Nicht das ewige Gericht oder Gott selbst, nein, die Kirche exekutierte, verwaltete autoritativ und wendete zu. Eine Art spiritueller Disponent also, mit weitreichender Macht, wer welchen Anteil am Sühnekuchen Christi bekommt. Aber, und jetzt kommt die wirkliche Pointe, dieser Text stammt nicht aus dem Mittelalter, er wurde 1983 im römisch-katholischen kanonischen Rechtsbuch[10] veröffentlicht und gilt bis heute! Jeder Gläubige kann beispielsweise zwischen erstem und achten November einen »vollkommenen Ablass« für die »Armen Seelen im Fegefeuer« erlangen. Der moderne Papst Franziskus ernannte das Jahr 2016 zum »außerordentlichen Jubeljahr« und verkündete, dass jeder Gläubige, der durch die »Heilige Pforte« schreite, einen vollkommenen »Jubiläumsablass« bekäme. So einfach geht das! Jubeln Sie schon?

Wir können beim Ablass aber auch ein wenig handeln, ähnlich wie am Bazar: Fehlt eine der Bedingungen (Beichte, Abkehr von der Sünde, Hl. Kommunion, Friedhofsbesuch und Gebet für die Verstorbenen, Kirchgang am Allerseelentag) gilt es zumindest als »Teilablass«. In diesem Fall wird zumindest ein Teil der Sünden erlassen. Die prozentuellen Anteile sind unbekannt.

Was genau passiert, wenn mehrere liebe Angehörige für einen Verstorbenen einen Teilablass erwirken, ob sich diese Teilablässe dann kumulieren, wäre auch eine Frage. Was passiert, wenn die hundert Prozent überschritten werden, ob dann der Überschuss an andere Verstorbene weitergegeben wird? Wer administriert das? Auch darüber ist nichts bekannt. Wohlgemerkt, all das im dritten Jahrtausend nach Christi Geburt, und nicht vor zweitausend Jahren im Baumhaus eines lendenbeschürzten Germanen, der kaum hundert verschiedener Wörter mächtig ist!

Man könnte über jede Glaubensrichtung ein religionskritisches Buch schreiben. Kritisch versteht sich in diesem Zusammenhang als *prüfend* oder *beurteilend*, keinesfalls »abwertend«. Es liegt nicht in meinem Interesse, das Bedürfnis nach Glauben und die Sehnsucht, sich mit anderen in einer

Religion zu verbinden, zu kritisieren. Ich halte es aber für wichtig und legitim, Fakten, Deutungen und Kuriositäten, die sich im Laufe der Zeit rund um die Religion hin angesammelt haben, unter die aufgeklärte Lupe zu nehmen. Es geht auf diesen Seiten nur um ein Sammeln und Gegenüberstellen. Der Glauben jedes Einzelnen ist nicht Gegenstand dieses Buchs und soll jedem selbst überlassen bleiben.

Der Grund, warum es in diesem Buch an manchen Stellen besonders um die römisch-katholische Religion geht, liegt in den vielen Widersprüchen dieser Religion begründet, aber auch in der regionalen Bedeutung für den europäischen Raum. Kaum eine Glaubensrichtung hat sich im Laufe der Jahrhunderte in ein solch inkonsistentes Regelwerk verstrickt wie das Christentum, speziell die römische-katholische Kirche. Wir können an Gott glauben oder auch nicht. Wir können ein Leben nach dem Tod erhoffen oder dieses für unwahrscheinlich halten. Wir können inbrünstig für die Verstorbenen beten und dabei Räucherstäbchen verbrennen, wir können uns Gott als sechsarmige Kriegerin, als einen Elefanten oder einen weißhaarigen alten Mann vorstellen. All das sind Ideen, die irgendwann entstanden sind und den Menschen Bilder und Anleitungen geben, um ihr Leben zu bewältigen und das Unfassbare durch verständliche Allegorien lebbar zu machen. Jedem Menschen steht das Recht zu, eine Vorstellung vom Jenseits, vom Sinn des Lebens und übersinnlichen Wesen zu entwickeln und daran zu glauben.

Doch die christliche Lehre, vor allem der römisch-katholische Ritus, entwickelte sich aus so unendlich vielen gegensätzlichen Meinungen, Abspaltungen, dem permanenten Versuch, diese Differenzen intellektuell zu kitten und eine logisch beweisbare Religion zu schaffen. Das Resultat all dieser »von Gott gegebenen Wahrheiten«, inhalierten Riten, Schismen, missionierten Religionen und unendlichen Versuchen einer Theodizee, einer Rechtfertigung Gottes, führten zu einem unüberschaubaren Wirrwarr an Bräuchen,

Dogmen, Vorschriften und Katechismen. Inspiriert von der Logik Aristoteles, die unser rationales Verständnis in Europa die ersten tausend Jahre geprägt hat, hat gerade der Anspruch der westlichen Kirchenlehrer, logische Widersprüche auszumerzen, paradoxerweise die inkonsistenteste Religion von allen geschaffen.

Ein verwirrender Mahlstrom aus »Gottes Wort«, heiligen und menschlichen Schriften, die aber wiederum von Gott diktiert wurden, Gesetzestexten, die von Gottes Stellvertretern niedergeschrieben wurden – und damit angeblich wieder von Gott kommen –, zieht die Gläubigen unbremsbar in einen Strudel aus Zweifeln und Unsicherheit. Nur die beständige Reue und das ununterbrochene Eingeständnis der eigenen Schuld scheinen die einzigen stabilen Rettungsreifen in diesem alles verschlingenden Wirbel zu sein.

Doch lassen wir uns nicht verwirren. Im Grunde sind Glaube, Religion und ein moralisches Leben einfache Konzepte, die sich leicht unterscheiden lassen – wenn man sich die Mühe macht, die einzelnen Teile auseinanderzuklauben. Doch der Verdacht, dass eine solche Bereinigung und Klärung nicht im Interesse von Kirchenführern ist, liegt auch klar auf der Hand. Verwirrte Gläubige sind in der Regel wesentlich einfacher zu steuern als logisch denkende Menschen.

Lassen Sie uns im nächsten Kapitel dieses Chaos in seine Bestandteile aufspalten. Lassen Sie uns gemeinsam darüber nachdenken, woran Sie persönlich glauben wollen und was menschliches Beiwerk ist. Ist Letzteres quasi eine Sammlung an Plugins, die unsere Vorväter mitgeliefert haben, die aber nichts mit Gott zu tun haben?

KAPITEL 3
Kampf dem Chaos – Entdeckung des eigenen Weges

Viele Menschen sind auf der Suche, sie sehnen sich nach etwas, an das sie glauben können. Aber oftmals stoßen sie auf Ungereimtheiten, auf Dinge, die sie in ihrer Religion abstoßen, Vorschriften, die unsinnig erscheinen. Diesen Menschen soll die »Glaubenspyramide« helfen, ihren Weg zu finden. Jeder Glaube lässt sich systematisieren. Die Kernfrage, was jeder von uns glaubt, ist leicht von menschlicher Willkür zu trennen. Natürlich ist es allen Leserinnen und Lesern überlassen, wo sie einzelne Elemente ihres Glaubens einordnen mögen. Jeder Mensch hat das gleiche Recht, seinen Glauben zu beschreiben, und zwischen dem, was wir nur glauben können, weil es kein Wissen gibt, und dem, was andere Menschen aus unterschiedlichen Gründen dazu erfunden haben, zu unterscheiden.

Eine Pyramide des Glaubens – zur einfachen Orientierung

Wenn wir uns der Aufgabe stellen, das wüste Durcheinander von heidnischen Bräuchen, die in unsere Liturgie Einzug gehalten haben, genauso heidnischen Feiertagen, die heute kirchliche Festtage sind, Dogmen, Gottesbildern, Vorschriften, angedrohten Strafen, Verwaltungsvorschriften und Kirchensteuern aufdröseln zu wollen, scheint dies im ersten Gedanken ein unlösbares Unterfangen zu sein. Doch, keine Angst, mit ein wenig Systematik ist schnell Ordnung in das Ganze gebracht. Und was für die christlichen Kirchen geht, funktioniert genauso problemlos für alle übrigen Religionen.

Am Ende wartet als Belohnung endlich die Gewissheit, wo Glaube endet, was ich hinterfragen darf, und wo ich Respekt für meinen Glauben einfordern kann.

Bezeichnen wir die Gesamtheit des Glaubens, einer Kirche, seiner Schriften, Priester und aller Geschichten als *Religion*. Ich möchte viel weiter hinausgehen – und auch viel unpräziser sein – als dies beispielsweise der Duden vorschlägt: Religion wird dort definiert als »durch Lehre und Satzungen festgelegter Glaube und sein Bekenntnis; gläubig verehrende Anerkennung einer alles Sein bestimmenden göttlichen Macht; religiöse Weltanschauung«. Ich ziehe die Grenzen nicht bei Lehren und Satzungen, auch muss eine Religion nicht unbedingt verehrend sein (wir kennen einerseits das Beispiel einer furchteinflößenden Religion oder andererseits eine rein meditative, diesseitige Religion, den Buddhismus, alles ist möglich). Auch zähle ich im Rahmen dieses Buchs zur Religion durchaus auch alle Regeln, die nichts mit dem Glauben zu tun haben, sondern mit der irdischen Institution einer Kirche und dem, wie der Glaube ritualisiert praktiziert wird. Kurz gesagt, alles, was irgendwie mit dem Themenkomplex Spiritualität, Glauben, Transzendenz, Kirche und auch Moral zu tun hat, kommt ungefiltert in diesen Topf hinein und wird – so wie es unsere Kirchenlehrer machen – kräftig umgerührt. Kurz, ich orientiere mich nicht am Duden, sondern an den Kirchenfürsten der hauptsächlich bei uns vertretenen Religionen.

Vorab jedoch noch eine Warnung: Die folgenden Seiten setzen absolute religiöse Toleranz voraus. Glaube bedeutet, nicht zu wissen, und wir müssen respektieren, dass andere Menschen andere Vorstellungen vom Jenseits haben als wir. Das mag schmerzlich sein, wenn die eigenen Kinder beispielsweise einem anderen Glauben nachhängen als man selbst. Aber es ist Teil der menschlichen Würde, selbst zu entscheiden, welches Nicht-Wissen, welchen Glauben wir annehmen wollen. All jene, die meinen, ihr Unwissen mit Kreuzzügen, Sprengstoffgürteln oder anderen Formen missionarischer Bluttaten verteidigen zu müssen, mögen dieses Buch an dieser Stelle beiseitelegen. Diese Seiten richten sich nur an aufgeklärte und tolerante Menschen, die bereits im dritten Jahrtausend angekommen sind.

Nun holen wir uns einen Schöpflöffel und beginnen, Stück für Stück die Elemente unserer Religionsbrühe herauszufischen und zu sortieren. Dabei bedienen wir uns selbstverständlich einer Ordnung, wir wollen ja sortieren, und das Bild, das dabei entstehen soll, ist jenes einer Pyramide. Wie bei jeder Pyramide steht der breite Fuß auf der Erde, auf dieser untersten Ebene findet sich all das, was höchst irdisch und greifbar ist. Je weiter wir nach oben gehen, desto luftiger wird das Gebäude und umso spiritueller werden die Begriffe, die wir dort einsetzen wollen. Je höher wir steigen, umso schmäler und kleiner wird die logische Beweisfähigkeit und umso größer wird der freie Raum des Glaubens.

Wir beginnen jedoch frisch und mutig an der Spitze der Pyramide. Dort ist es am einfachsten, denn dort ist fast kein Platz, eine Spitze hat per definitionem die Fläche null. Diese

Spitze ist rasch definiert: Wir legen dort nur ein Element aus unsere Religionssuppe ab: das Glauben an sich.

Auf der *ersten Stufe*, der obersten Ebene, der Spitze der Pyramide denken wir noch gar nicht nach, *woran* wir glauben, ob das beweisbar oder ob das »Glauben« an sich argumentierbar wäre und ob es überhaupt sinnvoll ist, zu glauben. Nein, wir definieren an dieser ersten Stelle nur die Frage: *Glauben wir?*

Sicherlich kann jeder Mensch diese Frage sehr schnell beantworten. Die meisten Menschen glauben an irgendetwas. Manche glauben an Gott, Allah, Jahwe, Inti, Maira, Roal, Ganesha, Shakti, Devi, Nezha, Huangdi oder Zhuan Xu. Andere glauben an uns unbekannte spirituelle Wesen, die Vorsehung, das Karma, eine Bestimmung, manche glauben an kosmische Kräfte oder einfach daran, »dass es irgendetwas gibt« und andere wiederum sind überzeugt, an nichts zu glauben.

Die amerikanische Bürgerrechtlicherin *Madalyn Murray O'Hair* glaubte fest und inbrünstig daran, dass es keinen Gott, keinen Himmel und keine Hölle gibt. »When you die, you go in the ground, the worms eat you« (»Wenn du stirbst, kommst du unter die Erde und die Würmer fressen dich«), lautet ein bekanntes Zitat von ihr. Sie erregte in den 1960ern in den USA massives Aufsehen, als sie bis zum Obersten Gerichtshof durchfocht, dass ihr Sohn in der Schule nicht an den dort üblichen Morgengebeten und Bibellesungen teilnehmen musste. Sie bekam schlussendlich recht, wurde aber dennoch vom *Life Magazine* 1964 zur meistgehasstesten Frau in Amerika gekürt. 1995 wurden sie mit ihrem Sohn und ihrer Enkeltochter entführt und ermordet.

Letzlich war *Madalyn O'Hair* auch eine überzeugte Gläubige. Sie glaubte fest daran, dass Gott nicht existiert.

Lassen wir an dieser Stelle allen Ballast fallen, der mit dem Wort »Glauben« aufgeladen ist. Alle Ängste, dass man den

Glauben verlieren könne, das Wissen, dass man nicht zweifeln dürfe, dass der Glaube vielleicht ein wenig peinlich ist oder auch, dass man eigentlich gar nicht so recht weiß, was man glaubt. Man hat eben nur so ein Gefühl.

Wenn Sie sich ein paar Minuten Zeit nehmen – mehr brauchen Sie dazu nicht – versuchen Sie einmal, alles Wissen über Ihre Religion auszublenden (das schwimmt alles noch in der Suppe und kommt später dran), und sich der Frage zu widmen: Glaube ich? Glaube ich überzeugt an etwas? Habe ich Zweifel? Ändert sich mein Glaube ab und zu oder ist es immer derselbe Glaube? Ist es ein konkreter Glaube oder eher ein Gefühl in der Magengegend? Gibt mir mein Glaube ein gutes Gefühl, ein Gefühl der Sicherheit? Oder eher eine Empfindung von Angst, beunruhigt mich mein Glaube?

Es zahlt sich aus, über diese Fragen ein wenig zu meditieren. Vielen Menschen ist allein mit diesen Überlegungen bereits ein großer Knopf aufgegangen. Wenn alle störenden Einflüsse und Einflüsterer ausgeblendet werden, beginnt bei manchen Menschen schlagartig eine große Klarheit.

Vergessen Sie alle Literatur, in der Vorbeter oder Kritiker uns erklären wollen, warum wir glauben müssen oder nicht dürften. Beide Fraktionen sind heillos verstrickt in ihrem Durcheinander und sehen nicht, dass wir zwar vieles an einer Religion kritisieren können, auch am Gottesbild selbst, aber die grundsätzliche Frage, ob ein Mensch glaubt, völlig unerklärbar ist. Weder hilft es nachzulesen, warum jemand zu Gott gefunden hat, noch warum jemand Gott leugnet. Die einfachste aller Fragen muss jeder Mensch für sich selbst beantworten. Glaube ich an etwas oder nicht?

Wenn Sie sich die Zeit nehmen und darüber nachdenken erkennen Sie, was Ihnen wichtig ist und warum Sie daran glauben. Denn nicht nur die Frage, *ob* wir glauben, sondern auch *warum* wir glauben, tritt plötzlich mit größerer Klarheit hervor. Ist es für mich wichtig (irgendeinen) Glauben zu haben, weil ich Angst vor dem Tod habe? Oder wünsche ich mir eine jenseitige Gerechtigkeit für erlittene Schmach? Habe ich Sorge um die Kinder? Drängt mich ein Gefühl der Hilflosigkeit, eine Angst vor dem Scheitern dazu, an eine helfende Instanz zu glauben? Ist es pure Gewohnheit? Oder die Angst vor Unsicherheit – vielleicht gibt es ja doch einen Gott? *Warum* ich glaube, ist genauso wichtig, wie *ob* ich glaube.

Es nicht Aufgabe dieses Buchs, einen Meditationsratgeber oder eine Do-it-yourself-Therapie-Anleitung anzubieten. Dennoch könnten fokussierte Gedanken zur zentralen Frage »Glaube ich?« vielleicht zu einer großen Erkenntnis über sich selbst und das Leben führen.

Ich gehe jetzt davon aus, dass Sie sich darüber klar geworden sind, ob Sie an etwas glauben. Wenn Sie für sich den Schritt gewagt haben und offen aussprechen »Ja, ich glaube«, können wir die Spitze unserer Pyramide verlassen und einmal nach unten steigen, zur *Stufe B*. Diejenigen unter Ihnen, die mit Überzeugung sagen, sie glauben *nicht*, können trotzdem weiterlesen. Das eine oder andere Bonmot fällt auch für Atheisten ab und Sie finden einige Argumentationshilfen für einschlägige Diskussionen

Wenn wir uns entschieden haben, *dass* wir glauben, ist die nächste naheliegende Frage natürlich, *woran* wir glauben. Haben wir uns auf der ersten Stufe gefragt, *ob* wir glauben, stellen wir uns jetzt der Frage, *was* wir glauben, an welchen Gott, an welche Götter oder andere spirituelle Instanzen. Die Stufe B widmet sich der Frage, wer unser Gott ist, wie er aussieht, wie mächtig er ist.

Dabei ist das Angebot groß: Wir können an einen Gott glauben oder an mehrere. Wir können an ein spirituelles Einssein mit der Natur und dem Kosmos glauben, an überirdische Wesen, die keinen Einfluss auf uns nehmen oder an einen Weltenschöpfer, einen Richter oder Kriegsgott. Wir können davon ausgehen, dass es eine undefinierte *Bestim-*

mung, eine *Vorsehung*, ein *Karma*, gibt, das alles regelt, oder dass es eine *Person* gibt, die alles Leben steuert. Natürlich ist es auch zulässig daran zu glauben, dass es keinen Gott gibt, eine Art Religion eines Nicht-Gottes, ein Glaube daran, dass alles zufällig entstanden ist, niemand als Kreator aufgetreten ist und keiner sich um unsere Existenz kümmert. Das war es, woran *Madalyn O'Hair* glaubte.

Treffen Sie die Wahl zwischen dem dreifaltigen Gott der Christenheit, dem eindimensionalen Gott der Juden und Muslime, Zeus, Tiwaz, Varuna, Brahman oder was auch immer, oder dem ewigen Nichts. Alles ist zulässig, kein Bild ist besser oder schlechter als das andere. Und keine Sorge, wenn wir weiter auf unserer Pyramide nach unten steigen, dann laden wir den eben gewählten Gott mit allerlei Geschichten und Riten auf, können aber bei Unzufriedenheit immer wieder nach oben zurücksteigen. Das ist die Garantie des Verfassers dieses Buchs: Bei Nichtgefallen können Sie jederzeit einen Schritt zurück machen auf eine höhere Ebene der Pyramide. Religion ist für uns Menschen nichts für alle Zeiten Festgelegtes, nichts Ewiges. Wir lernen beständig dazu, wir können immer wieder neu bewerten und uns neu entscheiden.

Nichts hindert uns beispielsweise daran, festzustellen, dass wir mit den Schriften des katholischen Gottes eigentlich nicht klarkommen und wieder auf unserer Pyramide zurück nach oben steigen. Wieder auf Stufe B gelandet, können wir eine neue Wahl treffen, vielleicht ergibt eine andere Schriftsammlung unterhalb des von uns gewählten Gottesbildes mehr Sinn für uns. Dann steigen wir wieder zu den Stufen C, D und E hinab und prüfen, ob wir damit leben wollen.

Unsere Pyramide bietet ein einfaches Hilfsmittel, sich Schritt für Schritt mit den Details einer Religion auseinanderzusetzen, die einzelnen Aspekte zu prüfen und ein für uns sinnvolles Religionsbild aufzubauen. Wir steigen Stufe für

Stufe auf unserer Pyramide hinab, entscheiden uns unter den vielen Alternativen und konstruieren ein System, das für uns individuell Sinn ergibt und logisch konsistent bleibt.

Zurück zu Gott: Wenn wir ehrlich sind, haben wir bisher noch nicht sehr viel entschieden. Wir sind auf Stufe B gelandet und haben beschlossen, dass wir an eimnen bestimmten Gott (oder mehrere) glauben. Doch jetzt wird es spannender – und auch schwieriger: Die dritte *Stufe C* widmet sich der Frage der Geschichte hinter unserem Gott: die Story rund um unseren Gott, Seine Anforderungen, aber auch seine Versprechen an uns. Diese beiden Aspekte bezeichnen wir als *Lehre*. Sie ist das Fundament, auf dem unser Glaube ruht, sie beschreibt, was wir glauben.

Die Lehre besteht zum einen immer aus einer Sammlung an zentralen Geschichten, den bedeutsamen Vorkommnissen, rund um Gott oder einen Religionsstifter. Welche Wunder sind geschehen, wie entstand die Welt, gibt es ein Leben nach dem Tod? Zum anderen enthält die religiöse Lehre alle Kernbotschaften, vor allem, was Gott von uns will und was er uns verspricht. Beides gemeinsam, Historie und Kernbotschaften bilden die Lehre einer Religion.

Dabei gilt es, sich über einige grundsätzliche Dinge klarzuwerden: Übt Gott Macht auf uns aus oder ignoriert er uns eher? Will unser Gott etwas von uns, sind uns in unserer Beziehung zu Gott Pflichten auferlegt? Kommuniziert Gott mit uns, durch Gebete in eine Richtung, durch Wunder und Visionen in die andere Richtung? Woher kommen wir und wohin gehen wir nach unserem Tode? Hat unser Gott unsere Welt geschaffen, oder wurde er selbst hineingeboren? Was ist bisher geschehen und was erwarten wir, das noch kommen soll?

Jetzt geht es schon ans Eingemachte. Wir müssen uns festlegen, wir müssen ein Bild unseres Glaubens zeichnen. Das war in Urzeiten relativ einfach: Unsere Vorfahren sahen sich einer unbändigbaren Natur gegenüber, jedes Lebewesen, das größer als eine Ratte war, konnte eine Gefahr für den einzelnen Menschen sein. Praktisch alle natürlichen Phänomene waren unerklärbar und die Menschen waren in einen nie enden wollenden Kampf ums Überleben verstrickt.

Es ist Teil unseres Intellekts, dass wir die Komplexität unseres Lebens reduzieren wollen, indem wir wiederkehrende Muster identifizieren. Diese Muster helfen uns, mit künftigen, ähnlichen Situationen umzugehen. Wenn wir dunkle Wolken sehen, sind wir mental in der Lage, aus der bisherigen Erfahrung zu schöpfen und zu sagen, wahrscheinlich regnet es gleich, lasst uns ins Trockene gehen. Wir haben beobachtet und können vorhersagen, dass Samen, der auf die Erde fällt, oft Getreide wachsen lässt. Wenn der Samen hingegen auf Steinboden fällt, wächst selten etwas. Keine kausalen Ketten, aber statistische Erfahrungen, die zur Simplifizierung des Lebens Sachverhalte zu einfachen Regeln zusammenfassen und weitergegeben werden.

Je mehr Muster die Menschen entwickelten, desto besser konnten sie mit ihrem Leben umgehen und sich vor zukünftigen Gefahren schützen. Bald erkannten die Menschen, dass sie in der Lage waren, weite Teile ihres Lebens selbst zu bestimmen. Das Feuer zu beherrschen war irgendwann das Highlight forscherischer Kraft. Handwerk erlaubte, Waffen und Werkzeuge zu erschaffen, und im Laufe der Zeit entwickelte sich das menschliche Selbstverständnis, dass wir das Leben eigentlich ganz gut im Griff hatten und dass wir auch schlauer als die restlichen Tiere waren.

Dennoch blieb ein großer Teil des Lebens fremdbestimmt: Blitze schlugen in Hütten ein, Stürme verwüsteten die Ernte, Seuchen töteten viele Menschen. Da der Mensch gelernt hatte, dass sich alles auf einfache Muster von Ursache und Wirkung zurückführen lässt, versuchte er, das bewährte Schema auch auf Unerklärliches anzuwenden. Hatte ja bislang gut funktioniert. Doch wie erklärt man einen Blitz, der zufällig irgendwann irgendwo einschlägt? Es muss wohl Überwesen geben, die noch schlauer und mächtiger sind als die Menschen, die diese Dinge steuern. Wie bereits der Arzt der Antike, Hippokrates von Kos (460–370 v.Chr.) schrieb: »Wenn wir alles göttlich nennen würden, was wir nicht verstehen, wäre des Göttlichen kein Ende.«

Vielleicht hat sich der frühe Mensch auch ein wenig vor der Verantwortung als mächtigstes und schlauestes Wesen gefürchtet. Vielleicht tat es gut zu wissen, dass es über uns doch noch größere Wesen gibt, an die wir uns im Zweifelsfalle wenden können. So, wie jeder Angestellte gerne schwierige Entscheidungen an seinen Chef weiterreicht, hatte der Mensch wohl auch das Bedürfnis nach einem göttlichen Chef, dem er im Zweifel Dinge an- und umhängen kann.

Die Menschen dachten sich Überwesen aus, um unerklärbare und unvorhersehbare Phänomene zu begreifen und steuerbar zu machen. Ich kann den Blitz vielleicht nicht beeinflussen, aber wenn ich weiß, dass Zeus dafür verantwortlich ist, beruhigt mich das. Dann ist der Blitz nicht mehr ein zufälliges, unsteuerbares Naturschauspiel, sondern bewusst und mit Planung geschaffen. Und ich kann mit Zeus in Form von Gebeten sprechen, damit er auf mich Rücksicht nimmt und seine Blitze eher ins Nachbardorf schickt.

Doch je klarer das Bild der Natur wurde, desto mehr Phänomene wir mit natürlichen Ursachen erklären konnten, desto weniger Bedarf herrschte an Göttern. Ein Wettergott hat keinen Sinn mehr, wenn ich selbst aus meiner Erfahrung das Wetter gut vorhersagen kann. Je mehr der Anteil an Unerklärbaren schwand, desto abstrakter wurden die Gottesbilder. Letztlich blieben nur mehr die jenseitigen Fragen für Gott über: Wer schuf die Welt, das Universum, was ist die Welt überhaupt, wer oder was schuf uns und was passiert nach unserem Tode?

Die Existenzberechtigung Gottes ist seit Jahrhunderten ein Rückzugsgefecht. Nachdem das Wirken der Götter für Wetter, Krankheiten, Tod an die Wissenschaft verloren wurde, blieb nur mehr das wahrlich Unbegreifliche: Wer hat die Welt geschaffen, wozu und welche Rolle spielt der einzelne Mensch darin? Nachdem noch niemand von den Toten zurückgekommen ist, bleibt dieses Mysterium eine feste Bastion des Glaubens.

Doch wenn wir für uns – und ich meine jeder für sich persönlich – einen Zugang zu den letzten großen Mysterien gefunden haben, wird es wieder leichter. Ist der Weg einmal gewählt, gibt es heute unzählige Schriften und Dokumentationen, aus denen jeder die Details der einzelnen Lehren nachlesen kann. Sei es die Bibel, die über Jahrtausende den Menschen Erklärungen geliefert hat oder relativ junge Werke, wie der Koran, der erst im siebten Jahrhundert entstand. Die *Stufe D* unserer Pyramide widmet sich der Verschriftlichung der göttlichen Lehre.

Wenn wir uns einer Glaubensgemeinschaft anschließen, ist es wichtig, dass alle dasselbe glauben – sonst wäre es keine Gemeinschaft. Auch wenn wir mit Glauben eigentlich Nicht-Wissen meinen, so legen wir doch Wert darauf, dass wir in unserer Glaubensgemeinschaft alle den gleichen Grad des Nicht-Wissens haben. Wir wollen unser Unwissen normieren und den Glauben vereinheitlichen.

Die Frage nach den Schriften beinhaltet viel wissenschaftliche Arbeit. Wer hat die Schriften verfasst, wie glaubwürdig sind diese Verfasser, welche Authentizität können die Verfasser bieten? Wenn beispielsweise ein unbekannter Verfasser, der sich selbst »Knecht Johannes« nennt, die *Offenbarung des Johannes* niederschreibt, müssen wir hinterfragen, ob dieser Text in irgendeinem Zusammenhang mit der Lehre Jesu steht. Der Verfasser dürfte im ersten Jahrhundert nach Christi im Kulturkreis des Kaisers Nero gelebt haben und hat vermutlich Jesus Christus und seine Apostel nie persönlich kennengelernt. Mit dem Apostel Johannes hat diese Offenbarung gar nichts zu tun.

Was in vergangenen Jahrhunderten simpel als »Heilige Schrift« benannt wurde, könnte unter Umständen lediglich ein Text eines beliebigen Menschen sein, der einfach das Glück hatte, dass sein Pergament die Jahrhunderte überdauert hat, während andere verloren gingen. Vorsicht ist geboten: Nicht alles, was uns als »Heilige Schrift« präsentiert wird, ist wirklich heilig. Übersetzung, Verfälschungen und Willkür bei der Auswahl sind nicht zu vernachlässigende Einflussfaktoren bei der Zusammenstellung eines religiösen Kanons.

Zuletzt müssen wir uns mit einem wichtigen Teil beschäftigen, der den meisten Menschen lästig erscheint: In der fünften *Stufe E* widmen wir uns der irdischen Verwaltung einer Religion. Auf dieser Ebene sprechen wir von völlig profanen Dingen wie der Verwaltung der finanziellen Mittel einer Religionsgemeinschaft zur Bezahlung seiner Priester oder zur Erhaltung seiner Kirchen. Selbst völlig banale Dinge, wie Personalwesen, Gehaltsschema der Priester, Facility Management und Reinigungspersonal, sind wichtige Bestandteile einer Religionsgemeinschaft, wie in jeder anderen Organisation auch. Derzeit betreiben 270 Kirchen und Religionen Organisationen mit mehr als 500.000 Mitgliedern[11]. Diese Masse an Menschen muss administriert werden, benötigt Infrastruktur, Medien, Informationen, Ansprechpartner. Wer einmal in einer Personalabteilung eines Konzerns gearbeitet hat, weiß, welchen Aufwand das bedeutet.

Ein wichtiger Teil des religiösen Alltags ist die diesseitige Organisation ihrer Mitglieder. Wir müssen uns mit praktischen Fragen beschäftigen: Wie ist dieser Verein aufgebaut, welche Hierarchie ist für Entscheidungen, Verwaltung und Weiterentwicklung der Lehre vorhanden? Wer darf überhaupt lehren? Welche Mitspracherechte hat ein zahlendes

Vereinsmitglied? Wie wird die Mittelverwendung dokumentiert? Ist das Regelwerk der Organisation noch zeitgerecht oder klammert es sich an mittelalterliche Vorschriften fest? Gibt es überhaupt eine zentrale Organisation, die eine Einheitlichkeit der Lehre und Liturgie sicherstellt, oder besteht die Religion aus lokalen Splittergruppen, die sich voneinander unabhängig entwickeln?

Vorsicht, Falle! Wir sprechen auf dieser Ebene nicht mehr von »göttlichen« Befehlen, Berufung oder spiritueller Wahrheit. Nein, diese Stufe unserer Pyramide definieren wir völlig befreit von jeglichem Dogma. Hier soll es nur um die irdische Verwaltung von Menschen und Vermögensgütern gehen. Wir sprechen auf dieser Stufe nur von Gehaltsschemas, Dienstverträgen, Mieten, Druckkosten, Dienstbereitschaften und Bilanzabschlüssen. Das Wort »Gott« hat in dieser Schicht der Pyramide keinesfalls etwas verloren, es geht ausschließlich um menschliche Organisation. Wenn jemand meint, Frauen dürfe dieser oder jener Dienstrang nicht zugestanden werden, sind das Entscheidungen, die Menschen ohne Rücksprache mit Gott getroffen haben. Der Zölibat ist eine willkürliche Dienstvorschrift, ein Bestandteil eines Arbeitsvertrages zwischen einem angestellten Priester und seinem Arbeitgeber, der Firma Kirche. Gott kommt in dieser Regelung nicht vor, er hat keinen Einfluss auf diese Dienstverträge genommen, er wurde nie gefragt, ob er den Zölibat für gut und sinnvoll hält, keine jenseitige Erscheinung oder Vision hat jemals Stellung zu solch irdischen Belangen Stellung genommen.

Da hilft es auch nichts, dass die Heilige Schrift so lange verbogen und ausgelegt wird, bis man endlich zur erwünschten Aussage kommt. In Lk 14,26 meint Jesus zwar, dass, wer nicht »Vater und Mutter, Frau und Kinder, Brüder und Schwestern, ja sogar sein Leben gering achtet«, kaum sein Jünger sein könne. Aber natürlich war nicht gemeint, dass jeder sofort seine Frau verlassen müsse, auch seine Jünger waren schließlich verheiratet. Etwas später wird bei Lukas von Jesus der völlige Verzicht auf seinen Besitz gefordert (Lk 14,33), was die meisten Verfechter des Zölibats geflissentlich wieder ignorieren.

Menschen haben aus unterschiedlichsten Interessen solche Regelungen erfunden und argumentieren damit, dass Gott dies gewollt hätte. Auch vor haarsträubenden Interpretationen der *Heiligen Schrift* wird nicht zurückgeschreckt, um irdische Forderungen zu göttlichen Ansprüchen zu verdrehen.

Damit ist unsere Pyramide vollständig. Sie sehen, es ist gar nicht schwer, zwischen göttlicher Einflussnahme und menschlicher Organisation zu trennen, wenn wir uns die Mühe machen. Manches ist eben Gottes Werk und manches liegt in menschlicher Verantwortung. Das ginge auch nicht anders. Jede Zeit hat ihr Rechtssystem und ihre politische Gestalt. Dementsprechend muss sich die Verwaltung einer Religionsgemeinschaft beständig ändern, um sich den aktuellen juristischen und politischen Gegebenheiten anzupassen. Wichtig ist nur, zwischen dieser Administration und Gott zu trennen. Mein Gehaltszettel hat nichts mit Gott zu tun, und das ewige Leben ist unabhängig von meinem Arbeitgeber.

Unsere Pyramide hat ihre finale Gestalt bekommen. Von der Kernfrage »Glaube ich?«, über die Definition unseres Gottes, dem Anerkennen seiner Lehre, der Kenntnis der wesentlichen Schriften bis zum formellen Eintritt in die irdische Gemeinschaft per eingeschriebenem Brief oder einem sonstigen Formalismus haben wir jedes Element unserer Religion einsortiert.

Wir haben das religiöse Chaos sortiert und Stück für Stück der Suppe einem Thema zugeordnet. Wenn wir künftig vor Fragen zu unserem Glauben stehen, ist es leichter, eine Antwort zu finden, da wir zumindest die Zuständigkeit klären können. Sind es Fragen aus den oberen Stufen, gilt der Glaube, und den müssen wir unhinterfragt respektieren, beziehungsweise haben wir ein Recht darauf, dass unser individueller Glaube bedingungslos respektiert wird. Ist es ein Aspekt der Stufe E, so handelt es sich rein um Menschenwerk und wir müssen uns gegen religiöse Argumente oder Dogmatik wehren, wenn sie uns nicht behagen. Wir dürfen Fragen stellen und haben ein Recht darauf, Antworten zu bekommen.

Lassen Sie uns nun gemeinsam einen etwas genaueren Blick auf die einzelnen Stufen unserer Pyramide werfen und die dabei auftretenden Fragen näher beleuchten.

Glaubenspyramide Stufe A – Glaube ich?

»Glaubst du noch oder lebst du schon?« – diesen Titel trug eine Veranstaltung der Fachschaft der Katholischen Theologie der Universität Köln im Januar 2016. Ein verwirrender Titel, denn wie sollten *Glauben* und *Leben* einander entgegenstehen? Die Diskutierenden, Weihbischof Dominikus Schwaderlapp, der Theologe Hans-Joachim Höhn u.a., suchten in dieser Podiumsdiskussion der Diskrepanz zwischen kirchlicher Glaubenspraxis, den Studieninhalten und der individuellen Lebensführung Geistlicher auf den Grund zu gehen. Wieder finden wir diese Vermengung von Glauben, alltäglichem Leben und den Schriften, die an einer Universität gelehrt werden. Die Diskrepanzen entstehen, weil eine erwünschte Lebensführung von den Hierarchen wüst mit göttlicher Weisung argumentiert wird, der Glaube bei Nichteinhaltung irdischer Vorschriften abgesprochen wird. Eine Veranstaltung, die Fragen klären wollte, aber letztlich das Chaos nur weiter vergrößert hat.

Also, zurück zum Start! Beginnen wir nochmals mit der

Spitze der Pyramide, mit Stufe A, und widmen wir uns der zentralen Frage, ob wir überhaupt an irgendetwas glauben. Eine simple Entscheidung, die nur zwei Antworten kennt, ja oder nein. Für all jene, die quer eingestiegen sind oder zur Wiederholung: Wir beschäftigen uns jetzt nicht mit dem Bild Gottes, den Heiligen Schriften oder einer Kirche. Nichts von alledem wird hier bezweifelt oder bejaht, kritisiert oder für wertvoll erachtet. Erst später denken wir darüber nach, an dieser Stelle widmen wir uns nur der einen, zentralen Frage, *ob* wir glauben.

Wenn Sie, so wie ich das gerne und regelmäßig mache, eine kleine Umfrage in Ihrem Bekanntenkreis machen, werden Sie feststellen, dass sich fast niemand dieser Frage ernsthaft widmen will. Zu heikel scheint sie zu sein, die meisten Menschen weichen ihr aus. Wir alle kennen gläubige Menschen, die Großmutter vielleicht oder den örtlichen Priester. Sie behaupten mit fester Stimme, dass sie gläubig seien. Fragt man jedoch nach, so gibt jeder Gläubige auch zu, von Zeit zu Zeit »Zweifel« gehabt zu haben. Der Glaube scheint sogar so selten zu sein, dass viele vom *Geschenk des Glaubens* sprechen. Offenbar ist der reine Glaube auch für Gläubige etwas sehr Ungewöhnliches.

Viele Menschen werden diese Frage ohne die nötige Präzision beantworten. Der Arbeitskollege oder Nachbar antwortet vielleicht mit einem »Schon, eigentlich ...« und drückt damit aus, dass er zwar irgendwann in der Schule etwas zu dem Thema lernen musste und er mit seinen Kindern am Heiligabend in die Kirche geht, sonst aber nicht darüber nachdenkt, ob er an etwas Konkretes glaubt.

Wenn wir uns der Frage widmen, ob wir glauben, bieten sich uns einige Alternativen an und wir sollten uns im Klaren sein, welche Antwort wir geben. Die meisten Menschen wissen, ob sie ihr Auto kaskoversichert haben – sie glauben daran, dass ein Schaden eintreten könnte –, wissen aber nicht, ob sie an Gott glauben. Und das, obwohl die Auswirkungen einer diesbezüglichen Fehleinschätzung im wahrsten Sinne unendlich und nicht im Geringsten mit einem Autoschaden vergleichbar wären, ewige Verdammnis beispielsweise. Warum versichern wir uns gegen die Möglichkeit eines kleinen Blechschadens in der Höhe von ein paar hundert Euro, aber das Risiko immerwährender Pein scheint uns nicht zu beunruhigen?

Um diese Frage zu beantworten, lassen Sie uns erst einmal ein paar mögliche Einstellungen zum Glauben etwas näher beschreiben. Wie kann sich Glaube ausdrücken, welche Varianten begegnen uns?

Agnostizismus – Die einfachste Antwort auf die Frage »Glaube ich?« ist: Es interessiert mich nicht. Das Wort *Agnostiker* wurde vom Biologen *Thomas Henry Huxley* (1825–1895) geprägt und beschreibt die Auffassung, dass wir weder über die Existenz noch über die Nicht-Existenz Gottes etwas wissen können. Der Ausdruck kommt vom griechischen ἀγνοεῖν, a-gnoein, etwas »nicht zu wissen«.

Selbstverständlich ist der Begriff falsch, denn niemand weiß etwas mit Sicherheit in religiösen Fragen. Was der Agnostiker meint, lässt sich am einfachsten mit den Worten des Mathematikers *Blaise Pascal* erklären. In einem fiktiven Dialog widmete er sich der Diskussion, ob es sinnvoll sei, an Gott zu glauben. Seine Einstellung formulierte er als Wette auf die Existenz Gottes: »Wir wollen Gewinn und Verlust abwägen, setze du aufs Glauben, wenn du gewinnst, gewinnst du alles, wenn du verlierst, verlierst du nichts. Glaube also, wenn du kannst.«[12]

Es stimmt, man kann nichts verlieren, wenn man glaubt. Ob es für das Jüngste Gericht allerdings ausreicht, aus rein nutzenoptimierten Überlegungen heraus Gott zu bejahen, das wage ich zu bezweifeln. *Pascal* formuliert dieselbe Interesselosigkeit, die den Agnostikern zu eigen ist. Was kümmert mich der Glaube an Gott? Es ist ohnedies nicht beweisbar und wenn es mich nichts kostet, lasse ich mir die Option noch offen.

Stellen wir uns einen Zeitgenossen vor, der sich nicht mit unserem Rechtssystem beschäftigen will. Er begeht Verfehlungen, Straftaten, vielleicht sogar Verbrechen, aber nicht weil er gegen das System oder ein schlechter Mensch wäre, sondern nur weil ihn die Konsequenzen seines Handelns nicht interessieren. Dieser Mensch will einfach nichts darüber hören, er sagt sich, »ich weiß ja nicht, ob es am Ende eine Verurteilung gibt«. Sollte er aber trotzdem jemals gefasst werden, vertraut er darauf, dass er dem Richter dann rasch seine Reue beichten kann. Er glaubt daran, dass das ausreichen wird, um in jedem Fall straffrei davon zu kommen. Wäre ein solches Verhalten vernünftig?

Den Agnostiker treffen wir meist in einer der folgenden Ausprägungen an:

Der *desinteressierte Agnostiker* will nicht wissen. Die Religionsfrage ist ihm lästig. Wen kümmert das ewige Leben, haben wir hier nicht genug zu tun? Angeblich ist dem desinteressierten Agnostigker alles egal, doch wie kann das ewige Leben egal sein? Ich kenne keinen Menschen, der mir gegenüber behauptet hätte, eine Fehlentscheidung mit Auswirkungen für die nächsten zehn Jahre wäre ihm oder ihr egal. Noch viel weniger habe ich bislang jemand getroffen, der meinte, Konsequenzen bis ans Ende des Lebens wären ihm gleichgültig. Und wir werden garantiert niemand finden, der sagt, es sei belanglos, was bis in alle Ewigkeit passiert. Genauer, sogar eventuelle nie enden wollende Qual und Pein wären irrelevant. Solche Menschen gibt es nicht.

Der *resignierte Agnostiker* ist überfordert: Von zu viel Information, von zu vielen widersprüchlichen Details mit Auswirkungen, die er nicht begreift. Zuviele Menschen wollen etwas, jeder zerrt an ihm, fordert eine Entscheidung. Eine Entscheidung, die er nicht treffen kann. Was ist die Ewigkeit? Die ältesten Funde der Menschheit sind 2.800.000 Jahre alt.[13]

Niemand kann diesen Zeitraum erfassen. Unsere Fantasie streikt schon, wenn wir uns das Leben unserer Urgroßeltern vorstellen sollen. Die hatten weder Internet noch Handy. Wie haben die dann das Fernsehprogramm downgeloaded? Wie sollen wir jemals begreifen, was »für alle Zeiten« bedeutet?

Der Typus des *vorsichtigen Agnostikers* behält sich einen Joker auf, für alle Fälle. Manche haben so viel Angst vor den Konsequenzen, dass sie sich einfach vor der Entscheidung drücken. Wie ein gewiefter Politiker wählt der Vorsichtige den Weg, nichts zu sagen. So kann ihm später auch nichts vorgeworfen werden. Doch egal, ob es Furcht vor der Entscheidungssituation selbst oder vor den Auswirkungen einer vielleicht falschen Auswahl ist: Wenn ich einräume, dass es einen Gott geben könnte, dann droht mir für die agnostische Entscheidungsangst schreckliches Ungemach. Das können wir nicht ausschließen, nur verdrängen. Es wäre wirklich lohnenswert sich endlich aufzuraffen und Farbe zu bekennen.

Wenn aber jemand sagt, er sei *desinteressiert*, er sei »Agnostiker«, dann – verzeihen Sie mir – glaube ich ihm kein Wort. Niemand kann desinteressiert an einem unendlich langen Zeitraum nach seinem Tode sein. Entweder findet sich einer zur Ansicht durch, dass es nach dem Tode aus ist, dann glaubt er an ein absolutes Ende nach dem Tode. (»The worms eat you.«) Oder er ist sich nicht sicher, dann muss er sich aber unweigerlich mit der Möglichkeit auseinandersetzen, dass er vielleicht für sein Fehlverhalten eine jenseitige Bestrafung zu erwarten habe. Und diese Aussicht ist so grauenhaft, dass jeglicher irdische Strafvollzug zur Gaudi verkommt.

Lassen Sie uns das kurz wahrscheinlichkeitstheoretisch durchdenken: In der Wahrscheinlichkeitsrechnung spricht man vom *Erwartungswert* eines unsicheren Ereignisses. Wie hoch ist das mögliche Ergebnis (in unserem Fall eine unendlich lange Zeitspanne, die Ewigkeit) und wie hoch ist die Wahrscheinlichkeit des Eintreffens? Beides miteinander multipliziert ergibt den erwarteten Wert des Ergebnisses.

Beispielsweise rechnet eine Versicherung gegen Flugzeugabstürze mit einer Eintrittswahrscheinlichkeit von 0,00000007 Prozent. Bei einer Auszahlung von einer Million Euro im Schadensfall errechnet sich der faire Erwartungswert dieser Wette aus dem Auszahlungsbetrag mal der Wahrscheinlichkeit, was 7 Cent sind. Kostet die Prämie dieser Versicherung zehn Euro, ist es ein gutes Geschäft für die Versicherung.

Und wie verhält es sich mit dem Erwartungswert der Dauer der Höllenpein für einen Agnostiker? Rechnen wir mit einer beliebigen Eintrittswahrscheinlichkeit, sagen wir $x\%$, und multiplizieren mit dem Wert des möglichen Ergebnisses, unendlich, dann erhalten wir den Erwartungswert. Egal, wie wir $x\%$ (die Wahrscheinlichkeit für das Eintreten der von der Kirche prognostizierten, ewigen Höllenqualen) annehmen, $x\%$ mal unendlich ist wieder unendlich. Die ewige Verdammnis dauert somit voraussichtlich ewig, egal für wie unwahrscheinlich wir das halten mögen. Selbst wenn ein optimistischer Agnostiker davon ausgeht, dass das Inferno nur mit 0,000001% eintreffen wird, so ist die zu erwartende Dauer seiner jenseitigen Qualen unendlich lange. Nur der Verweigerer, der annimmt, dass er mit *Sicherheit* das Eintreffen der Hölle ausschließen kann, ist vor der Wahrscheinlichkeitsrechnung sicher.

Wer meint, es bestünde – wenn auch noch so unwahrscheinlich – die hypothetische Möglichkeit, dass Christen oder andere Religionen mit ihrem Jenseitsbild recht haben, der muss sich der Tatsache stellen, dass dies in jedem Fall, selbst bei geringster Wahrscheinlichkeit, für einen Heiden eine unendliche Höllenpein bedeutet, sollte er der Verdammnis anheimfallen.

Es ist in der Tat unvorstellbar, dass es Menschen gibt, die bei solchen Zukunftsszenarien verweigern und nicht *wissen wollen*. Wenn wir über Gott und das ewige Leben nachdenken, dann ist es unmöglich, sich nicht eine Meinung zu bilden. Wenn *Paul Watzlawick* meinte, wir können nicht nicht kommunizieren, möchte ich dazu formulieren: *Wir können nicht nicht glauben!*

Jeder von uns ist so überfüllt mit Information zu Religionen, dass wir uns alle unbewusst oder bewusst eine Meinung gebildet haben. Wer behauptet, er habe keine, weil er *nicht wissen könne*, der lügt.

In Wahrheit gibt es diese Menschen gar nicht. Jeder vermeintliche Agnostiker, den ich kennenlernte, gab bei näherem Nachfrage durchaus zu, irgendein Bild vom Jenseits zu haben und letztlich doch wieder gläubig zu sein. Es ist eben nicht so einfach, sich aus der Verantwortung für sein eigenes ewiges Leben zu ziehen.

Undefinierter Glaube – Viele Menschen sind überzeugt, dass es »etwas« außerhalb unseres Wahrnehmungskreises geben müsse. Das könnte eine spirituelle Superexistenz sein – die Vorsehung, das Schicksal, das Eins, Karma – aber Genaues weiß man nicht. Es liegt ja außerhalb unserer Wahrnehmung. Im System unserer Pyramide endet diese Religion nach Stufe B. Es gibt keine weiteren Lehren oder Schriften, nichts, was als religiöse Botschaft da wäre. In Eigenverantwortung muss der Gläubige sein eigenes moralisches Gerüst schneidern, das oftmals wesentlich stärker ist als religiöse Regeln.

Der Mensch ist auf Grund seiner evolutionären Entwicklung mit einem inneren System über *richtig* und *falsch* ausgerüstet. Im Zuge zahlloser Generationen haben wir erarbeitet, welche Regeln unser soziales System am besten erhalten, welche Verhaltensmuster die höchste Überlebenswahrscheinlichkeit für unsere Spezies bringen. Andere Wege erwiesen sich nicht als so überlebensfähig und starben mit den Trägern dieser Gene aus.

Jeder Mensch (von Soziopathen einmal abgesehen) ist in der Lage, die moralische Richtigkeit der Zehn Gebote zu bewerten oder sich diese Regeln selbst zu erstellen, sollte er keine Bibel kennengelernt haben. Quer durch die Jahrtausende und über alle Kontinente haben alle Kulturen und Religionen dieselben Moralvorstellungen entwickelt. Völlig unabhängig, ob Götter dafür herangezogen wurden, einer oder mehrere, oder ein moralisches Leben einfach als gut für einen selbst und die Gemeinschaft definiert wurde. Der Mensch hat sich seine Gebote evolutionär selbst entwickelt, eine Religion war dafür nicht vonnöten. Wir benötigen weder einen Priester noch eine Bibel, den moralischen Monopolanspruch hat die Kirche im Zuge der Aufklärung verloren. Wir wissen heute, dass Moral und Ethik nicht von einer Religion abhängig sind, im Gegenteil, die Religion ist nur ausformuliertes Moralverständnis einer angeborenen Ethik.

Menschen, die an nichts Konkretes glauben wollen, haben keinen moralischen Mangel. Sie tragen dasselbe ererbte moralische Gerüst in sich, das unzählige Generationen erarbeitet und verfeinert haben. Dieses moralische Gerüst funktioniert für uns Menschen, vieles aus der Vergangenheit ist darin eingeflossen, was für andere Spezies nicht gilt. Doch deswegen ist unsere Moral nicht besser als andere, sie funktionierte nur für uns Menschen am besten unter den vorhandenen Alternativen. Alle Formen des Zusammenlebens, die wir heute als »unmoralisch« empfinden würden, sind inzwischen ausgestorben.

Beispielsweise konnte der Mensch seinen Hunger dadurch stillen, dass er kooperative Handlungen entwickelte und in der Gruppe so riesige Tiere wie Mammuts zu erlegen lernte. Am besten schafften dies jene Menschen, die moralische Fähigkeiten wie Treue, Loyalität und Zuverlässigkeit entwickelten. Gruppen, deren Mitglieder wortbrüchig und unzuverlässig waren, scheiterten bei der Mammutjagd, da sich keiner auf den anderen verlassen konnte.

Diese moralische Bedeutsamkeit von koordiniertem Gruppenverhalten existiert für einen Tiger hingegen nicht.

Von der Natur mit Kraft, Schnelligkeit und scharfen Zähnen und einem Mangel an überlegenen anderen Tieren ausgestattet, können Tiger als Einzelgänger ihre Beute allein jagen. Es war evolutionär nicht nötig, dass Tiger sich mit Fragen der Gruppenkoordination beschäftigen, daher fehlen ihnen diese Fertigkeiten, sie brauchen sie nicht.

Die artverwandten Löwen bildeten hingegen sehr wohl ein Gruppenverhalten aus. Es scheint sich in den Lebensumständen dieser Raubkatzen besser bewährt zu haben und wurde von Generation zu Generation weiter vererbt. Es wäre aber jetzt geradezu absurd, würden wir behaupten, der Löwe stünde moralisch über dem Tiger, weil er gewisse menschenähnliche Verhaltensweisen mit uns teilt. Das wäre das Anlegen eines Maßstabes eines x-beliebigen Säugetiers (des Menschen) am ererbten Verhalten zweier anderer Säugetiere, dem Löwen und dem Tiger.

Der Mensch hat sich über viele Generationen ein Gerüst an Verhaltensweisen erarbeitet und weitergegeben, die unser Gruppenverhalten optimieren. Wenn sich die Mitglieder einer Gruppe beständig wegen Diebstählen, Eifersuchtsdramen und tödlichen Machtkämpfen aufreiben, dann ist diese Gruppe schwächer als jene, die Regeln zum Schutz des Eigentums, der sexuellen Partnerschaft und zur Bildung von Hierarchien ausgebildet haben.

Ist der Löwe ein moralisches Monster, wenn das Männchen nach erfolgreichem Revierkampf die Jungen seines unterlegenen Gegners tötet? Nein, natürlich nicht. Doch genauso wenig können wir behaupten, der Mensch stünde moralisch über anderen Tieren, beispielsweise weil wir die eheliche Treue hochhalten. Nein, es ist einfach so, dass sich dieses Konzept für den Menschen als evolutionär erfolgreicher herausgestellt hat als Promiskuität. Das Konzept der Treue, dem wir übrigens auch nur in einem bestimmten Ausmaß folgen, bringt für uns einfach gewisse Vorteile. Wenn wir glauben, dass es einen Gott gibt, der uns verdammt, wenn wir lösen, was er verbunden hat[14], dann ist das ein Detail einer Glaubensrichtung, die wir erst auf den Stufen C und D definieren. Im Kontext hier handelt es sich beim Streben nach ehelicher Treue um ein Gebot, das sich für unsere Spezies evolutionär als erfolgreich herausgestellt hat und wir deswegen als richtig empfinden. Wir brauchen – auf Ebene A – noch keinen Gott dafür.

Konzentrieren wir uns auf die Frage, *ob* wir glauben, und lassen wir alle Details moralischer Fragen außen vor, sie werden erst später behandelt. Für uns ist erstmal wichtig, dass jemand, der seinen Glauben nicht definieren will, zu mindestens ebenso starker moralischer Lebensführung fähig ist wie ein guter Gläubiger.

Definierter Glaube – Die dritte Alternative ist, dass wir an etwas Konkretes glauben. Damit können wir zur nächsten Stufe weitersteigen und unseren Gott eindeutig beschreiben – sofern es für uns einen gibt. Nochmals, zur klaren Abgrenzung: Hier, auf der ersten Stufe A der Pyramide, legen wir nur fest, *dass wir definitiv glauben.* Wir machen noch keine Aussage, ob wir an Allah, den christlichen Gott oder die Urmutter glauben. Jeder Glaube ist gleich viel wert, keiner hat mehr recht als andere. Wir müssen nicht einmal an einen Gott glauben. Die Lehre Buddhas kommt völlig ohne Gott aus, auch der Jainismus kennt keinen Gott.

Wer an *etwas* glaubt, dem öffnen sich viele weitere Gedanken, die mit dem Glauben einhergehen. Wer an *nichts* glaubt, schließt die Tür vor vielen Aspekten religiösen Lebens, die Gläubigen zur Verfügung stehen. Während der Gläubige – abhängig von der Ausformulierung seines Glaubens – Trost und Stärkung findet, sich in der Gewissheit einer richtenden und entscheidenden Instanz ausruhen kann, bleibt dem Ungläubigen nur die eigene Existenz, denn mehr kann er nicht als gegeben voraussetzen. Der Gläubige badet in einem Ozean an Hoffnungen, Tröstungen, Versprechen und ist umwoben von einem kommunikativen Netz aus Gebeten, Anrufungen, Erscheinungen und Schriften, die Gottes Wort weitergeben. Der Ungläubige hingegen ist auf sich allein gestellt. Jedes Ungemach muss er auf seine Schultern laden, niemand hört seine Klagen, keiner hilft auf sein Flehen hin. Mit der Entscheidung, *nicht zu glauben*, fallen unendlich viele Türen zu, die dem Gläubigen offen stehen. Außerdem kann er auch nicht auf die tröstliche Gemeinschaft mit vielen anderen setzen, die im selben Boot sitzen wie er.

Doch nicht nur das, die Türen selbst sind variabel! Wer mit seiner Religion unzufrieden ist, kann dennoch seinen Glauben in eine andere Richtung lenken. Mir passt die römisch-katholische Kirche nicht mehr? Kein Problem, ich kann ja zu den Altkatholiken, Lutheranern, Waldensern, Hussiten, Presbyterianer, Mennoniten, Baptisten, Pietisten, Methodisten, Evangelikalen, Anglikaner, Adventisten oder Mülheimern gehen.

Wer sich hier, auf Stufe A, dafür entscheidet zu glauben, hat eine unendliche Auswahl auf den Stufen B bis E, aus der er sich bedienen kann. Der Verweigerer, der Ablehner, der Ungläubige hat dies nicht. Er entscheidet sich strikt und rigoros gegen alle diese Vorstellungen, und Schluss!

Irrelevanter Glaube oder *Unglaube* und *Atheismus* – Diese beiden Varianten sind einander ähnlich, unterscheiden sich aber dennoch in einem Detail. Die Ersteren glauben, dass es durchaus »Götter« geben könne, sie heißen nur vermutlich eher Aliens, transdimensionale Wesen oder exobiologische Lebensformen. Der Kern dieser Einstellung ist, dass es völlig egal ist, ob es diese Götter/Aliens gibt, denn sie haben nicht das geringste Interesse an uns. Weder greifen sie in unser Leben ein, da können wir beten bis uns die Zunge abfällt, noch bestrafen sie die Bösen und offerieren uns einen Platz im Paradies. Diese Alien-Götter leben einfach irgendwo anders, sie könnten unendlich intelligent und mächtig sein, sind uns technologisch um vielleicht Milliarden Jahre voraus. Mag sein, dass sie überhaupt in anderen Dimensionen existieren, auf die wir kraft unserer beschränkten, vierdimensionalen Weltsicht keinen Zutritt haben. Sie sind vielleicht unvorstellbar groß und haben sogar gottesgleich die Welt erschaffen, als Experiment vielleicht oder weil ihnen langweilig war. Wir Menschen sind jedoch nur winzige Bakterien auf einem Geröllbrocken namens Erde, der durchs Universum saust und den diese Wesen vermutlich noch nicht einmal bemerkt haben. Wir werden sterben, unser Planet wird in etwa sieben Milliarden Jahren verglühen, ohne dass diese Alien-Götter jemals von seiner Existenz erfahren werden. Und wenn, dann ist es ihnen völlig egal, was mit uns primitiven Kohlenwasserstoff-Lebewesen passiert. Oder denken Sie darüber nach, was mit der Mikrobe auf dem Brösel passiert, das Sie gerade von Ihrem Buch wischen?

Wer dieses überirdische, personifizierte Desinteresse *Gott* nennen möchte, kann seine Einstellung auch *Deismus* bezeichnen. Es gibt einen Weltenschöpfer, ich bezeichne ihn als *Gott*. Jedoch sind wir ihm egal, er wirkt nicht auf uns ein und wir können keinen Kontakt zu ihm herstellen. Damit ist *Deismus* so wertlos und verzichtbar wie der Glaube an kleine grüne Männchen tausend Galaxien entfernt.

Der völlig Ungläubige hingegen hält auch das für nicht glaubwürdig. Aber im Grunde macht das keinen Unterschied. Ob jemand an nichts glaubt, oder etwas zulässt, das vielleicht außerhalb unseres Erfahrungshorizontes lebt und sich null für uns interessiert, ist das Gleiche.

Vermutlich ist diese Variante die schwierigste. Bei ihr herrscht die Überzeugung, dass wir an gar nichts für uns Relevantes glauben. Solche Menschen gehen davon aus, dass tatsächlich nichts über uns steht, kein Gott, kein Schöpfer, gar nichts, das auf uns Einfluss nimmt und über uns wacht. Das schließt nicht die Existenz von Aliens auf anderen Planeten aus, auch bedeutet das nicht, dass es nicht überirdische Wesen geben könnte, die unendlich groß und mächtig in anderen Dimensionen wohnen. Doch der Kernpunkt ist, dass all diese Wesen keine Bedeutung für uns haben. Sie richten nicht über uns, kommunizieren nicht mit uns und stellen uns auch kein Leben nach dem Tode zur Verfügung. Sie sind schlichtweg unbekannt und bedeutungslos für unser Leben.

Es mag auch sein, dass solche transgalaktischen Wesen irgendwann zufällig die Erde und seine kümmerlichen Bewohner entdecken. In diesem Fall müssen wir davon ausgehen, dass sich dasselbe abspielt wie bei der Kolonialisierung Amerikas oder Australiens. Nur dass in diesem Fall wir die unterlegenen »Wilden« wären, die von der »zivilisierten Rasse« versklavt würden.

Wer nach einer intergalaktischen Reise über Milliarden von Lichtjahren bei uns landet, ist uns zwangsläufig unvorstellbar überlegen. Und warum sollten solche Wesen den Wunsch verspüren, mit uns Kontakt aufzunehmen? Hat sich Bischof *Tomás de Berlanga* 1535 bemüht, mit den Bewohnern der von ihm zufällig entdeckten Galapagosinseln zu kommunizieren? Es waren ihm stark unterlegene Lebewesen: Reptilien. Nein, natürlich nicht. Und auch wir müssen eher fürchten, dass bei uns strandende Aliens Suppe aus uns machen, so wie *Berlanga* aus den Schildkröten der Galapagosinseln. Ein herzliches »Wir kommen in Frieden« werden wir nicht zu hören bekommen und wenn, dann verstehen wir es nicht.

Wer dieserart an gar nichts glaubt, muss damit klarkommen, dass alle Verstorbenen für immer verloren sind. Wir treffen sie nicht an Odins Tafel wieder und auch nicht im Paradies. Auch für einen selbst ist reiner Unglaube eine harte Nuss. Das schließt zum Beispiel immerwährende Ungerechtigkeit ein: Der Stärkere nimmt sich, was er will, der Schwächere sorgt sich um das, was er braucht. Ein böser Konkurrent, der der eigenen Firma den Markt wegschnappt? Tja, so ist das Leben. Die eigene Frau von einem anderen ausgespannt? Lebe damit! Ein Verdienst knapp über dem Minimum während sich Politiker gegenseitig die Aufsichtsratsposten und Staatsvermögen zuschanzen? Das ist einfach Pech.

Das Leben ist ungerecht, aber so ist es eben. Der braven Antilope hilft auch niemand, wenn der Löwe hinter ihr herläuft. Gläubige haben immerhin noch den Trost, dass die bösen Stärkeren vom Teufel verführt sein müssen und später in der Hölle schmoren. Der Ungläubige hat diesen Trost nicht, er muss sich damit abfinden, von Zeit zu Zeit elend behandelt zu werden.

Unglaube ist etwas für Menschen, die mit Ungerechtigkeit umgehen können und nicht auf göttliche Hilfe vertrauen müssen. Wer sich auf sich selbst verlässt, muss ein starkes Bild seiner Realität haben und das Gefühl, dass er Herr seines Lebens ist. Nicht Götter, Waldgeister oder Trolle sind dafür verantwortlich, dass es regnet, blitzt und schneit, sondern chaotische Prozesse in unserer Atmosphäre. Krankheit und Armut sind nicht der Willkür eines bösen Dämons geschuldet, sondern Pech und falschem Handeln, die Wahrscheinlichkeitsrechnung lässt grüßen.

Das ist nicht einfach, jedenfalls nicht einfacher, als solche Ereignisse als »Gottes Willen« abzutun und sich mit der bequemen Einstellung zu befriedigen, man hätte ohnedies nichts tun können, Gott habe es eben so gewollt, Insha'Allah.

Um ein Bild zu gebrauchen: Ich kann täglich auf den Bus warten, fluchen, wenn er nicht kommt, auf »die« schimpfen, die mich warten lassen, mit der Qualität des Busses unzufrieden sein, dem üblen Geruch, mit dem unhöflichen Busfahrer und so fort. An allem ist irgendjemand schuld, den ich nicht kenne – »die« eben –, über die ich täglich lästere, ohne dass dies irgendetwas bewirken würde. Und, das ist das wirklich Dramatische, ich weiß, dass das alles nichts bringt. All die Gebete (»Jetzt muss er endlich kommen«) oder hasserfüllten

Flüche (»Wegen dem Sch...bus komm' ich jetzt zu spät!«) bringen nichts und ich weiß das ganz genau.

Aber ich kann auch mein Leben in die Hand nehmen und mir ein Auto oder ein Motorrad kaufen. Dann sitze ich stolz und aufrecht an meinem Lenker und gebe Gas, wann ich will, fahre dorthin, wohin ich will und komme an, wann ich will. Ja, es kostet Sprit, ich bin verantwortlich für meine Fahrweise, bei einem Unfall hilft mir keiner. Ich zahle Strafe, wenn ich zu schnell fahre und ich bin allein unterwegs. Nicht jedermanns Sache, aber fragen Sie mal einen Biker, ob er lieber mit dem Bus oder seinem Motorrad unterwegs ist!

Freiheit hat ihren Preis und kostet vor allem Sicherheit. Ob im Straßenverkehr oder in der Religion, und jeder muss sich entscheiden, ob er lieber zur festgesetzten Zeit betet und auf fremden Einfluss wartet oder auf seiner eigenen *Harley Davidson* selbst Gas gibt.

Ungläubige müssen mit der Tatsache umgehen können, dass sie nur eine beschränkte Lebensdauer haben. Im Schnitt umrundet der Mensch an die achtzigmal die Sonne. Doch irgendwann ist für jeden Schluss und dann kommt für Ungläubige kein Paradies und auch keine 72 Jungfrauen. Am Ende des Lebens geht einfach das Licht aus, kein Denken mehr, nicht einmal die Erkenntnis, dass es jetzt aus ist, bleibt uns. Damit muss man klarkommen und es ist für viele Menschen nicht leicht, mit einer definitiven Sterblichkeit leben zu können. Zu groß ist der Schmerz über verlorene Menschen, zu groß ist die Angst vor dem eigenen Ende.

Manche von uns waren schon mit einem unleugbar absoluten und immerwährenden Ende konfrontiert. Zum Beispiel mussten manche Menschen innig geliebte Tiere aufgeben, wo fast keine Religion für diese ein Weiterleben nach dem Tode bereithält. Der Schmerz ist groß, wenn wir uns bewusst werden, dass das Tier für immer verloren ist. Wenn Kinder im Spiel sind, erfinden wir flugs eine himmlische Weide, auf der das verendete Pony jetzt grasen wird, oder einen jenseitigen Hundespielplatz, wo das verstorbene Hündchen in immerwährender Freude mit anderen Hunden spielen kann. Jede Mutter, jeder Vater wird problemlos zum Religionsstifter, wenn es das Leiden des Kindes um das geliebte Tier lindert. Vollmundig und ohne Skrupel werden dieselben Heilsversprechen getätigt, die Kirchenväter ihren Schäfchen angedeihen lassen. Selbstverständlich glauben die Eltern nicht an den Hundehimmel, aber die Geschichte hilft vielleicht, damit das Kind zu weinen aufhört.

Das sind Beispiele, wo eine Existenz unzweifelhaft, dramatisch und hoffnungslos endet. Keine Religion berichtet von einem Paradies für die lieben Haustiere. Das fatale Ende packt uns mit eiskalter Hand und keine Religion kann noch Hoffnung machen. Ungläubige müssen sich genau dieser Brutalität für ihr eigenes Leben stellen. Der Ungläubige weiß für seine ureigenste Existenz: Nach dem Tod ist Schluss!

Was für eine Last! Was für ein Gedanke! Doch wir können diese Last auch positiv sehen: Wenn wir glauben, dass nach dem Tode alles endet, sind wir dann nicht auch frei von Sorgen um ein Jenseits? Wenn Religionen uns verwirren, die ewige Verdammnis und diverse Möglichkeiten, diese zu umgehen, dann befreit uns die Religionslosigkeit von diesen Zwängen. Wer nur rund achtzig Jahre zur Verfügung hat, wird sich diese haarscharf einteilen. Er wird seine Zeit nicht mit sinnlichen Genüssen verständeln, wie dies der Gläubige tut – in der Hoffnung auf spätere, göttliche Vergebung –, sondern er wird darüber nachdenken, wie er diese kurze Zeit im Einklang mit seiner Natur verbringen wird. Das umfasst aber das evolutionäre, moralische Erbe des Menschen. Ein Programm, das für uns Menschen vorgesehen ist und ein glückliches Leben definiert.

Wer weiß, dass nach seinem Tode nichts auf ihn wartet, wird sich seine Zeit auf Erden genau überlegen. Er wird wohl kaum mit Maschinenpistolen als Crackdealer durch die Gassen streifen, da dies dem Ziel eines Optimums irdischen Lebens diametral entgegenstünde und auch die spärliche Lebenszeit stark verkürzen würde. Ein reflektierter Mensch, der sich mit der kurzen Zeit seines Lebens genau auseinandersetzt, weil er weiß, dass danach nichts auf ihn wartet, wird sich kaum Drogen, maßlosem Alkoholkonsum oder exzessivem Sexualleben hingeben. All das könnte er auch als religiöser Mensch tun und strafrechtlich ist kaum etwas zu befürchten. Doch im Bewusstsein der Kürze und Einzigartigkeit seines Lebens wird der Ungläubige sich seine Tage genauer einteilen und sich sein Leben gemäß der menschlichen Natur einrichten. Der wahrhaft Ungläubige führt ein völlig banales Leben, seine Maßstäbe sind eine glückliche Ehe, Kinder und ein Beruf, auf den er später mit Stolz zurückblicken kann.

Glaube birgt die Gefahr, dass wir uns der moralischen Verantwortung entziehen, denn diese haben gläubige Menschen Gott, der Kirche oder deren Vertretern aufgebürdet. Kleine Kinder haben kein Problem mit ihren Fehlern, denn sie können immer sagen »Es tut mir leid«. Genauso verleitet Glaube dazu, Recht und Unrecht als irrelevant anzusehen. Zu leicht ist jeder Fehler im Christentum mit der Beichte wieder ausgemerzt. Die »Reue« hilft Kindern nach dem Süßigkeitendiebstahl, aber auch Gläubigen im Beichtstuhl. Trotzdem, die Kindheit endet irgendwann, und es ist Teil des Erwachsenwerdens, zu begreifen, dass »Es tut mir leid« keine Probleme mehr löst.

Wer nicht glaubt, muss selbst darüber nachdenken und er wird sich sein eigenes Konstrukt an lebenswerter Moral entwickeln. Doch das wird sich an der evolutionär entwickelten Moral orientieren, nicht an den Sprüchen von Säulenheiligen, Bullen von Konzilen oder päpstlichen Enzyklikas.

Zusammenfassung Ebene A: Wir haben definiert, ob wir überhaupt zu glauben vermögen, ob wir glauben wollen. Woran wir glauben, das sehen wir in der folgenden Ebene.

Glaubenspyramide Stufe B – Was ist Gott?

Wenn wir im Abschnitt zuvor festgestellt haben, dass wir an *irgendetwas* glauben, wollen wir jetzt Gott konkretisieren. Wir beschreiben ihn. Der erste Schritt ist getan, wir haben festgestellt, *dass* wir glauben. Jetzt denken wir darüber nach, *was* wir glauben.

Wir können an einen Gott als Person glauben oder anerkennen, dass wir uns eine göttliche Existenz nicht vorstellen können. Wir können uns ein Bild von Gott zeichnen oder abstrakt an Ihn glauben. Neben dem einen Gott können wir auch an mehrere Götter glauben oder auch an andere mystische Wesen neben Ihm. Eine Umfrage des Market Instituts im April 2017 ergab, dass zwar nur 28% der Österreicher an den einen Gott glauben, aber doppelt so viele (58%) an Schutzengel.[14a] Ist es etwa leichter geworden, sich einen Schutzengel vorzustellen, wie einen Gott?

Manche nennen das göttliche Eingreifen in unser Schicksal *Vorsehung* oder *Bestimmung* und *Karma*. Das erleichtert vieles: Zum einen lässt sich so das Problem, *was* Gott eigentlich ist, wie man in sich vorstellen soll, sehr elegant lösen. Zum anderen erlaubt der Glaube an eine *Vorsehung*, dass wir praktisch alles dieser überirdischen Kraft zuordnen können. Ich treffe einen Freund auf der Straße – offensichtlich ein Werk der Vorsehung. Es regnet – mieses Karma. Ich versäume einen Flug und genau dieses Flugzeug stürzt ab – ganz sicher Bestimmung, und so fort. Gott könnte man das alles nicht zuschreiben, das wäre frech und blasphemisch. Aber die Vorsehung ist so profan, dass ich ihr alles zuerkennen kann.

Doch wie können wir die Vorsehung oder einen Gott erklären? Das ist zugegebenermaßen ein schwieriges Unterfangen. Wie soll man etwas beschreiben, das per definitionem übersinnlich und nicht zu beschreiben ist? Jegliche Idee einer humanoiden Gestalt, ein weißhaariger alter Mann beispielsweise, wäre natürlich absurd. Ein solches Bild hat zwar den Vorteil, dass es auf Kirchenwände gemalt werden kann, aber es ist eine grobe Profanierung der Vorstellung eines Weltenschöpfers.

Die christliche und jüdische Heilige Schrift beschreibt dies klar in den Zehn Geboten: »Du sollst dir kein Gottesbildnis machen, das irgendetwas darstellt am Himmel, auf der Erde im Wasser unter der Erde.« (Ex 20,2, Dtn 5,6) Diese Regel des Gottesbildverbotes wurde von den Vorvätern als dermaßen wichtig erachtet, dass es gleich als zweites Gebot kam. Die jüdische Lehre verbietet sogar, Gott zu benennen. Auch im Islam herrscht ein strenges Verbot, Bildnisse von Gott (sowie Menschen und Tieren) zu machen. So beschreibt die Sure 37,95–96 des Korans: »… Verehret ihr das, was ihr gemeißelt habt, obwohl Allah euch erschaffen hat und das Werk eurer Hände?« Auch der Prophet Mohammed wird in diesem Sinne zitiert: »Jemand, der ein Bild malt, den wird Gott so lange bestrafen, bis er das, was er dargestellt hat, zu beleben vermag. Und dazu wird er nie in der Lage sein.«

Unsere Kirchenfürsten konnten jedoch mit diesem Abbildungsverbot ganz schlecht umgehen. Um die Kirchen nicht so leer zu lassen – ihre Paläste schmückten sie ja auch auf das Prunkvollste, es geht dabei um das Prestige – bogen sie das zweite Gebot etwas kunstfreundlicher um: »Du sollst den Namen Gottes nicht verunehren«, lautet das zweite Gebot bereits seit dem achten Jahrhundert im katholischen Katechismus. Nach heftigen Streitereien – Stichwort *Bilderstreit* – wurde im Zweiten Konzil von Nicäa die Ikonenverehrung zugelassen. Etwaige spätere Meinungsverschiedenheiten wurden auf bewährte Weise gelöst, wie es die Kirche früher eben gerne so machte: Theodora II., die Witwe Kaiser Theophilos, verfügte 843 n.Chr. die Zulässigkeit der Bilderverehrung und im Zuge dessen, alle Anhänger des Ikonoklasmus zu enteignen und praktischerweise auch gleich umzubringen. Mehr als 100.000 Anhänger der bilderfeindlichen Paulizianer wurden Opfer von Massenhinrichtungen. Alle späteren Katechismen, wie etwa jener von Brenz (1535), Martin Luther (1529) oder die drei Katechismen des Petrus Canisius (1555), kennen das Abbildungsverbot dann gar nicht mehr. Und natürlich enthält auch die aktuelle Ausgabe des Katechismus der römisch-katholischen Kirche aus dem Jahre 2005 nur mehr die »Verunehrung des Namens Gottes«, die in einen Topf mit dem Meineid geworfen wird.

Aber bleiben wir bei den Forderungen der Heiligen Schrift: Wir können und sollen uns kein Bild von unserem Gott machen. Aber wir können versuchen, Sein Wesen zu erfassen, Seinen Charakter, wenn man so will. Und wir müssen unseren Glauben um Vermutungen anreichern, was Gott denn eigentlich will. Was Seine generellen Pläne sein mögen und was Er von uns im Speziellen erwartet. Wenn wir schon keine physische Gestalt finden können, müssen wir wenigstens Seinen Willen und Sein Handeln begreifen. Würden wir das auch nicht wollen, hätten wir kein Gottesbild und wären Atheisten.

Gott ist imposant und relevant

Gott muss zwei prinzipielle »Gotteigenschaften« aufweisen, um ein Gott zu sein. Jede der beiden ist gleich wichtig und darf nicht fehlen, sonst wäre Er kein Gott. (Oder *Sie*, falls jemand darüber nachdenkt, ob der/die Allmächtige einen Penis haben könnte.)

Zum Ersten muss Gott in gewisser Weise *sensationell* sein. Es reicht nicht, dass er übersinnlich ist. Auch Dämonen, Engel oder die Seelen der Verstorbenen sind übersinnlich, aber wir beten sie nicht an. (Von den satanistischen Partys einer gelangweilten Gesellschaft einmal abgesehen. Aber die wissen selbst nicht so genau, warum sie eigentlich Baphomet oder sonst wen anbeten und was sie sich davon versprechen.)

84

Gott muss sich als *Hochgott*[15] erweisen, damit wir ihn verehren können. Ein Gott muss alles wissen, unsterblich und allmächtig sein, er muss Blitze schleudern und Sturm und Regen bringen können, uns den Sieg im Kriege schenken, Tod und Krankheit verhindern oder unseren Feinden bringen können. Er bewegt die Sonne, Wolken und Sterne über uns, er lässt das Wasser fließen und schenkt uns Tiere und Pflanzen. Ein verehrungswürdiger Gott hat die Welt geschaffen, er bringt uns ein Leben nach dem Tode, wacht über uns, lässt Wunder passieren und richtet über uns am Ende unseres Lebens. Kurz, ein richtiger Gott ist allmächtig, allwissend und allgegenwärtig. Er wird auf ewig sein und war schon immer. Er wird für uns unergründlich bleiben und unfehlbar sein.

Wenn ein scheinbar Allmächtiger solche Wundertaten nicht vollbringen kann, ist er kein Gott. Dieses Wesen existiert dann einfach in anderen Dimensionen, ist vielleicht stärker und intelligenter als wir Menschen, aber ist dewegen noch kein Gott. Das ist zuwenig.

Es gibt ein kleines Sprichwort dazu: »Gott blutet nicht.« Damit ist gemeint, dass ein Gott, dem man einen Fehler oder eine Beeinträchtigung nachweisen könnte, kein Gott mehr sein kann. Ein Außerirdischer, unvorstellbar klüger und mächtiger als wir, ist auf Grund seiner Möglichkeiten zu bluten, zu leiden, zu sterben, kein Gott. Es bleibt einfach nur ein überlegenes Wesen aus einer anderen Galaxie, aber er wird nie Gott sein. Genauso wenig wie Hunde und Katzen uns Menschen als Götter ansehen. Wir sind nur schlauer, größer, mächtiger als sie.

Zum Zweiten muss Gottes Existenz *bedeutungsvoll* für uns sein. Das rein Spektakuläre an Gott wäre zu wenig, Er muss auch irgendwie in Kontakt mit uns stehen und Einfluss auf unser Leben nehmen. Das Gottesbild eines Wesens, das en passant die Welt erschaffen hat, aber sich nicht weiter darum kümmert, muss auch nicht von uns verehrt werden. Das wäre reiner Deismus und keine Religion mehr. Es muss eine Beziehung zu unserem Gott geben. Er muss sich für uns interessieren und unser Bemühen, unsere Gebete, Opfer, unser gottesfürchtiges Leben auch irgendwie anerkennen. Ansonsten hätte das religiöse Leben keinen Sinn.

Im Idealfall spricht Gott direkt mit uns und teilt uns seine Vorstellungen mit. Vielleicht spricht er durch Propheten und Seher, oder er bemüht sich selbst und zeigt uns seine Gegenwart durch brennende Dornbüsche oder als Feuersäulen. Damit wäre jedenfalls geklärt, dass Gott Anteil an unserem Leben nimmt und gewisse Vorstellungen hat, wie wir uns verhalten sollen.

Doch die reine Kommunikation reicht noch nicht aus: Gott muss auf unsere Kommunikation auch irgendwie reagieren, sonst ist er wieder nur ein x-beliebiges Überwesen, das keine Bedeutung für uns hat. Er muss auf unsere Gebete hin Regen bringen, unsere Kinder heilen, Schutz versprechen, die Fruchtbarkeit unserer Frauen sicherstellen, für uns in den Krieg ziehen. Gott muss unsere Taten beobachten, beurteilen und nach unserem Leben für irgendeine Form des Weiterlebens und vielleicht für Strafe oder Belohnung sorgen. Er muss in irgendeiner Weise mit uns im Dialog stehen, sonst funktioniert Religion nicht.

Diese beiden Eigenschaften muss ein Gott haben, damit wir ihn sinnvoll als Gott verehren können: Er muss unvorstellbare Dinge tun und er muss zu uns in Beziehung zu stehen. Einfach ausgedrückt, Gott ist *imposant* und *relevant*.

Der Glaube zu glauben

Die Relevanz Gottes für unsere Existenz können wir *annehmen* oder *erleben*. Wenn wir davon ausgehen, dass Gott die Welt geschaffen hat und uns nach unserem Tode richtet, dann *nehmen* wir das nur an. Wissen können wir selbstverständlich nicht, das es sich so verhält. Es gibt keine Augenzeugen von der Erschaffung der Welt und es ist noch keiner aus dem Jenseits zurückgekommen, um das Paradies zu bestätigen. Bei solchen Dingen nehmen wir an, dass sich Gottes Relevanz so gezeigt hat, es sind Dogmen. Wir werden später, auf Ebene C unserer Glaubenspyramide, nochmals davon hören.

Spannender ist das *Erleben* von Gottes Relevanz, wenn Gott wirklich zu und mit mir als Person kommuniziert. In den spektakulärsten Fällen erschien Gott den Menschen und sprach direkt zu ihnen.

Schließen wir doch für einen Moment die Augen und fantasieren wir uns einen relevanten Gott im banalen Alltag: Sie schlagen morgens die Augen auf und kuscheln sich nochmals in den Kopfpolster. Gottes freundliche, warme Stimme sagt in Ihrem Kopf: »Jetzt aber raus aus den Federn, schon halb acht vorbei!« Seufzend stimmen Sie zu, immerhin ist es Gott, der Sie geweckt hat und krabbeln aus dem Bett. Am Weg ins Badezimmer summt die freundliche Stimme einen netten Choral, der Sie ein wenig aufmuntert. Beiläufig erzählt Er, während Sie Ihre Zähne putzen, dass heute Elternsprechtag ist und dass sich Ihr Kleinster in der Schule die Masern eingefangen hat. »Darum kümmere ich mich schon, kein Problem«, verspricht Gottes Stimme, ermahnend ergänzt sie aber noch: »Aber das mit der Finanzamtsnachzahlung regle ich nicht. Das hast du allein verbockt, klär das auch!« Grummelnd ärgern Sie sich in Ihre Zahnbürste hinein, sind aber trotzdem froh, dass sich Gott um die Masern des Kleinen kümmern will. Wie gut, dass es Ihn gibt!

Dieses Bild, das jetzt in Ihrem Kopf sitzt, entspricht einem *relevanten Gott*. Er nimmt Anteil an Ihrem Leben. Er macht dies, weil er als Schöpfer der Erde und der Menschheit Interesse an Ihrem Wohlergehen hat und weil er als Gott in der Lage ist, dafür zu sorgen. Immerhin kümmert Er sich gleichzeitig um über sieben Milliarden Menschen und das kann nur Gott.

Leider kann keiner der uns bekannten Götter diesen Grad an Relevanz aufweisen. Im Gegenteil, es herrscht göttliche Stille im Dialog zwischen Menschen und ihren Göttern. Die Menschen versuchen zwar beständig, zu Gott zu sprechen, indem sie beten. Und manchmal zeigt sich etwas Göttliches durch Wunder und Visionen. Aber der Normalfall ist und bleibt, dass wir nur *glauben*, Gott durch sein Wirken zu erleben. Wir interpretieren alltägliche Ereignisse so, dass sie in unser Glaubensbild passen. Wir glauben nicht nur an Gott, wir glauben auch, dass wir unseren Glauben *erleben*.

Der Glaube an unseren eigenen Glauben verführt uns leicht zu Fehlschlüssen. Sobald etwas Gutes oder Schlechtes passiert, kann ich dies Gott, dem Schicksal, dem Universum oder wem auch immer in die Schuhe schieben. Ich habe einen Parkplatz gefunden, das Universum hat ihn mir geschickt. Ich treffe einen Versicherungsvertreter, ein Wink des Schicksals. Ich bekomme den Job nicht, die Vorsehung wollte es so. Im Lotto nicht gewonnen, Gott hat andere Pläne mit mir.

Wenn wir die Relevanz unseres Gottes nicht erleben können, neigen wir dazu, alltägliche Erlebnisse einem überirdischen Einfluss zuzuschreiben. Da wir keine kausal nachvollziehbare Einwirkung Gottes wahrnehmen können, suchen wir dort, wo es keine Kausalität mehr gibt. Die banale Zufälligkeit wird zum göttlichen Eingriff. *Albert Schweitzer* (1875–1965) formulierte dies so: »Der Zufall ist das Pseudonym, das der liebe Gott wählt, wenn er inkognito bleiben will.« Er wiederholt damit den Schriftsteller und Nobelpreisträger *Anatole France* (1844–1924), der es ähnlich auf den Punkt brachte: »Zufall ist vielleicht das Pseudonym Gottes, wenn er nicht unterschreiben will.«

Das ganze Leben besteht aus Wahrscheinlichkeiten und Zufällen. Nicht nur der Würfel, der mal eine Eins und mal eine Sechs zeigt. Auch praktisch alles andere unterliegt dem

Zufall. Jeder einzelne Schritt des Alltags ist beeinflusst von Kleinigkeiten, die andere unbedeutende Konsequenzen nach sich ziehen und so beispielsweise Zeit – vielleicht nur Sekunden – kosten oder einsparen. Und solche Sekunden können darüber entscheiden, ob ich jemand auf der Straße treffe oder einen Parkplatz finde. Doch wo ist die Grenze dieser Zufälle? Ist all das, diese unvorstellbare Menge an täglichen Zufällen, einem Gott zuzuschreiben, der inkognito in mein Leben eingreift?

Wer sich ein wenig mit Logik beschäftigt hat, ist gewiss über den Franziskanermönch und Philosophen *William von Ockham* (1288–1347) gestolpert. Wir wissen von seinem bewegten Leben, einem Prozess wegen Häresie, einem Streit mit dem Papst, ob Christus Eigentum besessen habe (was vom Franziskaner *Ockham* verneint wurde und ein Argument für die Armut des Klerus gewesen wäre, aber von Papst Johannes XXII. vehement bestritten wurde), der letztlich zur Exkommunizierung *Ockhams* führte. Bekannt ist *Ockham* vor allem wegen seines philosophischen Standpunkts, möglichst sparsam mit Annahmen über die Existenz von Dingen bei der Erklärung der Welt umzugehen. Was für die Deutung eines Sachverhaltes nicht unbedingt notwendig ist, soll weggelassen werden. »Eine Mehrheit [an Annahmen, Anm. d. Verf.] ist nicht ohne Notwendigkeit anzunehmen«[16], sondern bei fehlender Notwendigkeit ist bei der Einfachheit zu bleiben.

Dieses Prinzip der Sparsamkeit in den Annahmen zur Beantwortung einer Frage ist uns in der Überlieferung als *Ockhams Rasiermesser* bis heute erhalten geblieben. Man möge überflüssige Bedingungen einfach wegrasieren. (Der Ausdruck »Rasiermesser« stammt übrigens nicht von *Ockham* selbst, er entstand erst später in der Überlieferung. *Ockham* bezeichnete seine Regel selbst als *Parsimonitätsprinzip*.) Das Prinzip ist rasch illustriert: Wenn ich einen Hunderteuroschein auf der Straße finde, kann ich das auf unterschiedliche Arten erklären: Jemandem könnte beim Bezahlen des Taxis der Schein herausgefallen sein. Jemand, der in Eile war, könnte ihn schlampig in seine Westentasche gestopft und verloren haben. Ein kleines Kind könnte ihn seiner Mutter stibitzt und weggeworfen haben. Einem fahrenden Eisverkäufer ist das Papier vom Wind aus der Kasse geweht worden. Ein Drogendealer hat auf der Straße ein Geschäft getätigt, erblickte einen Polizisten und ergriff so schnell die Flucht, dass ihm der Geldschein aus der Tasche fiel. Und so fort, unendlich viele plausible Möglichkeiten fallen uns dazu ein, wie der Schein an dieser Stelle gelandet ist.

Die Wahrscheinlichkeit, dass gerade ich ihn gefunden habe, ist vielleicht eins zu einer Million, aber schließlich muss auch jemand im Lotto gewinnen. Abgesehen davon, müsste sich jeder andere, der statt mir das Geld aufhebt, dieselbe Frage stellen. Irgendeiner kommt zum Zug, das ist unvermeidlich, und die Frage, warum gerade ich, ist nicht zielführend.

Doch wie wäre der religiöse Zugang: Ich könnte zusätzliche Annahmen hinzufügen. Beispielsweise könnte ich unterstellen, dass es ein göttliches Wesen oder eine Vorsehung gibt, die nichts anderes zu tun habt, als permanent über mich zu wachen und mein Leben zu steuern. Diese Entität hat mir den Geldschein hingelegt. Ein Werk aus dem Jenseits. Vielleicht ein Engel, der auf einer goldenen Leiter vom Himmel stieg und den Schein für mich deponierte?

Das zwingt mich dazu, weiter zu argumentieren, woher dieses göttliche Wesen kommt und warum es ein solch großes Interesse an mir hat. Ich muss Argumente finden, welchen Charakter dieses göttliche Wesen hat, das unlängst meinen schweren Autounfall zugelassen, mir aber heute den Hunderteuroschein geschickt hat. Die zusätzliche, aber unnötige Annahme, etwas Jenseitiges habe mir diesen Geldschein zugedacht, stürzt mich sofort in einen Strudel an zusätzlich notwendig gewordenen Folgerungen. Es entsteht eine nie enden wollende Kette an neuen Fragen und dafür nötige Argumentationen.

Genau an diesem Punkt setzt *Ockham* an: Wir kommen problemlos damit aus, dass das Erlebte einfach Zufall war. Ich bin in meinem Leben schon zigtausend Kilometer gelaufen und habe noch nie einen Geldschein gefunden. Jetzt endlich hat mich das Glück ereilt, so wie einen Lottospieler, der nach fünfzig Jahren schließlich einmal gewinnt. Ich brauche keine weiteren Thesen für das Zustandekommen dieses Ereignisses. Der Zufall reicht völlig aus. Nein, im Gegenteil, bei der Menge an gelaufenen Kilometern ohne Geldfund war es sogar höchst wahrscheinlich, dass ich einen solchen Fund mache. Die wilden Gedankenkonstrukte von erst logisch zu durchdenkenden Überwesen, deren völlig unklare Herkunft und undefinierter Zweck sind so weit hergeholt, dass sich jede Argumentation in diese Richtung von selbst verbietet. Wir kommen locker mit irdischen Geschehnissen und der Wahrscheinlichkeitsrechnung aus, mehr ist nicht nötig.

Wenn wir am Leben verzweifeln, weil wir schon seit einer Stunde einen Parkplatz suchen, denken wir an *Ockham*. Es ist nicht das Schicksal, das es übel mit uns meint. Wir haben schon so unzählige Male rasch einen Parkplatz gefunden und heute haben wir eben Pech. Das ist normaler Zufall, weitere Annahmen sind überflüssig und »wegzurasieren«.

Die Traumfrau gefunden? Eine Vorsehung dafür brauchen wir nicht. Es reicht die Erkenntnis, dass es 3,5 Milliarden weibliche Menschen gibt. Eine davon muss ja passen.

Ein Verkehrsunfall? Bei jährlich 2,5 Millionen Unfällen in der Bundesrepublik und knapp 82 Millionen Einwohnern liegt die Wahrscheinlichkeit bei drei Prozent, dass es mich erwischt. Weder brauche ich dafür das Konstrukt des *Pechvogels* noch die Idee einer göttlichen Strafe für vermeintliche sündiges Leben.

Im Urlaub einen Freund getroffen? Da ein Drittel der Bewohner unseres Landes zwischen Juli und August auf Urlaub fährt, die meisten an die Hotspots germaner Urlaubskultur (Balearen, Türkei, Kanaren) fahren und sich dort in einer Handvoll beliebter Ferienorte versammeln, ist die Wahrscheinlichkeit ziemlich hoch, *irgendjemanden* zu treffen, den man kennt. Um dem Treffen mit *irgendjemandem* Bedeutung zu verleihen, muss ich noch die Wahrscheinlichkeit für alle Freunde berücksichtigen, die ich *nicht* getroffen habe. Doch dann bin ich bereits im Bereich des *fast Sicheren*, und eine Vorsehung brauche ich dafür bestimmt nicht.

Erinnern wir uns an *Ockham*, wenn wir das nächste Mal an unseren Glauben glauben wollen. Meistens ist Hufgetrappel, das wir hören, von Kühen oder Pferden, wir müssen nicht rosarote Kamele konstruieren, um es erklären zu können.

Der einfachste Fall, göttliches Wirken zu erleben, ist Sein Wirken in den Blumen und Tieren zu sehen. Gefühle, wie der Eindruck, dass Gott mich lieben würde, oder Ähnliches, können Gott für mich erlebbar machen. Natürlich benötigen wir keinen Gott, um Gefühle dieser Art in uns abzurufen. Jeder kann mit genügend Selbstüberzeugung solche Emotionen in sich hervorrufen.

Das Internet ist voll mit Seiten, in denen Ratschläge geben werden, wie wir »Gott erleben« können. Die meisten schreiben dort über Empfindungen, die sich einstellen, wenn jemand nur lange genug darüber nachdenkt. Das ist ja auch in Ordnung, solange dann nicht versucht wird, dies als Beweis für eine göttliche Existenz zu missbrauchen. Wenn die Aufgabe lautet »Gott zu erfahren«, die Existenz Gottes physisch zu spüren, muss etwas Reales, Nachvollziehbares passieren. Alles andere wäre ein Zirkelschluss: Ich kann nicht meinen Glauben festigen oder beweisen, indem ich etwas tue, an das ich wieder glauben muss. Meinen Glauben an Gott zu festigen, indem ich daran glaube, dass ich Gottes

Liebe spüre, ist leider nicht zielführend. Ich kann meinen Glauben an Gott nicht mit dem Glauben an etwas anderes stärken. Hier werden die Schäfchen von ihren Hirten in die Irre geführt und dementsprechend groß ist die Frustration und sind die Zweifel, wenn sich die Gläubigen auf derlei Verwirrungen einlassen.

Wenn wir versuchen, den Gott, an den wir glauben, zu beschreiben, dann müssen wir beim Thema bleiben. Die Aufgabe auf Stufe B der Glaubenspyramide ist, für uns festzuhalten, wie unser Gott aussieht und welchen konkreten Einfluss Er auf unser Leben hat. Versuchen wir dabei, möglichst präzise zu sein. Nicht alles, was auf Erden passiert, ist eine Botschaft Gottes an uns. So wichtig sind wir nicht. Manchmal ist ein Stein, der vor uns auf dem Weg liegt, einfach nur ein Stein.

Erhöre unser Flehen!

Wenn wir die Relevanz Gottes in unserem Leben sehen wollen, muss entweder Gott zu uns sprechen, auf uns einwirken, oder wir sprechen zu ihm und er reagiert. Ein solcher *Dialog* ist selten, aber die einfache Form, der *Monolog* zu Gott, wird tagtäglich von unzähligen Menschen praktiziert und nennt sich *Gebet*. Das Wort kommt von *bitten* und meint damit, dass wir von unserem Gott etwas fordern. Und wenn Gott für uns relevant ist, wird er auf diese Forderung eingehen. Wenn die Wünsche erfüllt sind oder man einfach nur einen guten Tag hat, kann auch ein *Dankgebet* passieren, eine »Dankbitte«, ein feines Oxymoron.

Seit es religiöse Lehren gibt, stolpern die Menschen beim Gebet über ein paar offensichtliche Ungereimtheiten, die erneut aufzuzählen kaum der Mühe wert sind. Da wäre beispielsweise die Frage, warum Gott mühselig die Welt erschaffen hat, aber offenbar unvollkommen, sodass wir beständig darum betteln müssen, uns von Krieg, Hunger und Krankheit zu verschonen. Vielleicht ist das Absicht und wir sehen den tieferen Sinn nicht? Aber warum sollte ich dann für eine Verbesserung dieses göttlichen, großartigen, für simple Menschen aber unverständlichen Entwurfs beten? Wäre es nicht klüger, darum zu beten, ich möge endlich den Sinn hinter all den Gräueln verstehen, das Göttliche in dem von uns als »schlecht« Bezeichnetem sehen zu können?

Wenn Gott unsere Gebete erhört, warum nicht gleich generell und für alle Zeiten? Einer betet beispielsweise um Heilung vom Krebs, Gott erhört ihn und heilt ihn. Aber warum nicht gleich alle Menschen und für immer? Warum muss jeder Einzelne selbst um Heilung beten? Was ist das für ein Gott, der seine Geschöpfe mit Krebs, Alzheimer, Herzinfarkten und sonstigen Plagen drangsaliert und dann noch erwartet, dass jeder extra zu ihm um Heilung fleht?

Doch diese Widersprüche liegen im Dogma einer Religion und sind unangreifbar. Wer an einen Gott dieser Ausprägung glaubt, der hat recht, weil Glaube immer recht hat.

Werfen wir lieber einen Blick auf das Faktische des Gebets. Menschen praktizieren gerne Gebete, das wird wohl auch noch eine Zeitlang so bleiben. Je größer der Wohlstand, je besser die Gesundheit, desto geringer wird der Anteil an wirklich bittenden Gebeten. Oft dient das Gebet heute eher der Meditation oder dem Gedankenaustausch mit einem virtuellen Wesen. Es geht um ein »Wellness-Gefühl von Entspannung und innerem Frieden« schrieb *Die Welt* vor einiger Zeit über die Gebete Jugendlicher.[17] Allzu viele Sorgen dürften unsere Jugendlichen nicht haben, wenn das flehende Gebet dem sorglos entspannenden Gedankenaustausch gewichen ist.

Was Gebete bewirken können, erforscht seit einiger Zeit die Religionspsychologie. Die älteste Studie stammt aus dem 19. Jahrhundert, wo jemand die Überlegung anstellte, dass für Könige dank ihrer Popularität besonders viel gebetet wird. Dementsprechend müssten sie aber gesünder sein und länger leben. Dies war aber nicht annähernd der Fall. Im Gegenteil, die Landbevölkerung – wohl auf Grund fett- und alkoholärmerer Ernährung, viel Bewegung an der frischen Luft und einem besseren Hygieneverständnis – lebte bis zu doppelt so lange. So kam der Autor der Studie zum Schluss, dass Gebete sinnlos seien.

Etwas seriöser beschäftigt sich später die moderne Religionspsychologie mit dem Thema. Spätestens seit den 1990ern wird intensiv an der Wirkung von Gebeten geforscht und versucht, mit wissenschaftlicher Akribie die Wirkung von Gebeten zu beschreiben. Die Ergebnisse sind so, wie wir sie erwarten würden, und zeigen zwei Aspekte: Zum einen werden die kausalen Zusammenhänge zwischen Gebeten und den Effekten daraus gemessen, zum anderen gibt es Studien über die allgemeinen psychosozialen Auswirkungen von Gebeten, ohne auf konkrete Wünsche einzugehen.

Wie zu erwarten, verschwindet der kausale Zusammenhang zwischen Gebeten um Heilung und der darauffolgenden, tatsächlichen Heilung sehr schnell, sobald wissenschaftliche Maßstäbe angelegt werden. In randomisierten Doppelblindstudien wird seriös versucht, den Zusammenhang zwischen Gebeten und physiologischen Effekten zu dokumentieren. Frühe Veröffentlichungen erzählten vollmundig von Frauen, die Dank frommer Gebete schwanger wurden. Bei Überprüfung des Settings musste der Enthusiasmus dieser Autoren jedoch leider rasch wieder gebremst werden. Rein wissenschaftlich war die Studie nicht haltbar.

Relativ bekannt wurde eine ernst zu nehmende Untersuchung der Harvard Medical School aus dem Jahr 2006.[18] 1.802 Herzkranke, die vor einer Bypass-Operationen standen, wurden zufällig in drei Gruppen aufgeteilt: Die erste Gruppe hatte keine Ahnung von der Studie, das zweite Drittel wurde über die Studie informiert, wusste aber nicht, ob sie zu jenen gehörten, für die gebetet wurde. Und das letzte

Drittel schließlich wurde informiert, dass intensiv für sie gebetet würde.

Das Ergebnis ist ziemlich ernüchternd: Von denjenigen, die wussten, dass für sie gebetet wurde, erlitten 16 Prozent mehr Komplikationen als jene, die gar nicht über die Studie informiert waren, und 13 Prozent häufiger als jene, die nicht wussten, ob für sie gebetet wurde. Eine Verminderung der Komplikationen dieser Operation konnte bei keiner Gruppe festgestellt werden. Schadet beten etwa mehr als es nützt?

Wenn wir uns von dem Gedanken loslösen, dass Gott ein Wunscherfüllungsautomat ist, in den wir oben Gebete hineinstopfen und unten kommt die Heilung heraus, können wir uns Gebeten auf psychologischer und psychosozialer Ebene nähern. Was bewirkt das Gebet, ohne dass wir um Konkretes bitten?

»Immun-, Hormon- und Kreislaufsystem werden durch das im Gebet gezeigte positive Denken und Vertrauen aktiviert und fördern eine der Gesundheit zuträgliche, entspannte Haltung«, ist *Harald Koenig*, Direktor des Zentrums für religiöse, spirituelle und gesundheitliche Studien der Duke-Universität in North Carolina, überzeugt.[19] Beten hat demnach, ähnlich der Meditation, eine positive Wirkung durch das Freisetzen von Neurotransmittern wie Serotonin, und dementsprechend auch gewisse Auswirkungen auf die Selbstheilungsfähigkeit des Menschen und die psychische Gesundheit. Nicht zu vernachlässigen ist auch, dass Menschen, die mit Gebeten einen eher reflektierten Lebenswandel führen, allgemein gesünder leben als Menschen, die nicht über ihr geistiges und gesundheitliches Wohl nachdenken.

Wohlgemerkt, dabei geht es nicht um Gott! Es ist völlig irrelevant, ob wir zu Allah, Jehova oder der Urmutter beten, oder ob wir zu niemand Konkreten beten, aber uns buddhistisch mit uns selbst beschäftigen. Diese Studien untersuchen nicht die Relevanz eines Gottes, sondern die psychologischen Auswirkungen der Gebetspraxis. Diese sind unabhängig von Gott zu beobachten und als rein diesseitige Effekte zu vermerken.

Gruppendynamik und Rituale spielen dabei eine große Rolle. Ob der Mensch allerdings rituell den Rosenkranz betet, regelmäßig Yoga übt oder täglich in der Natur spazierengeht, macht keinen Unterschied. *Koenig* sammelt Studien zu diesem Thema und führt sie zu Metastudien zusammen. Die älteste Studie stammt aus dem Jahr 1872 und inzwischen hat *Koenig* über 1.200 solcher Arbeiten bislang ausgewertet. Es ist nicht überraschend, dass die Kommunikation mit einer Gottheit oder auch mit sich selbst in vertiefter Meditation stresslindernd wirkt. Auch ist leicht nachvollziehbar, dass Süchtige, die ihren Lebenswandel gravierend ändern und sich dem Glauben zuwenden, leichter von Alkoholismus loskommen als ohne das soziale Gerüst einer Glaubensgemeinschaft.

Was für unsere Urväter galt, als sie vor vielen tausenden Jahren Religionen erfunden haben, gilt auch heute noch: Der Glaube an eine höhere Instanz ist eine ausgezeichnete Angstbewältigungsstrategie und hilft dem Gläubigen bei der Auseinandersetzung mit seinen Problemen. Gebete können eine Anleitung, ein Formalismus sein, um den Glauben an die Wirksamkeit der Bitten zu erhöhen.

Doch leider helfen diese Ergebnisse nicht bei der *Erlebbarkeit* eines Gottes. Dass Meditation und Gebet positive Auswirkungen auf Geisteshaltung und psychische Fitness haben, ist offensichtlich, doch hat dies nichts mit dem Dialog mit einer Gottheit zu tun.

Dass Gebete ihre Wirksamkeit bislang schuldig geblieben sind, ist frustrierend. Nach so vielen Jahrhunderten schriftlicher Berichterstattung und zuletzt moderner Forschung bleibt nichts Ernsthaftes übrig, wonach wir schließen könnten, dass ein Gott auf unsere kläglichen Versuche, mit ihm

Kontakt aufzunehmen, reagieren würde. Unsere Erinnerungen an die Kindheit, in der wir um eine gute Schularbeitsnote gebetet haben und regelmäßig enttäuscht wurden, scheinen sich leider weiter fortzusetzen.

Die konkreteste Form der Erfahrbarkeit eines Gottes bleibt indem *Er* selbst mit uns Kontakt aufnimmt. Biblische Berichte erzählen von brennenden Dornbüschen (die leider außer *Mose* keiner gesehen hat) und anderen Ansprachen. Modernere Erzählungen berichten von Einzelpersonen, die jeweils eine Handvoll mystischer Erscheinungen erlebte, in denen Gott, die Heilige Maria oder Jesus Kontakt aufnahmen.

Worüber wir hinweggehen können, sind wohl jene absurden Einbildungen, bei denen jemand auf der beschlagenen Windschutzscheibe seines Autos ein Abbild Jesu zu sehen geglaubt hat (*Jim Stevens* aus Tennessee) oder das Käsesandwich von *Diana Duyser*, auf dem, nach erfolgter Toastung, das Antlitz Marias zu sehen war. Das Sandwich ging 2004 um 28.000 US-Dollar (!) bei einer Online-Auktion weg. Die kleinste bekannte Erscheinung war das Fischstäbchen von *Fred Whan* aus Ontario, dessen Kruste sich während des Bratens tatsächlich in das Antlitz des göttlichen Heilands verwandelte.

Wenn eine Gottheit erscheint und mit Menschen spricht, sind die dokumentierten Visionen relativ homogen. Es gibt ein Schema, dessen sich Menschen bedienen, wenn sie meinen, dass Gott mit ihnen Kontakt aufnehmen will. Drei Punkte finden sich regelmäßig bei Erscheinungen:

(1) Die Visionäre sind äußerst gläubig und stammen zumeist aus einfachen Verhältnissen. So wie die Nonne *Catherine Labouré* (Tochter eines Landwirtes, Erscheinungen der Rue du Bac in Paris), die Bauernkinder *Justine Schafrinska* und *Barbara Samulowska* (Dietrichswalde), die Hirtenkinder (*Lúcia dos Santos, Jacinta Marto, Francisco Marto* (Fatima), die Hirtenkinder *Mélanie Calvat* und *Maximin Giraud* (La Salette-Fallavaux), die Müllerstochter *Berna-*

dette Soubirous (Lourdes), das Arbeiterkind *Mariette Béco* (Banneaux) oder die sechs Kinder aus Međugorje (deren Marienerscheinungen 2009 von der vatikanischen Untersuchungskommission als nicht übernatürlich eingestuft wurden. Die Priester, die diese angeblichen Marienerscheinungen prolongierten, wurden laisiert und disziplinär zur Verantwortung gezogen).

All jene Menschen, denen die Heilige Maria erschien, verfügten über gar keine oder nur einfachste Schulbildung und waren extrem gläubig waren. Der Typus des Universitätsprofessors, der bekennender Atheist ist, bleibt völlig frei von Erscheinungen jeglicher Art (außer vielleicht bei der jährlichen Institutsweihnachtsfeier mit einer entsprechenden Menge an Punsch).

(2) Die Botschaften sind immer extrem kurz und sehr verklausuliert. Niemals spricht die Heilige Maria, Jesus oder sonst eine Erscheinung ausführlich, beschäftigt sich nie mit realen, tagesaktuellen Themen und befleißigt sich auch keiner nachvollziehbaren Sprache. Beispielsweise lautet die Mitschrift einer Vision der Seherin *Myriam van Nazareth*:

»Jede Seele ist eine Rose aus Gottes Hand. Ich bin die himmlische Gärtnerin. Ich will mit jeder Seele einen heiligen Bund schließen, der daraus besteht, dass sich die Seele Mir TOTAL hingibt: Herz, Geist, Körper und Wille, um Gottes Werke zu vollenden und dass Ich Mich TOTAL der Seele hingebe, damit sich die Rose vollständig entfalten kann und sie für den ewigen Frühling der Gründung von Gottes Reich auf Erden blüht.« (Die Groß-/Kleinschreibung wurde von der Seherin selbst so gewählt.)

Alle visionären Botschaften sind so ähnlich kurz und konfus, sie haben keinen sinnstiftenden Wert. Es sind immer allgemeine Aufforderungen, wie etwa den Rosenkranz zu beten, sich zu bekehren, vom Bösen abzulassen. Oder es handelt sich um kryptische Ankündigungen, wie dass der Friede in Gefahr sei.

(3) Bis auf Međugorje, das von der Kirche diskreditiert wurde und wo die Erscheinungen bis heute andauern, erscheinen die Visionen den Sehern nur in einer kurzen Phase, zumeist während deren Kindheit. Manchmal nur einmal, manchmal ein paarmal, kaum öfter.

So weit die Fakten, doch jeder muss sich selbst seine Meinung bilden und entscheiden, woran er glauben will. Dies sind Beispiele, wo Gott, Jesus oder die Heilige Maria mit den Menschen sprechen wollten, Relevanz zeigten. Analoge Erscheinungen gibt es in allen Religionen, überall ähnlich dürftig.

Wesentlich relevanter als kryptische Botschaften sind Wunder, die im Laufe der Jahrhunderte in großer Zahl dokumentiert wurden. Zumeist handelt es sich dabei um fantastische Heilungen, es wird aber auch von blutenden Statuen, sich selbst entzündenden Kerzen und anderen physikalischen Absonderlichkeiten berichtet. Die vatikanische Kongregation, die sich mit Wundern beschäftigt, wischt neunzig Prozent aller Einreichungen sofort als Schwindel vom Tisch.[20] Meistens blutet eben nicht das Kruzifix, sondern ein selbst gebastelter Mechanismus tropft Schweineblut herab, um Gläubige anzulocken.

Manche Wunder wurden eingehend erforscht und es gibt kaum einen Wallfahrtsort, der öfter untersucht wurde, als Lourdes in Frankreich. Dort, in den Pyrenäen kurz vor der Grenze zu Spanien, erschien 1858 einem damals vierzehnjährigen Mädchen, *Bernadette Soubirous*, in einer Grotte die Heilige Maria. *Bernadette* war das ungebildete Kind eines Müllers, das in tiefer Armut aufwuchs. Chronisches Asthma und eine schwächliche Konstitution gepaart mit Hunger und Elend dürften der kleinen *Bernadette* keine besonders glückliche Kindheit beschert haben. Beim Holzsammeln erschien ihr das erste Mal die Erscheinung, die das Kind als schöne, weiß gekleidete Frau beschrieb. Die Vision erteilte im Zuge mehrerer Erscheinungen dem Kind den Auftrag, es möge an dieser Stelle eine Kirche errichten lassen. Das Kind entdeckte auch eine bislang verborgene Quelle, die später als Heilquelle berühmt wurde. Die Erscheinungen endeten nach ein paar Monaten wieder, doch aufgrund der ungewöhnlichen Formulierungen in Hochfranzösisch, wie etwa der Ausdruck der *Unbefleckten Empfängnis*, die ein ungebildetes Kind eines Müllers kaum kennen konnte, wurde den Berichten *Bernadette*s erhöhte Glaubwürdigkeit zugesprochen.

Bernadette trat mit 22 in ein Kloster ein und starb früh mit 35 an Knochentuberkulose, vermutlich ein Ergebnis der prekären Umstände ihrer Kindheit. Auf Grund ihrer Visionen wurde sie heiliggesprochen und Lourdes entwickelte sich zu einem der berühmtesten Wallfahrtsorte der Welt. Rund um die »heilige Grotte« entstanden Kirchen, Krankenhäuser, Hotellerie und die übliche Flut an Souvenirgeschäften. Das Lourdes-Wasser der Quelle ist der wichtigste Exportartikel der Region geworden. Auch wenn alle Studien zeigten, dass es sich um reines Wasser ohne jede ungewöhnliche Beimengung von Mineralien oder anderen Substanzen handelt, herrscht der Glaube vor, das Wasser könne Menschen heilen. Im Gegenteil, gerade die Gewöhnlichkeit des Wassers wird als Argument für seine Göttlichkeit angesehen: Wo kein irdischer Wirkstoff nachweisbar ist, da muss die Heilkraft zwingend aus dem Jenseits kommen.

Jährlich pilgern mehr als fünf Millionen Menschen nach Lourdes, um von ihren Leiden erlöst zu werden. Laufend melden sich Pilger bei der medizinischen Versorgungsstelle und berichten, von Nierenkrebs, Hepatitis C, Lähmungen oder Epilepsie geheilt worden zu sein. 7.500 Fälle von Heilungen wurden bislang geprüft, wovon ein Drittel tatsächlich als unerklärlich eingestuft wurde.

So viel zu den Berichten über die wundersame Wirkung des Wallfahrtsortes Lourdes. Ob wirklich die Heilige Maria erschien, das stets kränkliche Kind sich fiebernd etwas zusammenfantasiert hat oder eine gelangweilte Urlauberin sich mit dem einfachen Mädchen einen Scherz erlaubt hat, werden wir nicht mehr erfahren. Auch in diesem Fall könnte *Ockham* ein nützlicher Ratgeber für die Auswahl sinnvoller Alternativen sein. Aber werfen wir einen genaueren Blick auf die Fakten und entscheiden dann, ob eventuell göttliche Kontaktaufnahme vorliegt.

Von den 2.500 bekannten Heilungen, die von den Menschen als unerklärlich eingestuft wurden, konnte die römisch-katholische Kirche in nur 69 Fällen etwas Wundersames entdecken, davon betreffen vier Fälle Krebserkrankungen.[21] »Alle Heilungen in Lourdes betreffen Krankheiten, die die Funktion von Organen betreffen, die schwer zu diagnostizieren sind, schwer nachzuweisen sind und leicht auch falsch diagnostiziert werden«, meinte etwa dazu *Luigi Garlaschelli* von der Universität Pavia und ergänzt: »Es ist ja nicht so, dass mal ein fehlendes Auge nachgewachsen wäre oder ein Toter auferstanden wäre.«[22]

Tatsache ist, dass Spontanheilungen überall passieren, an jedem Ort der Welt. Die Medizin kennt das Phänomen der Spontanremission von Krebs, die aus heute unerklärlichen Ursachen in seltenen Fällen auftritt.[23] In der ganzen Welt wohlgemerkt, nicht nur an Pilgerstätten. Wir Menschen haben eben doch noch nicht alles verstanden und manches liegt heute noch im Dunkeln – gerade, wenn es um die Heilung von Krebs geht.

Unwahrscheinliches passiert, wenn auch selten. Wir denken an einen Menschen und genau in dem Moment läutet verblüffenderweise das Telefon. Zwar vergessen wir dabei, dass wir schon unzählige Male an diesen Menschen gedacht haben und das Telefon nicht geläutet hat, aber es ist trotzdem eine erstaunliche Erfahrung. Der Mathematiker *John Edensor Littlewood* (1885–1977) definierte einst ein Wunder als etwas, das mit einer Wahrscheinlichkeit von höchsten eins zu einer Million eintritt. Er folgerte daraus, dass ein Mensch, der Sekunde für Sekunde Ereignisse verarbeiten muss, 28.800 Ereignisse in acht Wachstunden täglich, ungefähr einmal im Monat auf ein »Wunder« stoßen müsse.[24] Ob wir wollen oder nicht, uns begegnen laufend »Wunder« – schlicht unerklärliche Ereignisse, die überraschend eintreten. So unwahrscheinlich es auch sein mag, es gewinnt immer wieder jemand im Lotto und andere Menschen sterben tragischerweise bei einem genauso unwahrscheinlichen Flugzeugabsturz. Doch da diese unwahrscheinlichen Ereignisse auffallen und die unzähligen »normalen« Ereignisse nicht, suchen wir einen Grund dafür: Gott, die Vorsehung oder auch die eigene, narzisstische Außergewöhnlichkeit.

Wenn wir davon ausgehen, dass in Lourdes jährlich fünf Millionen Pilger auftauchen, ist die Wahrscheinlichkeit, dass *keine* Spontanheilung auftritt, sogar extrem gering. Egal, ob an einem Ort Grotten, Basilikas oder Quellen zu finden sind, bei dieser Menge an Kranken muss es statistisch zwangsläufig zu spontanen, unerklärlichen Heilungen kommen. Bildhaft dargestellt: Wenn sich die gleiche Masse von Pilgern bei mir in der Garage treffen und meinen Wagenheber um Heilung anflehen würde, es wäre unvermeidlich, dass über die Zeit eine beträchtliche Menge geheilt meine Garage verlässt.

Doch sehen wir genauer hin: Medizinische Statistiken zeigen, dass einer von 60.000 Krebspatienten (andere Studien sprechen von einem in 100.000 Patienten) auf eine – heute noch – unerklärliche »Spontanheilung« hoffen dürfen.[25] »Wer nicht an Wunder glaubt, ist kein Realist«, meinte der deutsche Krebsspezialist Univ.-Prof. *Walter Michael Gallmeier*, der sich intensiv mit Spontanheilungen beschäftigte.[26] In den letzten hundert Jahren haben wohl an die hundert Millionen Kranke Lourdes besucht. *Carl Sagan* rechnete in seinem Buch »Der Drache in meiner Garage« mit fünf Prozent Krebskranken, das wären dann fünf Millionen Krebskranke, wovon eigentlich 83 hätten geheilt werden müssen.[27] Tatsächlich wurden nur vier Menschen in Lourdes spontan von Krebs geheilt.

Die Statistiken für Spontanheilungen zeigen ein klares Abweichen nach unten für den Ort Lourdes. So ernüchternd es klingen mag: Lourdes hat eine unterdurchschnittliche Heilungschance verglichen mit anderen Orten. Wir können den kranken Pilgern eigentlich nur empfehlen, sich von Lourdes fernzuhalten und lieber auf die Reeperbahn nach Hamburg, zum Oktoberfest nach München oder in den Wiener Wurstelprater zu fahren. Denn in diesen Städten werden proportional wesentlich mehr Spontanheilungen je Erkranktem verzeichnet als in Lourdes.

Es ist nicht leicht, reale Beispiele für das Wirken eines Gottes zu finden. Verlassen wir das Umfeld der römisch-katholischen Kirche, stoßen wir auf wesentlich mehr Stoff. Gegenüber anderen Religionen scheint Gott nämlich längst nicht so knausrig mit Botschaften zu sein wie gegenüber Katholiken. Eine der umfangreichsten Mitteilungen durfte der damals achtzehnjährige *Joseph Smith* (1805–1844, USA) erfahren: eine komplette Bibel.

Aus bescheidenen bäuerlichen Verhältnissen stammend versuchte sich die streng gläubige Familie *Smith* durch allerlei Spekulationen, Geschäfte, sogar mit organisierten Schatzsuchen, über Wasser zu halten. Auch der kleine *Joseph* wurde intensiv in diese Tätigkeiten eingebunden und musste beispielsweise mit »seherischen Fähigkeiten« für Schatzsucher auftreten. Im Alter von 25 arbeite *Smith* als Lohnarbeiter auf Farmen, hatte gerade heimlich geheiratet und brauchte dringend Geld. Ein naheliegender Gedanke kam ihm (jeder Schriftsteller wird das nachvollziehen können): Er musste einen Bestseller schreiben!

Das Thema war von Anfang an klar: Durch die strengreligiöse Kindheit und seine jugendlichen Erfahrungen mit der Leichtgläubigkeit der Menschen war ihm das Potenzial eines religiösen Buchs voll bewusst. Es war damals eine »Marktlücke«, neben der christlichen Bibel gab es keine andere am Markt. Das finanzielle Risiko war überschaubar, der Gewinn nach oben hin offen.

Während der Arbeiten am Buch wurde noch rasch eine Legende gebastelt: Gott selbst und sein Sohn Jesus seien dem jungen *Joseph Smith* bereits als Fünfzehnjährigem erschienen. Drei Jahre später sei ein Bote Gottes gekommen und habe ihm den Auftrag erteilt ein Bibelwerk, geprägt auf Goldplatten (what else?), zu übersetzen. Dieses »immerwährende Evangelium« erschien 1830 als »Buch Mormon« auf dem Markt. Die Goldtafeln verschwanden wieder, lediglich der Sponsor der Druckkosten und zwei enge Freunde bezeugten die Existenz der Platten. Doch das reichte durchaus und die Auflage ging weg wie die sprichwörtlichen warmen Brötchen. *Joseph Smith* wurde mit seiner Bibel berühmt.

Im Laufe der Zeit erschienen ihm an die 50 plauderwillige Wesen aus dem Jenseits, neben Gott Vater und seinem Sohn unter anderen *Adam, Mose, Abraham, Isaak, Jakob, Johannes der Täufer*, die zwölf Apostel u.v.m. Trotz aller Erfolge, die er mit seinem Buch einheimste – er wurde Kirchengründer der Religionsgemeinschaft »Church of Christ« (die Mormonen), Bürgermeister der von ihm gegründeten Stadt Nauvoo und schließlich sogar Präsidentschaftskandidat – war er von Anfang an massiver Kritik ausgesetzt. 1832 wurde er geteert und gefedert, saß 1838–1839 unter der Anschuldigung des Hochverrats und später wegen Angriffs auf die Pressefreiheit ein, wurde von den Freimaurern hinausgeworfen und schließlich 1844 bei einem versuchten Gefängnisausbruch von einer aufgebrachten Menschenmenge gelyncht und starb mit etlichen Kugeln im Körper.

Einer der Hauptkritikpunkte, die die Menschen gegen ihn aufbrachten, war seine Vielweiberei. *Joseph Smith* nützte seine dominante Stellung als Führer seiner Glaubensgemeinschaft, um zweiweise mit über dreißig Frauen gleichzeitig verheiratet zu sein. Erschwindelter Reichtum, Popularität, Macht, über all das waren die Menschen bereit hinwegzusehen. Aber dreißig Frauen? Das ging offenbar doch zu weit.

Heute hat die Nachfolgerin der seit 1838 bestehenden Kirche »Jesu Christi der Heiligen der Letzten Tage (The Church of Jesus Christ of Latter-day Saints) etwa fünfzehn Millionen Mitglieder und gilt als größte mormonische Kirche.

Hat Gott diese Bibel tatsächlich persönlich *Joseph Smith* diktiert? Es wäre ein so schönes Beispiel erlebten göttlichen Wirkens. Doch die Lebensgeschichte *Smiths* stimmt uns nicht zuversichtlich, dass sich Gott die Mühe gemacht hat, *Seine* Botschaft ausgerechnet so zu übermitteln.

Es ist gar nicht so einfach, die Relevanz eines Gottes festzustellen. Wenn wir zu ihm sprechen, antwortet er nicht, wenn er zu uns spricht, verstehen wir ihn nicht und als göttliches Wirken Interpretiertes entpuppt sich bei näherem Hinschauen als natürlich erklärbares Phänomen, gewöhnliche statistische Abweichung oder Schwindel.

Wenn wir keine Anzeichen für Gottes Relevanz finden können, bleibt immer noch die Möglichkeit, sich ein allgemeineres Bild vom Göttlichen, von der Entstehung der Welt, von der Bedeutung des Menschen in dieser Welt zu machen: Jemand könnte etwa das Göttliche verneinen und stattdessen die Vorsehung, kosmische Energien, Naturkräfte oder andere Vorstellungen vertreten, um sich die Mysterien der Welt zu erklären oder der Existenz von allem einen Sinn zu verleihen. Manche erklären sich ihre Existenz auch damit, dass wir in einer riesigen Simulation leben oder nur Organismen in Reagenzgläsern eines monströsen Forschungslabors seien und all unser Wahrnehmen ein einziger Schwindel ist.

Eine solche Einstellung hat jedoch den Nachteil, dass nichts mehr Göttliches vorzufinden ist. Es handelt sich um metaphysische Erklärungsmodelle der Welt. Im Unterschied zu naturwissenschaftlich beweisbaren Modellen sind es

Vorstellungen, die geglaubt werden. Manche glauben an die Wirkung von Sternbildern, andere schwören auf die heilende Kraft von reinem Wasser, weitere führen alles im Leben auf eine dubiose Bestimmung zurück und wieder andere stellen sich vor, dass göttlicher Äther, Prana, uns ernähren und am Leben halten könne. Diese losgelösten Vorstellungen kommen vorerst ohne jeglichen Gott aus und sind als alternative Erklärungsmodelle eigentlich keine Religionen. Die meisten Menschen, die auf solche Modelle zurückgreifen, suchen sich parallel dazu erst wieder Götter, um neben dem Alltäglichen auch die Schöpfung des Universums und das Leben nach dem Tod verstehen zu können. Wir kommen nicht umhin, wir müssen unserem Gott eine Gestalt geben, sonst hat die nächste Stufe der Glaubenspyramide, die religiöse Lehre, keinen Sinn mehr.

Lässt sich Gott beweisen?

Wie viele Kinder quälte auch ich meine Mutter regelmäßig mit Fragen der Art: »Woher weiß man denn, dass es einen Teufel gibt?« Sie wies mich dann oft streng darauf hin, dass es der größte Trick des Teufels gewesen sei, die Menschen glauben zu machen, es gäbe ihn nicht. Das verwirrte mich jedes Mal: Wie kann die Annahme, es gäbe keinen Teufel, gleichzeitig der Beweis für die Existenz des Teufels sein?

Es ist nicht leicht, etwas zu beweisen, das wir nicht erfahren können. Deswegen sprechen wir ja auch vom *Glauben* und nicht von *Wissen*. Gäbe es einen zwingenden Beweis für die Existenz Gottes, wäre jeder Glaube überholt. Ich habe beispielsweise eindeutige Beweise für die Existenz meines Nachbarn: Ich treffe ihn fast täglich, er spricht mit mir und verstellt mir manchmal meinen Parkplatz. Ich brauche nicht an ihn zu glauben, ich weiß, er existiert.

Auch hier stoßen wir auf einen netten Zirkelschluss: Ich

weiß, dass Gott nicht erfahrbar ist, weil ich an ihn glauben muss. Daher versuche ich, ihn zu beweisen, womit aber jeder Glaube wieder zwecklos ist und mein Gott ein gänzlich anderes Konstrukt wäre, ein beweisbares Wesen, wie jeder Mensch und jedes Tier. Wenn ein Phänomen beweisbar ist, verliert es schlagartig alles Mystische, es ist real geworden. Aus dem rätselhaften Überwesen ist eine tatsächliche Existenz geworden, mit allen Konsequenzen: vielleicht Fehlern, vielleicht Endlichkeit, vielleicht fehlende Allmacht. Der Beweis Gottes führt automatisch zu seiner Vernichtung. Gottes Beweis wäre Gottes Tod.

Die einfachste Art, Gott zu beweisen, ist, ihn als Idee zu begreifen, denn dann existiert er zumindest in meinem Kopf. Das hilft zwar nicht weiter, ist aber trotzdem ein netter Gedanke. Genau genommen wissen wir nicht einmal, ob wir selbst existieren. Vielleicht ist das Leben nur Einbildung und wir sind Computerprogramme in einer riesigen *Matrix*, wie in der gleichnamigen Trilogie mit *Keanu Reaves* in der Hauptrolle. Letztlich störte die Bewohner der *Matrix* ihre Nicht-Existenz nicht im Geringsten, in ihren Gedanken lebten sie ja, führten ein biederes Dasein mit Frau, Auto, Einfamilienhaus und einem nervigen Chef. Die *Idee* der Existenz reichte völlig aus. Auch Gott könnten wir als Idee sehen und argumentieren, es reiche, ihn zu denken. Es ist schließlich egal, ob Gott nur in meiner Einbildung existiert oder auch real ist. Physisch werde ich *Ihn* höchstwahrscheinlich ohnedies nie erfahren. Cogito deum, ergo est.

Solche ontologische, »seiende«, Überlegungen stellten schon viele schlaue Menschen an. Hauptzweck war stets, Ungläubigen das Heft aus der Hand zu nehmen und von vornherein klarzustellen, dass beweisbar sei, was nicht beweisbar ist. *Thomas von Aquin* verfasste in diesem Sinne das Fundamentalwerk »Summe gegen die Heiden«[28], ein Handbuch für Missionare, gespickt mit Argumenten zur Bekehrung Ungläubiger. Sogar der berühmte Logiker *Kurt*

Gödel beschäftigte sich mit dem Gedanken, ob Gott rein logisch herleitbar sei. Alle diese Argumentationen scheitern aber immer daran, dass Grundannahmen getroffen werden müssen, etwa der Glaube an Gott, wenn auch nur als Möglichkeit.

Andere Denkrichtungen gehen vom Konzept Ursache und Wirkung aus. *Thomas von Aquin* beschäftigte sich auch mit solchen Überlegungen: Alles in der Natur hat eine Ursache, nichts bewegt sich von selbst. Daher muss es am Beginn jeder Kausalkette einen Gott geben, der zu Beginn einmal alles angestoßen hat. Die Welt, oder auch nur ein Mensch, können sich nicht aus sich erschaffen haben. Wir können nicht, noch nicht-existent, den Gedanken formen »Ich will jetzt sein« und uns kreieren. Zu einem solchen Zeitpunkt existieren wir noch nicht. Somit braucht es jemanden, der uns das Leben einhaucht, uns und der gesamten Welt.

Man nennt solche Gedanken »kosmologische Gottesbeweise«, was sie selbstverständlich nicht sind. Denn wieder werden Annahmen getroffen, durch die der »Beweis« erst funktioniert. Ich unterstelle eine Grundanname, hier, dass alles eine willkürliche Ursache haben müsse. Wenn diese Prämisse nicht mehr gelten muss, fällt die Logik des Beweises in sich zusammen.

Noch strenger werden die Annahmen, wenn ich nicht nur einen willkürlichen Schöpfer voraussetze, sondern auch, dass das tägliche Leben einer Leitung unterliegt. Diese teleologische Weltsicht unterstellt, dass alles einer ständigen Verbesserung unterworfen ist. Menschen werden größer, klüger, besser, Tiere pflegsamer, Pflanzen wohlschmeckender, die Welt wird schöner. Daher muss es etwas geben, das ein Ziel vorgibt, nach dem alles strebt. »Und dieses nennen wir Gott«, argumentierte (nochmals) *Thomas von Aquin.*[29] Er lebte knapp 600 Jahre vor *Charles Darwin*, sonst hätte er sich mit der Realität abfinden müssen, dass die Evolution ein Beispiel ist, wie die Natur von selbst nach Optimierung sucht, ganz ohne ein göttliches »Ziel«. Wie dieses göttliche Ziel aussehen soll, verschweigt *Thomas von Aquin* übrigens.

Einen anderen Zugang wählte *Immanuel Kant*: Er meinte, rein aus moralischen Gründen müsse er einen Welturheber voraussetzen, da sonst moralische Verpflichtungen keinem Endzweck dienen würden. Wenn es Moral in unserer Welt gibt, dann muss es jemanden geben, der dieser Moral das letzte Ziel vorgegeben hat und das kann nur ein Gott sein. Heute wissen wir, dass sich Moral eher als evolutionäres Optimum entwickelt hat und durchaus keinem finalen Bestreben dient.

Je weiter die Geschichte voranschreitet, desto schwieriger macht das rasant wachsende Wissen um die Zusammenhänge in der Natur jeglichen Gottesbeweis. Der Physiker *Frank J. Tipler* versuchte vor einigen Jahren gar, die Existenz Gottes mit physikalischen Prinzipien zu erklären.[30] Mit unübertroffener Selbstsicherheit verstieg er sich zur Aussage, die Theologie gehöre doch eigentlich der Physik zugeordnet. Sein Versuch, Religion und Gott aus der Quantenmechanik herzuleiten, erinnert frappant an den Bestseller der 1950er-Jahre von *Werner Keller* »Die Bibel hat doch recht«. Beide Autoren bemühen sich krampfhaft, wörtliche Details der Bibel zu rationalisieren.

Kurios wird es dann, wenn *Tipler* die Jungfrauengeburt Jesu mit einer biologischen Skurrilität erklärt: Manche Männer (rund einer von 10.000) lassen das Y-Chromosom, das die Männlichkeit erst definiert, vermissen. Sie haben statt dessen zwei X-Chromosomen. Solche Männer können nur Kinder zeugen, die zwei X-Chromosomen haben, sie können kein Y-Chromosom weitergeben, da sie selbst keines haben. Es wäre hypothetisch denkbar, dass Maria ohne Zutun eines Mannes, nur mithilfe ihrer eigenen X-Chromosomen, Jesus als haploiden XX-Mann geboren hat. Damit wäre endlich auch die Jungfrauengeburt Christi rational erklärbar: Der Sohn Gottes war eine Genmutation!

Für die Auferstehung Jesu stellt *Tipler* sogar sein eigenes Fachgebiet, die Physik, auf den Kopf. Er bemüht die Baryogenese, die ungefähr 10^{-36} Sekunden (ein Milliardstel eines Milliardstels einer Milliardstelsekunde) nach dem Urknall stattgefunden hat und Teilchen in Energie zerfallen ließ. Eine ziemlich ungemütliche Zeit, in der viel Verrücktes passiert ist. *Tipler* meint nun, dass es Jesus schaffte, mit genau diesem elektroschwachen Quanten-Tunneleffekt, sich selbst zu entmaterialisieren und danach wieder zu materialisieren. Und weil Er so gut mit Elementarteilchen umgehen konnte, verwendete Er auch gleich einen Neutrinostrahl, um übers Wasser laufen zu können. Alles logisch. Oder so.

Wie *Keller* begeht *Tipler* den Irrtum, dass er meint, wenn er erst die Erzählungen der Heiligen Schrift bewiesen hat, müsse auch Gott bewiesen sein. Die Frage nach Authentizität dieser Texte ignorieren beide geflissentlich, genauso wie die Tatsache, dass der induktive Schluss von ein paar erklärbaren Bibelpassagen auf die Wahrheitstreue des gesamten Werks falsch ist. Nur weil in einem Buch ein Körnchen Wahrheit zu finden ist, heißt das noch lange nicht, dass der Rest auch wahr ist. Denn dann wären alle Romane Realität, da in jedem Buch etwas Wahres gefunden werden kann.

Dass das Thema noch heute aktuell ist, kann können wir an der Publikation »Der letze Gottesbeweis« von *Robert Spaemann* (2007) ersehen. Originell ist sein Ansatz immerhin: Er will Gott *grammatikalisch* beweisen, indem er folgert, dass sich aus dem Vorhandensein des *Futur II (Futurum Exactum,* »es wird einmal gewesen sein«) die Existenz Gottes schließen lässt. Da jede Gegenwart einmal Vergangenheit sein wird, muss es ein »ewiges Bewusstsein« geben, das sich an jede frühere Gegenwart erinnert.[31]

Unter dem hochtrabenden Titel findet sich letztlich wieder nur der Versuch, Gott aus sich selbst zu beweisen. Immerhin gibt *Spaemann* zu, dass alle bisherigen Gottesbeweisversuche petitiones principii, Zirkelbeweise, sind, da sie stets davon ausgehen, dass Gott existiert und nur mehr bewiesen werden müsse. Auch für sein Werk gesteht er, dass sein »Beweis« nur für denjenigen Sinn macht, der bereits an Gott glaubt. Er widmet sich genau genommen der Frage, was jemand glaubt, der schon glaubt. Ein richtiger Beweis muss aber auch für jene halten, die nicht an die Aussage glauben. (Wer jedoch einen guten Überblick über Gottesbeweise lesen möchte, ist mit diesem Buch gut bedient. Auch bei *Löffler*, Einführung in die Religionsphilosophie findet sich eine gute Gegenüberstellung.[32])

All diesen Autoren können wir nur eines ins Stammbuch schreiben: Wenn wir etwas beweisen wollen, das heißt wissenschaftlich belegen, müssen wir zuerst die Evidenz des Phänomens feststellen. Es hat keinen Sinn, nach dem Beweis für etwas zu suchen, das noch niemals beobachtet wurde. Es wäre wesentlich sinnvoller, zuerst einen Schritt zurückzutreten und Beobachtungen zu sammeln, wo Gott erlebt wurde. Danach kann aus diesen Beobachtungen vielleicht das Gerüst zur Konstruktion eines Beweises geschaffen werden. Doch heute wie damals, sprechen wir von einem Phänomen, das nicht die geringste empirische Evidenz aufweist.

Die Geschichte der Theodizeen, der Rechtfertigungen Gottes, ist ein beständiges Rückzugsgefecht. Das Wissen der Menschheit wächst exponentiell, mit jeder Erkenntnis schwindet das Bedürfnis, die Welt durch einen Gott zu erklären. Die Unsicherheit unter Theologen hat heute bereits ketzerische Ausmaße angenommen. Wie soll man über Gott sprechen, wenn immer klarer wird, dass man ihn nicht beweisen kann? Vielleicht hat *Spaemann* recht, wenn er den Umkehrschluss zieht, es müsse Gott geben, weil sich das Gerücht über seine Existenz schon so lange hält. Er dreht den Spieß einfach um: Wer sich diesem »ewigen Gerücht« entgegenstellt, müsse beweisen, dass es Gott nicht gibt.[33]

Papst *Johannes Paul II.* musste einst schmerzlich zugeben, dass die Evolution mehr als eine Hypothese sei. Eine wahre

Leistung für einen Vertreter jener Kirche, die 1992 *Galileo Galilei* nach 359 Jahren rehabilitierte. Allein die Kommission, die sich mit *Galileo* beschäftige, brauchte für diese Entscheidung von 1979 bis 1992. Offenbar war noch immer nicht ganz klar, ob sich die Sonne um die Erde dreht oder umgekehrt. Dagegen mutet die Ansage *Johannes Paul II.* geradezu draufgängerisch an, immerhin widerspricht er damit auch dem Dogma der Unfehlbarkeit des Papstes, denn seine Amtsvorgänger haben mit der Verurteilung *Galileos* genauso geirrt wie *Pius XII.*, der 1952 *Darwins* Evolutionstheorie nur als Hypothese gelten lassen wollte.

Das Zugeständnis, dass an der Evolution mehr dran ist, stürzte weite Kreise der katholischen Kirche in schwere Verwirrung. Wir groß die Not der katholischen Kirche durch diese Einräumung war, konnten wir schön an den Worten des Wiener Kardinals *Christoph Schönborn* sehen. In einem Gastkommentar für die New York Times widersprach er, dass es jetzt eine Akzeptanz der Evolutionstheorie durch Rom gäbe. Vielmehr: »Die Evolution im Sinn einer gemeinsamen Abstammung *kann* [sic!] wahr sein, aber [...] ein zielloser, ungeplanter Vorgang zufälliger Veränderung und natürlicher Selektion ist es nicht.«[34] Wasch mich, aber mach mich nicht nass.

Doch *Schönborn* geht noch weiter: Geradezu demagogisch dreht er die Beweislast um: »Jedes Denksystem, das die überwältigende Evidenz für einen Plan in der Biologie leugnet oder wegzuerklären versucht, ist Ideologie, nicht Wissenschaft.«[35] Das müssen wir uns auf der Zunge zergehen lassen: Die Wissenschaft bestehe aus Träumern? Die Kausalität der Forschung sei Ideologie? Aber die Annahme eines göttlichen Ziels sei Wissenschaft? Sofern Schönborn nicht persönlich beim Urknall zugegen war und Gott beim Wirken zugesehen hat, verblüffen seine Aussagen zumindest.

Je jünger die Autoren sind, desto aufgeweichter werden die Argumentationen für die Existenz Gottes. Der Philosoph

Hans Jonas stellte sich der Frage, wie Gott nach dem Horror im Konzentrationslager Auschwitz (seine Mutter starb dort) möglich sein kann? Seine Lösung ist, dass Gott nach der Schöpfung der Welt die Verantwortung abgegeben hat, was *Jonas* »Selbstentäußerung« nennt. Der Mensch sei schuldtragend an allen Gräueln, nicht Gott, der diese zulässt. *Jonas* folgert weiter, Gott müsse existieren, da er die Welt geschaffen hat, aber er ist nicht mehr allmächtig, sondern überlässt die Welt ihrem zufälligen Werden.[36] Damit verletzt er auf unserer spirituellen Suche die zweite Bedingung für das Vorliegen von Gottschaft: Er ist nicht mehr relevant. Gott ist nach dieser Theorie für uns so bedeutungslos geworden wie ein Alien am siebten Stern hinter der achten Galaxie. Dieser Zugang kann auch keine Lösung sein, denn genau genommen ist es eine Kapitulation, ein Zugeständnis an den Atheismus, der sich hier als Deismus verkleidet.

Der Theologe *Hans Küng* spricht das Unvermeidliche endlich aus: Er verzichtet auf einen Gottesbeweis. Ihm reichte die Annahme, *dass* es einen Gott gibt. »Dass Gott ist, kann angenommen werden: nicht stringent aufgrund eines Beweises oder Aufweises der reinen Vernunft (Natürliche Theologie), nicht unbedingt aufgrund eines moralischen Postulats der praktischen Vernunft (Kant), nicht ausschließlich aufgrund des biblischen Zeugnisses (Dialektische Theologie). Dass Gott ist, kann nur in einem – in der Wirklichkeit selbst begründeten – Vertrauen angenommen werden.«[37]

Eine bequeme Haltung, denn je klarer wird, dass sich etwas Undenkbares wie Gott nicht beweisen lassen kann, umso bescheidener werden die Ansprüche. Das Universum könnte aus dem Nichts entstanden sein, aber brauchen wir einen Gott dafür? Wir alle streben nach Weiterentwicklung, doch hat uns deswegen ein Gott ein Ziel gegeben? Vieles im Leben gehorcht einem Zweck, doch verlangt Zweckmäßigkeit nach einem Gott, der uns diese gegeben hat? Wenn es gute Eigenschaften gibt, benötige ich deswegen ein absolutes Maximum an »Gutheit«, um einen Gott denken zu können?

Besinnen wir uns einfach wieder des Begriffs *Glauben*: Wir können an Gott nur glauben, alle Versuche, Gott zu argumentieren, müssen fehlschlagen. Einmal aus logischer Sicht, weil wir etwas, das wir nicht erfahren können, das wir nicht begreifen können, ja uns nicht einmal vorzustellen vermögen, keinesfalls beweisen können. Zum anderen aus theologischer Sicht: Wer versucht, die Existenz Gottes zu begreifen, handelt vermessen. So wie Eva vom Baum der Erkenntnis naschen wollte, versucht der Gottesbeweiser etwas zu begreifen, das unseren Verständnishorizont unendlich überschreitet. Wer versucht, Gott beweisen zu wollen, frevelt an der Gottheit Gottes.

Zusammenfassung Stufe B: Wir wissen nun, woran wir glauben, welche Gestalt Gott hat.

Glaubenspyramide Stufe C – Gottes großer Plan

Was tut unser Gott für uns? Wir glauben an Gott, wir haben eine Vorstellung, wie er aussehen mag. Aber wie wirkt er, was hat er getan, was war seine Geschichte bis jetzt?

Gottes Wille und sein Wirken

Wir haben zuvor festgestellt, dass ein Gott imposant und relevant sein müsse. Beides wird auf der nächsten Ebene der Glaubenspyramide in der *Lehre* näher spezifiziert. Die Lehre umfasst alle Geschichten, die es rund um einen Gott zu erzählen gibt. Sie bildet das Fundament unseres Glaubens. Sie beschreibt, wie relevant Gott für unsere Existenz ist, warum er so imposant ist, und seine Erwartungen an uns. Die Lehre sagt uns, was Gott für uns tut und was wir für ihn tun müssen. Für die karibische Religion der *Rastafari* ist der äthiopische König *Haile Selassie* (1892–1975) der Allmächtige Gott. Die Anhänger glauben, dass *Haile Selassie* für seine Jünger einen »Balsam Garten« im Jenseits zur Verfügung stellt, dafür jedoch an der Kassa vier Schillinge Eintritt zu zahlen sind.[38]

Die Lehre besteht aus den Eckpfeilern, die unsere Religion ausmachen, und ist genauso wenig belegbar ist wie das Bild, das wir von Gott haben. Woher die Lehre aber konkret kommt, wie sie weitererzählt wurde, welche Schriften und Überlieferungen dafür herangezogen wurden, die »Aufzeichnungsmedien«, wenn wir so wollen, klären wir wiederum auf der nächsten Stufe. Die Lehre selbst, das woran wir glauben sollen oder wollen, ist nicht beweisbar.

Jeder Mensch kann an einen guten Gott glauben, an einen rächenden oder an einen Kriegsgott (Stichwort Dschihad). Keiner wird seine Position beweisen können oder müssen. Wenn ich glaube, dass es einen Gott gibt, der für unser Leben verantwortlich ist und ich schmücke ihn mir so aus, dass er von mir verlangt, in einen »Heiligen Krieg« zu ziehen, dann ist das genauso vernünftig oder unvernünftig wie jede andere Vorstellung, die ich mir von meinem Gott machen kann. Erziehung, Bildung, die gesamte Sozialisierung haben uns bereits vieles mitgegeben und unser religiöses Weltbild geprägt. Als Erwachsene können wir trotzdem an den Eckpfeilern unseres Glaubens feilen und einzelne Aspekte der uns in der Kindheit mitgegebenen Lehre verändern, weglassen oder Neues hinzufügen.

Das wirklich Wichtige ist, dass wir die von uns geglaubte Lehre niemals beweisen wollen. Wenn unsere Glaubenslehre von uns verlangt, dass wir nicht töten sollen, dann müssen wir das kritiklos hinnehmen. Jeder Verweis auf Koran, Bibel oder sonstige Schriften als Beleg wäre logisch inkonsistent, da man Glauben niemals beweisen kann, sonst wäre es ja Wissen. Wenn wir Schriften lesen, dann sind das Texte, die von Menschen niedergeschrieben wurden und die Meinungen, Erlebnisse oder den Glauben von Menschen wiedergeben, die meist schon lange tot sind. Über die Verbindung von überlieferten Schriften und der Lehre geht es erst im nächsten Kapitel. Hier, auf Ebene C geht es aber nach wie vor um Glauben und nicht um Beweisbarkeit.

Manchmal ist die Grenze schwierig zu ziehen. Wir können es beispielsweise als wesentlichen Bestandteil einer Lehre ansehen, dass Gott die Welt erschaffen hat. Es ist aber auf schriftliche, von Menschen verfasste, Dokumente zurückzuführen, dass er es innerhalb von sechs Tagen tat. Wir können glauben, dass nach unserem Tode etwas Schönes auf uns wartet, eine unvorstellbare Belohnung. Aber es sind von Menschen verfasste Texte, die erzählen, dass dort 72 Jungfrauen auf die Männer warten.

Vorsicht Falle: Es ist natürlich denkbar, dass ich meinen Glauben so verbiege, dass ich mir einrede, die Texte – um die es erst in Stufe D gehen wird – von Gott selbst geschrieben oder zumindest diktiert wurden. Erinnern wir uns nur an die Goldtafeln von *Joseph* Smith oder an Moses Zehn Gebote.

Weit verbreitet ist auch der Versuch, seine eigenen Interessen oder Meinungen Gott in die Schuhe zu schieben. Wir kennen das: Menschen schlachten sich gegenseitig ab, »weil Gott es so will«. Die Sonne kreist um die Erde, »weil Gott die Welt so schuf«. Frauen sind Menschen zweiter Klasse, »weil Gott das so gesagt hat«. Die Welt ist nur 6.000 Jahre alt, »weil Gott das selbst in der Bibel so geschrieben hat«. Die Kinder müssen zum Religionsunterricht, »weil Gott sonst traurig ist«. Ein Totschlagargument, dem nichts zu entgegnen ist, wer will schon Gott traurig machen?

Manchmal ist es den Gläubigen sogar verboten die Lehre überhaupt zu kennen. Im Nahen Osten entwickelte sich im 11. Jahrhundert die Religion der *Drusen* mit heute ungefähr eine Million Mitgliedern. Ihre religiöse Praxis beschränkt sich auf das Bekenntnis zur Allmacht Gottes, mehr wird nicht gefordert. Gott alleine entscheidet, was wir Menschen glauben können. Dementsprechend wäre Missionierung ein Frevel gegen den Willen Gottes. Die Weiterentwicklung erfolgt durch Reinkarnation, eine Aufnahme in die drusische Religion ist nicht vorgesehen.

Die Drusen unterteilen sich in »Eingeweihte« und »Unwissende«. Nur die Ersteren, lediglich 3% der Gläubigen, gelten als Bewahrer der Lehre und sind über alles informiert. Der große Rest, die Unwissenden, werden nicht in die Geheiminsse eingeweiht. Bei den Drusen wird nicht nur durch die Lehre Macht ausgeübt, bereits die elitäre Kenntnis der Lehre, der Zugang oder das Verweigern von Wissen, verleihen Macht über den Rest der Gläubigen.

Die grundsätzlichen Fragen ob jemand glauben möchte, und woran, muss jeder Gläubige selbst beantworten. Niemand kann ihm dabei helfen, es gibt keine Beweise und keine Quellen, die beweisen würden, was Gott von uns will. Alles Schriftliche oder Überlieferte ist Menschenwerk, niedergeschrieben Millionen Jahre nach Gottes Wirken beim Erschaffen der Welt. Damit beschäftigen wir uns deshalb auch erst auf einer unteren Stufe. Nun, auf Stufe C, geht es um die fundamentalen Glaubensvorstellungen:

1. Geschichte: Was hat Gott bisher getan? Hat Er die Welt geschaffen? Wie lange existiert Er schon, für immer? Ist Er allmächtig?

2. Aktuelles: Warum können wir Gott nicht sehen, obwohl Er existiert? Welche Relevanz hat Gott für unser Leben? Welche Anforderungen hat Gott an uns? Ein gutes Leben führen, Opfer bringen, beten usf.? Urteilt Er über uns

und straft oder belohnt Er uns? Wacht Er über uns? Hilft Er uns?

3. Zukünftiges: Was passiert nach unserem Tode? Gibt es einen jenseitigen Ort? Kehren wir wieder? Oder ist alles aus?

Beispielsweise können wir auf Ebene C der Glaubenspyramide feststellen, dass der Gott, an den wir glauben, an unserem Leben teilnimmt, über uns wacht und daran interessiert ist, dass wir ein moralisch mängelfreies Leben führen. So formen wir unser Gottesbild und es ist wichtig, dass wir akzeptieren, dass dies nur unser persönliches Gottesbild sein kann. Wer etwa Gott als rächenden Kriegsgott versteht, der von seinen Gläubigen fordert, in den Glaubenskrieg zu ziehen, hat letztlich genauso recht oder unrecht wie jeder andere Gläubige, der sich ein anderes Gottesbild geformt hat. Dass die Vorstellung des Kriegsgottes für andere Menschen höchst störend ist, steht auf einem anderen Blatt.

Das erste Gebot der jüdisch/christlichen Religionen lautet, dass wir keinen anderen Gott neben *Ihm* verehren sollen. Wie verträgt sich das damit, dass letztlich jeder Mensch sein eigenes Gottesbild zeichnet? Ist das nicht ein Widerspruch zur Idee, dass es nur einen einzigen Gott geben sollte und nicht jeder seinen Privatgott konstruiert?

Es ist dasselbe praktische Problem wie mit jeder Beziehung zwischen Lebewesen. Wenn Sie einen Hund besitzen, dann wird er für Sie vielleicht ein liebgewonnener Lebenspartner sein. Sie sehen in ihm möglicherweise nur einen Schmusetiger und einen stets willigen Empfänger von Leckereien. Der Briefträger aber sieht im selben Hund einen »Kampfhund« und empfindet ihn nur als Bedrohung und sonst nichts.

Genauso wenig wie es ein einheitliches Bild von Menschen gibt, kann es auch kein einheitliches Bild von Gott geben. Denken wir an einen zufriedenen, kontemplativen und gläubigen Menschen. Dieser hat einen entspannten und meditativen Zugang zu Gott und sieht in der Lehre vor allem diesseitigen Frieden, Entspannung. Für das Ende des Lebens glaubt er an einen väterlichen Gott, der ihn mit offenen Armen empfängt und im Paradies willkommen heißt.

Wenn wir aber an Hungernde in der Dritten Welt denken, dann sind diese Menschen mit einem Gott konfrontiert, den sie beständig um Nahrung anflehen müssen, weil Gott der Einzige ist, der ihnen zuhört.

Andere erleben ihren Gott als Rächer für die Erniedrigungen, die ihnen von einer Supermacht zugefügt wurden. Die Schmach, schwach und hilflos zu sein, formt einen Gott, der sich für die Gedemütigten einsetzt und zum heiligen Krieg aufruft.

Jeder Mensch konstruiert sich seine eigene Realität aus dem, was ihm zur Verfügung steht. Derselbe liebende Gott kann in den Augen Ihres Nachbarn ein rächender, grausamer Gott sein. Den einen, richtigen Glauben an *den Gott*, kann es nicht geben. Gott ist letztlich nur das, was wir aus ihm machen. Auch wenn alle Menschen an denselben Gott glauben würden, gäbe es trotzdem acht Milliarden unterschiedliche Gottesbilder und niemand hätte recht.

Kurios: Reliquien als Gebetsverstärker

Wer an einen Gott glaubt, möchte eine Verbindung zu ihm. Doch wer zu Gott sprechen will, muss sich irgendwann mit der Tatsache abfinden, dass dieser einfach nie antwortet, zumindest nicht vernehmbar. Manche versuchen, Gottes Antworten in Hinweisen und Zeichen zu sehen. Doch alle Versuche, das Leuchten der Sonne, das Blühen der Blumen, den unverhofften Geldsegen oder eine plötzliche Heilung als Gottes Art, mit uns zu sprechen, zu deuten, erscheinen willkürlich. Die Statistik weist derlei Vorkommnisse immer als absolut normal auf die Plätze und verortet sie im Rahmen der üblichen Wahrscheinlichkeit.

Was können wir also tun, um die Chancen zu erhöhen, dass Er mit uns spricht und unsere Wünsche erfüllt? Ein naheliegender Gedanke ist, dass wir die Distanz zu Ihm verkürzen. Ein Brief nach Peking braucht ja auch länger und sein Eintreffen ist unwahrscheinlicher, als das eines Schreibens ans örtliche Finanzamt. Und wer näher steht, muss nicht so laut rufen.

Derlei Distanzverkürzungen finden wir an den Wallfahrtsorten. Dort wird eine ungewöhnliche Nähe zu Gott empfunden und ein besserer Kontakt zu *Ihm* erhofft. Oft sind dies Plätze, an denen die Götter oder Heiligen einer Religion geboren wurden, gewirkt haben, verstorben und begraben sind. Juden pilgern nach Jerusalem, Christen auch nach Bethlehem oder Rom und Muslime nach Mekka. Hindus zieht es nach Allahabad, wo alle zwölf Jahre das Große Fest des Nektarkrugs stattfindet, an dem an die hundert Millionen Gläubige versuchen im Ganges ihre Sünden fortzuwaschen. Buddhisten streben nach Lumbini, dem Geburtsort Buddhas oder nach Bodhgaya, wo jener Feigenbaum steht, unter dem Siddharta Gautama zum Buddha wurde. Andere Orte haben den Vorzug, dass dort Wunder passierten, Erscheinungen beobachtet wurden oder mystische Begebenheiten stattfanden. Seit Tausenden von Jahren versprechen sich Gläubige an solchen Plätzen eine höhere Chance auf Erhörung ihrer Gebete.

Einer der wichtigsten Wallfahrtsorte des Hochmittelalters war die deutsche Stadt Aachen, die Pilger seit dem achten Jahrhundert n.Chr. anzog.[39] Als besonderer Magnet für die Heilsuchenden galten vier Reliquien, die unmittelbare göttliche Wirkung versprachen. Zum einen handelte es sich dabei um das Gewand der Heiligen Maria, weiters das Tuch, in dem der abgeschlagene Kopf von Johannes des Täufers transportiert wurde. Dazu kommen der Lendenschurz von Jesu, getragen anlässlich seiner Kreuzigung, sowie die Windeln des Herrn aus den Tagen seiner Kindheit. Diese vier Reliquien wurden alle sieben Jahre für die Zeit einer »Großen Heiligtumsfahrt«, auch »Große Betefahrt« genannt, den staunenden Menschen demonstriert. Zigtausende kamen während dieser Tage nach Aachen, bevölkerten die Wirtshäuser und kampierten auf den Plätzen und umliegenden Feldern. (Der Zauber hält übrigens bis heute an. Im Jahr 2014 strömten über hunderttausend Menschen nach Aachen, um diese, erstaunlicherweise noch immer unversehrten, textilen Schaustücke zu bestaunen.)

Die spirituelle Kraft der Reliquie ging allein durch Berührung auf den frommen Pilger über und spendete Stärke, Heilung und Segen. Die *Translation*, der Übergang der in der Reliquie gespeicherte Energie des Heiligen auf den Gläubigen, war der Magnet, der alle zu den Schreinen drängen ließ. Wer seine Hände in die göttlichen Windeln gewischt hatte, dem waren ewiges Heil und irdischer Erfolg praktisch sicher. Die Reliquien wirkten wie Vergrößerungsgläser, die die glorreichen Strahlen göttlichen Wirkens bündelten und auf die Pilger leuchten ließen. Als Draufgabe verlieh die Kirche einen vollkommenen Ablass aller Sünden und das »Ausblasen der Freiheit«, womit gemeint war, dass während dieser Tage die Gerichtsbarkeit in Aachen ruhte.

Doch schon bald kamen die Kirchenfürsten auf eine viel bessere Idee: Warum die Gläubigen gratis den Segen der heiligen Überbleibsel konsumieren lassen? Es wäre ja viel besser, irgendein Souvenir zu verkaufen, und damit die ohnedies notorisch leeren Kassen zu füllen.

So entstanden die *Pilgerzeichen*, zumeist kleine Plaketten, die die Wanderer am Wallfahrtsort erwarben, an der Kleidung trugen und durch eine Berührung mit einer Reliquie quasi mit göttlicher Energie aufluden. Zu Hause konnte die heilige Kraft, die nun auch im Pilgerzeichen gespeichert war, abgerufen werden. Diese Abzeichen wurden auf Wunden gelegt, im Feld vergraben, mit Wasser abgekocht, im Stall aufgehängt. Wo die frommen Menschen es eben für nötig hielten, damit die Strahlkraft der Reliquie Gutes bewirken sollte.

Selbstverständlich legte die Kirche Wert darauf, das Monopol für die Herstellung der Pilgerzeichen zu behalten. Etliche Wallfahrtsorte kamen dank dieser Plaketten im Laufe des späteren Mittelalters zu erklecklichem Reichtum. So auch Aachen, dessen Pilger alle sieben Jahre Abzeichen zuhauf kauften und auf die vier textilen Reliquien pressten. Sie ersparten sich damit, die ganze Familie zur Wallfahrt zu schicken, es reichte, wenn einer hinfuhr und die Kraft der alten Stofffetzen für die übrigen mit nach Hause nahm.

Leider musste der Klerus schon bald erkennen, dass die ständigen Berührungen den damals bereits jahrhundertealten Tüchern nicht guttaten. Das Leinen wurde immer fadenscheiniger und zusätzlich zum natürlichen Verfall waren bald die Spuren der abertausenden Kontakte im Zuge der großen Heiligtumsfahrten zu bemerken. Es wurde nötig, sich etwas anderes überlegen.

Den Gläubigen wurde daher die direkte Berührung entzogen und etwa zu Beginn des vierzehnten Jahrhunderts ging die Geistlichkeit dazu über, die Reliquien nur von Ferne von der Turmgalerie vorzuzeigen. So wurde der Erhalt der fragilen Artefakte sichergestellt.

Das Geschäft musste dennoch weitergehen. Aber wie konnte die heilige Kraft der Reliquien vom Turm aus auf die Gläubigen transportiert werden? Eine neue Art Energiespeicher musste erfunden werden, der nicht nur speichern, sondern auch die Segnung über weite Distanzen aufzufangen vermochte.

Die Lösung war ein Pilgerzeichen mit einem eingebauten konvexen Spiegel. Mittels diesem konnte die Kraft der Reliquien eingefangen werden. Das war eine innovative Weiterentwicklung des einfachen Abzeichens zu einem Gerät, das die Fernübertragung der begehrten heiligen Energie erlaubte. Damit war es Pilgern allein durch Hochrecken des mit dem Spiegel versehenen Pilgerzeichens möglich, die Magie einzufangen, abzuspeichern und heimzutransportieren. Eine Art mittelalterlicher, mystischer Datenspeicher, wie eine heutige DVD, ebenso rund und reflektierend.

Dieser Umstieg von persönlicher Berührung der Devotionalien hin zu Distanzvorführungen erhöhte den Durchsatz der Gläubigen enorm. Waren es zuvor noch endlos lange Schlangen gewesen, die vor den Schreinen anstanden, so konnten nunmehr Zehntausende gleichzeitig mit dem Segen beglückt werden und dank der findigen Spiegel auf einen Streich mit göttlicher Strahlung versorgt werden. Diese Erhöhung des Durchsatzes ließ die Nachfrage nach Pilgerzeichen sprunghaft steigen und die örtlichen Manufakturen kamen mit der Fertigung nicht mehr nach. Daher musste der Klerus von Aachen weiterdenken und entschloss sich, zeitlich befristet, auch anderen Handwerkern die Produktion und den Verkauf der Abzeichen zu erlauben.

Besonders bemerkenswert ist dabei, dass daraus eine bahnbrechende Erfindung hervorging: die Massenfertigung von Devotionalien. Einer der privilegierten Unternehmer, denen das Recht zur Herstellung und dem Vertrieb der Pilgerzeichen gestattet wurde, war ein junger Erfinder, Techniker und Produzent, der sofort das ungeheure Potenzial dieses Artikels erkannte: Abertausende Kunden waren gleichzeitig an einem Fleck und alle wollten ein völlig identisches Produkt kaufen. Es ging nur mehr darum, wer der Billigste war und wer am schnellsten am meisten produzieren konnte. Eine Aufgabenstellung für eine Fließbandfabrikation – die es im Mittelalter noch nicht gab. Absolut neuzeitlich wurde eine Finanzierungsgesellschaft namens »Aventur und Kunst« gegründet. Wie bei heutigen Start-ups gingen die Gründer zuerst auf die Suche nach Sponsoren, die das Vorhaben finanziell ermöglichen sollten. Sobald die Finanzierung gesichert war, wurde äußerst innovativ ein von Automatisation und Arbeitsteilung geprägtes Herstellungsverfahren entwickelt und aufgebaut. Aufeinander abgestimmte Arbeitsschritte wurden definiert, Gießformen in Auftrag gegeben, Pressen gebaut, Personal angestellt und für die Massenfertigung eingeschult. So vermochte der junge Produktionsbetrieb Abzeichen rasch und in großer Menge herzustellen. Unter drastischer Senkung von Kosten und Produktionszeit, gelang es rechtzeitig, zu den nächsten Großen Heiligtumsfahrten eine erhebliche Anzahl an Pilgerzeichen zu fertigen. Das wurde 1440 zum großen Erfolg dieses Unternehmens. Die ersten seriell hergestellten Devotionalien konnten in riesiger Stückzahl an die Gläubigen verkauft werden, die daraufhin zur Turmgalerie stürmten, um die Strahlkraft von Windeln und Schürzen einzufangen und mit nach Hause zu nehmen.

Der junge Erfinder hieß Henne Gensfleisch, uns eher bekannt als Johannes Gutenberg. Es war der spätere Erfinder des Buchdrucks, der mit Pilgertand seine ersten Erfahrungen als Unternehmer und Massenproduzent sammelte.

Reliquien zogen seit jeher die Massen an und viele Städte versuchten, durch den Erwerb von heiligen Überresten einen Wallfahrtstatus zu erlangen und die Pilger anzulocken. Dass dieses gierige Streben Gauner und Betrüger auf den Plan rief, war vorhersehbar und selbstverständlich. In einer Zeit, in der noch niemand von ernsthafter Forschung oder Wahrheitsbeweisen sprach, war es ein Kinderspiel, einem gutgläubigen Mitmenschen einzureden, ein Gegenstand sei von Christus oder zumindest von einem großen Heiligen. Wenn sich später – beispielsweise mit der Radiokarbon-Altersbestimmung – herausstellte, dass die zuvor erwähnte Aachener Windel Jesu erst zwischen dem fünften und siebten Jahrhundert entstanden war, half das dem damaligen naiven Erwerber nichts mehr. Auch wenn es, wie bei der genannten Windel, Kaiser Karl der Große persönlich war. Warum diese gefälschten Reliquien aber noch heute gezeigt und verehrt werden, wäre allerdings auch einiger Überlegung wert.

Tatsächlich gab es in der Geschichte kein Maß für Frechheit oder Dummheit, das beim Handel mit Reliquien nicht überboten worden wäre. Allein die in italienischen Gotteshäusern aufbewahrten Splitter vom Kreuze Christi reichen für einen mittelgroßen Wald aus, wie Umberto Eco so bildhaft ausführt. Dreizehn Arme des Hl. Stephanus liegen in unseren Kirchen herum, ebenso wie zahlreiche andere Vervielfältigungen von einer blühenden Reliquienproduktion im Mittelalter zeugen. Es gab zu jener Zeit vermutlich mehr Fälscherwerkstätten für Reliquien als Münzfälscher.

Manche der Kunden dieser Fälscher waren richtiggehend besessen von der vermeintlichen Kraft der angeblichen Überreste der Heiligen. Kardinal Albrecht von Brandenburg (1490–1545) wird beispielsweise nachgesagt, er habe im Laufe seinen Lebens Geld für 30.000 Reliquien und andere Objekte ausgegeben. Dieser Sammeleifer war auch der Meinung geschuldet, man könne die Berührung mit Reliquien direkt in Ablassjahre umrechnen: Albrecht von Brandenburg rechnete mit 39.245.120 Ablassjahren.

Jeglicher Versuch, dem Unsinn ein Ende zu bereiten, scheiterte. Bereits das Vierte Laterankonzil 1215 beschäftigte sich mit dem Missbrauch des Reliquienhandels. Genützt hat es freilich wenig, bis heute werden eifrig Leichenteile gehandelt und verschoben.

Die Fälschung war bald nicht mehr genug, der Konkurrenzkampf forderte früh auch Einfallsreichtum. Wie heute musste ein Produzent einen USP bieten, um noch ins Geschäft zu kommen. Dieser Zwang, Originelles zu produzieren, brachte Skurrilitäten hervor, die wir uns heute kaum mehr vorstellen können.

Das *Sanctum Praeputium*, die Heilige Vorhaut des gerade beschnittenen Jesu befand sich angeblich bis 1983 in der Kirche des italienischen Ortes Carcata. Eine Legende besagt, sie wurde von Jesus persönlich der Heiligen Katharina von Siena (1347–1380) auf bemerkenswerte Weise überlassen: Er streifte sie ihr im Traum als Vermählungsring über den Finger und Katharina trug die Vorhaut bis zu ihrem Tod am Ringfinger. Dieser wurde nach ihrem Tod abgetrennt und wird als gesonderte Reliquie in Siena bis heute verehrt. Die Vorhaut selbst verschwand vor 34 Jahren auf geheimnisvolle Weise.

Wenngleich die Existenz der Vorhaut Jesu zumindest theoretisch denkbar ist, brachte der Konkurrenzdruck der Fälscherwerkstätten noch viel absurdere Produkte hervor. Die Schwanzfeder des als Taube verehrten Heiligen Geistes ist in einem Altar verewigt, das Brot des letzten Abendmahls kann bis heute unverdorben bestaunt werden. Der Kot der Palmeselin, die Jesu nach Jerusalem brachte, die Muttermilch Marias beim Stillen Jesu, die Tränen Christi, aber auch dessen Mutter, sind aufbewahrt, ebenso wie die Nabelschnur Jesu, unzählige seiner Sandalen und abertausende Dornen aus seiner Dornenkrone.

Mein persönlicher Favorit ist der Kopf des enthaupteten Johannes des Täufers. Auch dieser ist mehrmals anzutreffen. Doch den Vogel abgeschossen hat jene Kirche, die Johannes' Kopf aus Kindertagen aufbewahrt. Ein Kinderschädel, der dem Täufer in jungen Jahren zugeschrieben wird.[40]

Wenn Sie glauben, dass derlei Unfug auf das Mittelalter beschränkt war, muss ich Sie leider eines Besseren belehren. Auch heute feiert der Reliquienhandel fröhliche Urständ. Eine Ampulle, angeblich befüllt mit dem Blut von Papst Johannes Paul II., zieht auch heute die Massen an. Sogar Joseph Ratzinger, der spätere Papst Benedikt XVI., wurde beim Küssen der Ampulle fotografiert.

Johannes Paul II. wiederum trug stets ein Kreuz aus Knochensplittern von Papst Johannes XXIII. bei sich. Das ist jener Papst, der unversehrt als Ganzkörperreliquie im Petersdom bestaunt werden kann. Dieser Leichnam liegt in einem absurd teuren Glassarg, der tonnenschwer und kugelsicher ist und permanent gekühlt und mit Stickstoff belüftet wird, damit die Reliquie nicht verwest. Auch das 21. Jahrhundert ist nicht gefeit vor dem Glauben an die magische Strahlkraft der Überreste der Heiligen.

Es ist jedem Menschen überlassen, woran er glauben will. Im Großen glauben wir an die Allmacht Gottes und das ewige Leben. Im Kleinen glauben wir daran, dass uns ein Stofffitzelchen vor Krankheiten zu heilen vermag. All das sind Facetten des Wirken Gottes, an die wir glauben können, wenn wir möchten.

Je detaillierter unsere Vorstellungen werden, desto größer wird das Risiko, dass wir uns irren. Die große Aussage »Es gibt einen Gott« ist völlig unproblematisch. Der Glaube an die magische Wirksamkeit einer einzelnen Dorne, die angeblich von der Dornenkrone stammt, die dem fleischgewordenen Sohn Gottes von Menschen aufgesetzt wurde, als ihm vor zweitausend Jahre der Prozess gemacht wurde, auf Grund dessen er hingerichtet wurde, was geschah, um uns zu erlösen, ist schon viel weiter ums Eck gedacht.

Wenn die Pferde Götter hätten ...

Zurück zu unserem System, der Glaubenspyramide. Auf Stufe C können wir nur ein grob verkürztes Welt- und Gottesbild definieren. Wir müssen einzelne Details ignorieren, die später aus Schriften abgeleitet werden. Hier können wir beispielsweise eine Basis finden, wo sich Christen, Juden, Kreationisten, Evangelikale und Moslems wiederfinden, weil die Unterschiede in ihren Glaubenssystemen erst viel später von Menschen entwickelt wurden. Alle glauben an den einen Gott, alle glauben daran, dass *Er* die Welt erschuf, alle glauben, dass *Er* über uns wacht und am Ende unseres Lebens über unser jenseitiges Weiterleben entscheidet. Das sind die wichtigsten Punkte der *Lehre*, mehr können wir vom reinen Glauben nicht erwarten.

Um dies an einem Beispiel nochmals zu beschreiben, könnte ein exemplarisches Glaubensbild eines Mitteleuropäers an dieser Stelle so aussehen:

1., Stufe A: *Ich glaube!* Die Grundsatzfrage wurde positiv beantwortet und der Gläubige kann weiter auf Stufe B gehen.

2., Stufe B: *Ich glaube an einen imposanten und relevanten Gott!* Dabei hat der typische Mitteleuropäer den Gott der Juden, Christen und Moslems vor Augen. Ein wahrhaft starker und mächtiger Gott, der Einfluss auf unser Leben nimmt.

3., Stufe C: *Prinzipiell glaube ich, dass Er die Welt erschaffen hat. Er sieht uns und beurteilt uns ständig und hat ein großes Interesse, dass wir ein gutes Leben führen. Am Ende meines Lebens wird Er über mein Verhalten richten und mir vielleicht einen Platz im Paradies anbieten.*

Hingegen könnte jemand, der einer hinduistischen Richtung anhängt – immerhin knapp 100.000 Gläubige in Deutschland – folgendes Glaubensbild formen:

1., Stufe A: *Ich glaube!*

2., Stufe B: *Ich glaube an verschiedene imposante und relevante Gottheiten, die ich neben anderen Brahma und Vishnu nenne!*

3., Stufe C: *Prinzipiell glaube ich an den Kreislauf der Wiedergeburt. Meine Götter sind absolut und unsterblich. Brahma hat keine Ursache und aus ihm entstand alles übrige. Andere Götter sind vorstellbar, jedoch letztlich wieder Ausformungen des einen.*

Das war es. Mehr können wir auf Stufe C nicht sagen. Hier endet der Glaube. Wenn Sie das Bedürfnis nach mehr Details haben: Tut mir leid, diese finden Sie auf dieser Ebene nicht. Dazu müssen wir zur nächsten weitergehen. Bis zu dieser Stelle sind nur die grundsätzlichen Fragen relevant, welche Vorstellung wir vom Wirken Gottes, der Schöpfung und dem Leben nach dem Tode haben.

Wir haben andererseits auf den bisherigen drei Stufen aber auch die Freiheit zu wählen. Dort, wo nur der Glaube zählt, gibt es keine Wahrheit. Wo es kein Richtig und kein Falsch gibt, bleibt uns die Wahl, ein Gottesbild zu formen, das nach unserem Gefühl passt, das für uns stimmig ist. Wer sich in einer angestammten Religion unwohl fühlt, hat die Möglichkeit, seinen Glauben zu verändern. Niemand könnte ihm dabei widersprechen, denn auf den ersten drei Stufen hat niemand recht.

Wir müssen uns auch der Gefahr bewusst sein, dass wir uns irren könnten. Das ist das Wesen des Glaubens. Vielleicht ist unser Gott völlig anders, als wir glauben. Wir akzeptieren, dass wir nur eine rudimentäre Vorstellung von unserem Gott haben, *Er* selbst bleibt für uns unbegreiflich. Gott ist für uns imposant und relevant, das haben wir festgestellt, aber alle weiteren Details bleiben im Dunkeln. Und das birgt die Gefahr, dass wir uns irren.

Ein einfaches Beispiel: Wir können uns einen fiktiven Gegenstand ausdenken, einen ›Qualbal‹ vielleicht. Wir wissen nicht, was ein Qualbal genau ist, aber wir glauben mit religiöser Inbrunst an ihn. Zusätzlich glauben wir, dass der Qualbal rund und rot ist. Da wir sonst nichts über ihn wissen, könnten wir sagen, »der Qualbal ist *xxx*, rund und rot.« Das *xxx* steht dabei für das, was wir nicht über den Qualbal wissen. *xxx* könnte beispielsweise für »aus Plastik« stehen, dann wäre ein Qualbal aus Plastik, rund und rot.

Nun müssen wir aber auch damit mit leben, dass *xxx* genauso gut »frei erfunden« bedeuten könnte. Dann wäre die

Aussage, »der Qualbal ist ›frei erfunden‹, rund und rot« und wir müssten erkennen, dass wir uns in diesem Fall grundsätzlich über unseren Qualbal geirrt hätten. Er existiert nämlich gar nicht.

Ich möchte Sie jetzt nicht verwirren, glauben Sie an Ihren Gott. Aber behalten Sie immer im Hinterkopf, es ist nur Glaube, vielleicht ist Ihr Gott ganz anders. Sie wissen nichts über das »*xxx*« Ihres Gottes, Sie glauben nur an jene Attribute, die für Ihren Glauben essentiell sind.

Je länger die Liste an Eigenschaften unseres Qualbal wird, desto größer wird die Wahrscheinlichkeit, dass wir uns irgendwann irren. Die Menschen neigen dazu, über das Ziel hinauszuschießen und Gott eine Unmenge an Attributen zu verleihen. Gott ist nicht vorstellbar, er ist überirdisch. Aber wir tun uns leichter, wenn wir Ihm menschliche Schwächen und Stärken zuschreiben.

Gott ist gleichzeitig schön (Psalm 104,1) und schrecklich (2 Mose 15,11). Er ist zornig (Römer 1,18) und eifersüchtig (5 Mose 4,24), aber zur selben Zeit freundlich (Psalm 106,1), geduldig (4 Mose 14,18) und gütig (Psalm 36,6). Der Herr ist unveränderlich (1 Timotheus 1,17), aber auch lebendig (Psalm 42,3), verborgen (Jesaja 45,15–19) und wahrhaftig (5 Mose 32, 4). Er ist natürlich gerecht (5 Mose 32,4), aber trotzdem vergebend (Mica 7,18), auch gnädig (Jeremia 3,12) und liebevoll (Johannes 3,16).

Daneben ist Er noch allgegenwärtig (Matthäus 28,20), allmächtig (Psalm 135,6), allschaffend (Römer 11,36), allwissend (Hebräer 4,13), ewig (Psalm 90,2), erhaben (Psalm 99,2), groß (Psalm 95,3), barmherzig (Psalm 103,8–13), gut (Psalm 25,8), heilig (1 Samuel 2,2), herrlich (2 Mose 15,11), treu (5 Mose 7,9), stark (Jeremia 32,18), weise (Jesaja 11,2), kurz gesagt: unbegreiflich (Hiob 36,26).

Gott ist gleichzeitig eifersüchtig und vergebend, zornig und gütig, schön und schrecklich. Passen wir nur auf, dass wir unseren Gott nicht zu sehr vermenschlichen. Wenn Er imposant sein soll, dann müssen wir bei menschlichen Eigenschaften, wie Zorn, Eifersucht, Liebe, Gnade, Freundlichkeit und Ähnlichem, zurückhaltend sein. Das sind menschliche Eigenschaften, die beim Schöpfer allen Seins eigentlich nicht vorstellbar sind. Für den Philosophen *Ludwig Feuerbach* (1804–1872) war Gott letztlich nur eine Vision eines Menschen, allerdings ins Unendliche gesteigert. Nicht göttliche Eigenschaften beschreiben Ihn, sondern menschliche: »Die Persönlichkeit Gottes ist nichts anderes als die entäußerte, vergegenständlichte Persönlichkeit des Menschen.«[41] Auch der griechische Philosoph *Xenophanes von Kolophon* (ca. 570–470 v.Chr.) kam zu diesem Schluss. Nicht Gott erschuf die Menschen, sondern die Menschen erschufen die Götter nach ihrem Ebenbild: »Wenn die Pferde Götter hätten, sähe die wie Pferde aus.«

Wir müssen aufpassen, dass unser Gott auch göttlich bleibt. Je mehr wir in Ihn hineininterpretieren, desto menschlicher und desto individueller wird Er. Und mit jedem zusätzlichen Attribut ist er ein Stück weniger Gott und mehr Mensch geworden.

Zusammenfassung Stufe C: Wir kennen jetzt die Eckpunkte unseres Glaubens. Wer erschuf die Welt, woher kommen wir? Wir haben auch erkannt, was Gott von uns erwartet und womit wir nach dem Ende unseres Lebens rechnen dürfen. In wenigen Sätzen können wir nun beschreiben, wie wir uns das Leben, seinen Sinn und unsere Position in der Welt vorstellen. Wir wissen aber ebenso, dass dies reiner Glaube ist und jegliche Diskussion darüber zwecklos und verfehlt wäre.

Glaubenspyramide Stufe D – das Wort Gottes, oder: Wo steht es geschrieben?

Am 21. April 2016 starb der Ausnahmemusiker *Prince Rogers Nelson* im Alter von 58 Jahren. Er komponierte, arrangierte und produzierte zahllose Hits, zu denen er oft selbst alle Instrumente im Studio spielte. Er beherrschte Gitarre, Bass, Klavier, Schlagzeug und etliche andere Instrumente. *Prince* gewann sieben Grammys, einen Oscar, einen Golden Globe und weitere Preise.

Seit 2005 litt *Prince* unter unsäglichen Hüftschmerzen. Seine Ärzte rieten dringend zu einer Hüfttransplantation. Doch *Prince* lehnte ab: Die dafür nötige Bluttransfusion hätte seiner Religion widersprochen. Er war *Zeuge Jehovas* und konsumierte bis zu seinem Tod unvorstellbare Mengen an Schmerzmittel, verweigerte jedoch jegliche Bluttransfusion. Letztlich verstarb das musikalische Genie an einer Überdosis Fentanyl, einem schmerzlindernden Opioid, das eigentlich nur in der Palliativpflege zur Anwendung kommt. Tragischerweise kam er kurz vor seinem Tod zur Vernunft: Für den Tag nach seinem Tod plante er den Beginn einer Entzugstherapie der Schmerzmittel.[42]

Die Zeugen Jehovas begründen das Verbot von Bluttransfusionen mit Bibelzitaten, wie beispielsweise aus der Apostelgeschichte: »... Götzenopferfleisch, Blut, Ersticktes und Unzucht zu meiden. Wenn ihr euch davor hütet, handelt ihr richtig.« (Apg. 15,29), oder »Deshalb habe ich zu den Israeliten gesagt: Niemand unter euch darf Blut genießen ...« (3. Mos. 17,12). Doch reicht dies aus, um Menschen leiden zu lassen? Kann jemand durch Interpretation alter Schriften den Tod von Menschen rechtfertigen? Die Mitglieder dieser Kirche glauben das, andere Menschen glauben das nicht. Es ist Gottes Wort, so argumentieren die Dogmatiker der Zeugen Jehovas. Doch wer hat diese Bibelzitate so interpretiert? Das ist unbekannt. Der Religionsstifter *Charles Taze Russell*[43] kann es nicht gewesen sein, denn dieser verstarb bereits 1916. Die Anordnung, auch den eigenen Kindern Bluttransfusionen zu verweigern, tauchte das erste Mal erst 1945 auf, knapp 30 Jahre nach seinem Tod.[44] Was, wenn Gottes Wort falsch ausgelegt würde? Was, wenn es gar nicht Gottes Wort wäre?

Quelle der Wahrheit

Die dritte Ebene war Ihnen zu wenig konkret? Ihnen fehlt, was Gott genau von uns will? Es tut mir leid, das werden Sie auch nicht in diesem Abschnitt erfahren. Warum? Weil wir hier, auf der vierten Stufe D unserer Pyramide, den reinen Glauben verlassen und diese Tür ein für alle Mal geschlossen haben. Alles, was zuvor kam, müssen wir annehmen, können wir nur vermuten und daran glauben. Alles, was jetzt kommt, ist Menschenwerk. Ab nun beschäftigen wir uns nur mehr mit Schriften, wissenschaftlicher Belegbarkeit, Plausibilität. Egal, an welchen Gott wir glauben, mehr greifbare Informationen haben wir von Ihm nicht bekommen. Alles, was tiefer geht, detaillierter wird, entstammt Menschenhand.

Wir ziehen eine gewaltige Trennlinie zwischen *Glauben* und *Wissen*. Es ist eine völlig eindeutige und indiskutable Zäsur, die wir zwischen dritter und vierter Ebene der Glaubenspyramide finden. Alles oberhalb ist reiner Glaube, entzieht sich jeder Beweisbarkeit und ist auch für uns unverständlich – göttlich eben.

Ein Argument könnte sein, dass der Glaube selbst vom Menschen kreiert worden sei. Religionen sind Ideen, die auf menschlichem Geist beruhen. Eine solche Argumentation würde aber voraussetzen, dass es Gott nicht gibt und jeder Glaube falsch sei, eine menschliche Erfindung. Lassen

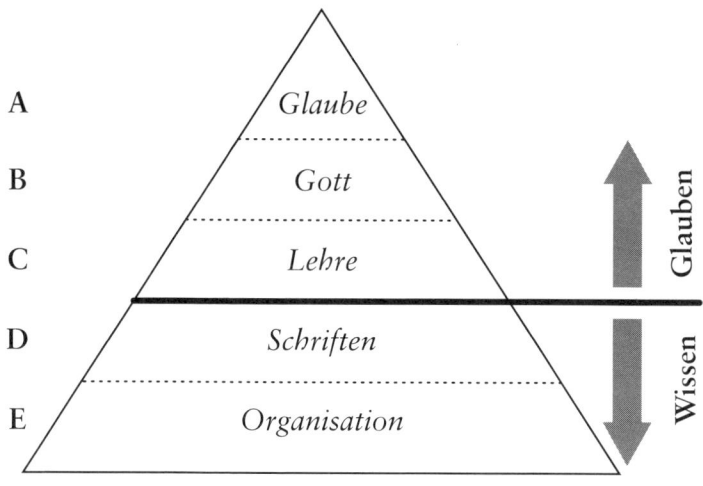

wir aber zu, dass ein religiöser Mensch recht haben kann, so beschreibt sein Glaube etwas, das schon immer da war und nicht von Menschenhand stammt, nämlich Gott. Somit bleibt alles auf den ersten drei Stufen A bis C unhinterfragbar und dem Glauben überlassen.

Alles unterhalb dieser Zäsur ist jedoch faktisch, real und kreiert. Damit können wir die Anforderung stellen, dass alles ab Stufe D belegbar und widerspruchsfrei sein muss. Es ist das Recht und vielleicht sogar die Pflicht eines aufgeklärten Menschen des 21. Jahrhunderts, alles, was nun folgt, zu hinterfragen und nicht blind zu glauben.

Es mag ein Aspekt des Glaubens sein, dass wir die Göttlichkeit einer einzelnen Schrift annehmen. Dieser Glaube wäre dann jedoch noch auf Stufe C zu verorten. Jemand könnte beispielsweise formulieren: Er glaube an die Erschaffung der Erde durch Gott, an sein Interesse an uns, an das Paradies ... und dann noch daran, dass Gott selbst die Bibel geschrieben habe. Die Autorenschaft Gottes wäre dann Bestandteil der Lehre. Aber auch in diesem Fall entziehen sich die Schriften nicht dem analytischen Verstand: Es bleibt angreifbares Menschenwerk, unterschiedliche Fassungen, die zur gleichen Zeit aufgeschrieben wurden, Fehler bei mündlichen Überlieferungen tausende Jahre zuvor, Differenzen in Übersetzungen, Interpretationen, all das existiert trotzdem, auch wenn es Gottes persönliches Wort gewesen wäre. Und diese Fehler können nicht Gott angelastet werden, denn Er ist unfehlbar. Also müssen Menschen diese Fehler eingebaut haben. Und diese Fehler – teilweise tausende Jahre alt – können wir heute wissenschaftlich untersuchen.

Nur weil jemand behauptet, er sei göttlich inspiriert oder gar ein direkter Nachfolger in einer Weihelinie (die von Menschen erfunden wurde) und habe deshalb immer recht, muss diese Behauptung nicht richtig sein. Nur weil jemand sagt, eine Schrift sei gewiss vor zweitausend Jahren von Gott persönlich diktiert worden, muss ein mündiger Mensch dieses nicht unhinterfragt hinnehmen. Wer waren die Menschen, die das damals aufgeschrieben haben? Welche Motive verfolgte der Autor? »Cui bono«, fragt der Kriminalist, wem nützt das Geschriebene? Stecken vielleicht simple menschliche Motive hinter einem Text und war er gar nicht von Gott inspiriert? Ergibt das Geschriebene überhaupt Sinn?

Auf dieser Ebene stoßen wir auf die gröbsten Verletzungen logischen Denkens. Menschliche Aussagen werden zu Gottes Wort umbenannt. Das Alte Testament ist Gottes Wort für Juden, das Neue Testament ist heilig für Christen, das Buch Mormon ist göttlich für die Anhänger *Joseph Smiths*, die Veden für Hindus, der Koran für Muslime und so fort. Jeder dieser Texte wird als unschlagbares Argument für den jeweiligen Glauben herangezogen. Wenn eine Diskussion zu scheitern droht, wird flugs ein Bibelzitat aus dem Ärmel geschüttelt. Es stand immer irgendetwas in einer heiligen Schrift und ist damit göttlich. Welch gewaltiges Argument!

Der Wille einzelner Personen wird mit Aussagen himmlischer Provenienz gerechtfertigt. Widersprüche, Lügen, Unsinn, all das begegnet uns auf Ebene D. Das Papier ist noch nicht erfunden worden, das nicht geduldigst jeden religiösen Sermon ertragen hätte und bereitwilligst jedweden Unfug zu den Gläubigen gebracht hätte. Tauchen wir ein in die Welt religiöser Widersprüche und Kuriositäten.

Nähern wir uns der Problematik über den jüdisch/christlichen Gott und den Schriften rund um Seine Existenz. Wir nennen die niedergeschriebene Geschichte »Heilige Schrift« oder »Gottes Wort«. Seit der Vorschule wird uns vermittelt, dass diese Werke »heilig« seien, dass Propheten oder die Apostel sie verfasst hätten, die wiederum von Gott zumindest inspiriert waren, wenn sie nicht gleich die Texte von Gott persönlich diktiert bekamen.

Doch widerspricht das nicht unserem Schema? Wir befinden uns jetzt unterhalb der großen Schranke, wo Glaube auf Wissen wechselt. Wie kann da ein simpler Text »heilig« sein oder von Gott kommen? Das wäre doch wieder Glaube und oberhalb dieser Trennlinie?

In der Tat hat Glaube bei uns vorliegenden Schriften nichts verloren. Jeder Mensch hat das Recht, an alles Mögliche zu glauben. Aber Papier ist Papier und damit chemisch analysierbar. Texte sind Texte, Worte, zwangsläufig von Menschen aufgeschrieben, sind zu ihrer Authentizität und Enstehungsgeschichte erforschbar, kritisierbar und bestreitbar. Nur weil irgendjemand, der schon sehr, sehr lange tot ist, behauptet hat, dass eine Niederschrift von noch viel älteren Erzählungen Gottes Wort sei, müssen wir das nicht einfach akzeptieren. Glaube bedeutet auch, unterscheiden zu lernen, was wir *glauben* müssen, was wir *hinterfragen* müssen und wo wir jedenfalls einen *Beweis einfordern* müssen.

Wir können keinen Beweis für Gott einfordern, wie wir zuvor gesehen haben. Aber wenn jemand behauptet, ein bestimmter Text, letztlich ein physisch vorliegendes Stück Papyrus mit Tinte, sei göttlich, dürfen wir sehr wohl nachfragen, warum gerade dieser Text göttlich sein soll, andere aber nicht.

Die christlich-jüdische Bibel wurde von völlig unbekannten Autoren verfasst. Bis auf wenige Passagen weiß niemand, wer die Texte der Bibel verfasst hat, das ist eine Tatsache. Und es waren sehr viele Verfasser, die mitgewirkt haben, keineswegs nur die angeführten, prominenten Autoren. Die heutige Bibelwissenschaft geht davon aus, dass die realen Autoren der heute als »Neues Testament« bekannten Sammlung fast vollständig unbekannt sind. Irgendwelche Menschen haben lange nach dem Tod der Apostel zwischen 60 und 120 n.Chr. die Erzählungen rund um Jesus niedergeschrieben.

Abgesehen von den Schriften des Paulus waren die Autoren keineswegs die Apostel, sondern anonym gebliebene Verfasser, die damals kursierende Geschichten zumeist auf Griechisch niederschrieben. Mythen, Legenden, Ausschmückungen, Übertreibungen, Abstrahierungen waren es, die zu Papier gebracht wurden. Nur der visionäre Urheber der »Offenbarung des Johannes«, bediente sich des Aramäischen, bleibt aber ebenfalls – bis auf den Vornamen Johannes – unbekannt. Auch dieser Verfasser lebte im ersten Jahrhundert nach Christus, lange nach dessen Tod, und hat rein gar nichts mit dem Apostel Johannes zu tun.

Diese Ausführungen haben nichts mit Blasphemie zu tun. Wir haben den Bereich des reinen Glaubens mit der Stufe C verlassen und befassen uns jetzt mit menschlichem Schaffen. Und Menschenwerk darf immer hinterfragt, kritisiert oder verbessert werden. Niemand zweifelt an »Gottes Wort«, aber an der Fähigkeit des Menschen, sich richtig zu erinnern, bei der Wahrheit zu bleiben, an der Fehlerlosigkeit zahlloser Übersetzungen dürfen wir sehr wohl zweifeln.

Die verworrene Autorenschaft der christlichen Bibel ist

eine belegte Tatsache, der wir Rechnung tragen müssen. Wie genau diese Texte zustandekamen, ist unbekannt, jedoch keineswegs »heilig« oder »göttlich«. Auch gab es – naturgemäß – viele Texte, die sich mit dem Leben Jesu auseinandersetzten. Die meisten davon wurden im Zuge religiöser Debatten vernichtet und sind für immer verloren. Waren diese Texte weniger »heilig«, weil sie in Vergessenheit gerieten?

Als einer der Ersten trug ein gewisser *Marcion* (85–160 n.Chr.) die ihm bekannten unterschiedlichen Texte zusammen, wählte aus den untereinander stark abweichenden Schriften aus und verschmolz das Resultat zu einem Kanon. Das marcionitische Evangelium ähnelte vermutlich am ehesten dem Lukas-Evangelium, wurde aber rasch wieder geächtet (stürmische Zeiten damals) und *Marcion* als Ketzer gebrandmarkt.

Viele andere Menschen versuchten seitdem, Listen von glaubenskonformen Schriften aufzustellen. Es drängt sich der Eindruck auf, dass in den ersten Jahrhunderten jeder seinen eigenen Kanon aufstellte und nach Gusto einzelne Schriften als ketzerisch verbannte und andere als »Gottes Wort« heiligte.

Bischof *Athanasius der Große* (298–373 n.Chr.) traf schließlich ins Schwarze: Er fasste als Erster jene 27 Bücher des Neuen Testaments zu einem Kanon zusammen, die auch heute noch als »Neues Testament« bekannt sind.[45] Er hatte Glück: Seine Liste überlebte, alle übrigen Aufzählungen »Heiliger Schriften« gingen unter.

Es waren Entscheidungen von Menschen, die im Laufe des zweiten bis vierten Jahrhunderts festlegten, welche Schriften apokryph, häretisch und nicht glaubenskonform seien. Das Hauptkriterium für die Auswahl kanonischer Schriften blieb lange Zeit die apostolische Urheberschaft. Dass dieses Argument historisch falsch war, wissen wir heute: Fast keiner der Texte des Neuen Testamtes stammt von den Aposteln. Ein aktueller Kanon müsste mit diesem Argument auf die Paulusbriefe zusammengekürzt werden. Es sind die einzigen Texte, die von einem Apostel stammen könnten.

Wen es interessiert: Wenngleich die allermeisten Texte im Zuge der Streitereien vernichtet wurden, so führt doch jede gute Buchhandlung Ausgaben der bis heute erhaltenen apokryphen Schriften, jener Werke, die leider aus dem Kanon hinausgeflogen sind. Es sind genauso historische Dokumente, genauso von unbekannten Verfassern lange nach dem Tod *Jesu* verfasste Erzählungen, wie jene des Kanons. Sie sind genauso gut oder schlecht, wie die anderen Texte des Neuen Testaments. Fühlen Sie sich frei: Stellen Sie Ihren eigenen Kanon zusammen! Sie haben genauso viel Recht dazu wie die Sortierer und Rausschmeißer des zweiten Jahrhunderts.

Für das bemühte Argument, die Bischöfe hätten doch durch Gott entschieden, gibt es keinen Beleg außer ebendieser Behauptung. Die Auswahl erfolgte willkürlich aus einer Vielzahl ähnlicher Schriften. Sie sehen die Zirkelargumentation: Wir sollen an die Göttlichkeit der Auswahl von Schriften glauben, weil wir an die Heiligkeit der entscheidenden Bischöfe glauben, die selbst wieder an beides glauben mussten. Das ergibt keinen Sinn.

Die Bibel ist keineswegs das »Wort Gottes«, im wörtlichen Sinne, sondern eine Sammlung an Texten, die von Menschen niedergeschrieben und von anderen Menschen nach ihrem Gutdünken ergänzt, umgeschrieben, zusammengeführt und ausgewählt wurden. Es gab keine göttliche Führung dazu, sonst hätten die Bischöfe nicht über die Jahrhunderte intensiv gestritten, welches Papier in den Kanon aufgenommen werden sollte und welches nicht. Und selbstverständlich war immer jener, der anderer Meinung war, ein Ketzer und Sendbote des Teufels. Nein, nichts Göttliches war bei der Zusammenstellung der »Heiligen Schrift« zugegen. Menschen machen Fehler, warum soll dies bei der Zusammenstellung biblischer Texte anders sein? Nur weil die Schriften von »Gottes Sohn« handeln, müssen sie nicht automatisch von Gott selbst autorisiert sein.

Wieder taucht das Totschlagargument auf: *Das* und *genau das* ist Gottes Wort und wer etwas anderes sagt, ist des Teufels. Wenn dies zwei Menschen von unterschiedlichen Texten behaupten, wer hat dann recht? Wer hat Gott persönlich gefragt, welcher Text göttlich ist und welcher nicht? Keiner der beiden natürlich, beide behaupten das nur von jeweils ihrem Text.

Die »Heiligen Schriften« sind Erzählungen dessen, was Gott bisher angeblich getan hat, was seine Forderungen an uns sind und welches Belohnungsmodell uns bei wunschgemäßem Verhalten erwartet. Es geht um detaillierte Beschreibungen unseres Gottesbildes und Details unserer Glaubenslehre, Erzählungen und Episoden über Menschen, Lyrik, kurz um Ausschmückungen, die sich Menschen ausgedacht haben.

Bei den Geschichten rund um eine Religion beginnen sich Glaubensdogmen und Faktisches zu vermischen. Einige unter uns erinnern sich vielleicht noch an den bereits erwähnten Bestseller der 1950er-Jahre von *Werner Keller* mit dem Titel »Und die Bibel hat doch recht«[46], das 2009 zuletzt neu aufgelegt wurde. Keller versuchte in diesem Werk nachzuweisen, dass viele Episoden aus der Bibel tatsächlich so stattgefunden haben. Die Geschichte von der Sintflut beispielsweise könnte zu einer, in den 1920ern gefundenen Schlammschicht, in der Nähe von Ur passen. Eine Annahme, die *Keller* später wieder zurückziehen musste. Doch wir können anerkennen, dass er zumindest versuchte, die überlieferten, viele tausend Jahre alten Geschichten, einem modernen Wissensverständnis anzupassen und die Plausibilität zu hinterfragen. Womit er intellektuell zweifelsohne wesentlich weiter war als hunderte Generationen von Würdenträgern im Vatikan zuvor.

Doch es bleibt schwierig und die Schriften einer Religion werden immer in diesem Spannungsfeld zwischen Glauben und Erforschbarkeit bleiben. Eine Mindestanforderung eines vernünftigen Menschen des dritten Jahrtausends ist zweifelsohne, dass die Lehre in sich konsistent ist, verwendete Schriften Sinn ergeben und nicht etwa blühender Unsinn sind. Wenn wir einfordern, dass unser Glaube mit Respekt behandelt wird, müssen wir uns diesen Respekt verdienen. Wir müssen auch Respekt vor dem Intellekt unserer Umgebung zeigen.

Ein Musterbeispiel für eine Gruppe von Menschen, die jeglichen Respekt ihrer Umwelt verspielt hat, sind die US-amerikanischen Kreationisten. Mit ihrer wörtlichen Auslegung der Bibel stellen sie einen skurrilen Fall von Überstrapazieren des Glaubens an die »Heilige Schrift« dar. Mithilfe der biblischen – vermeintlich göttlichen – Texte versuchen sie, das Alter der Erde anhand der Genealogie des Alten Testaments zu berechnen. Mit dieser Methode kommen Kreationisten auf ein konkretes Datum für die Schöpfung der Welt: 23. Oktober 4004 v.Chr

Fassen wir historisch belegtes Wissen zusammen: Das ist die Epoche, in der die Schrift entstand, Bronze wurde als wertvolle Metalllegierung entdeckt, das Rad setzte sich durch, die Landwirtschaft breitete sich aus und die Haustierhaltung begann. In jener durchaus erfolgreichen Zeit lebten bereits sieben Millionen Menschen und diese Zahl verdoppelte sich im vierten Jahrtausend auf vierzehn Millionen.

Im Jahr 4004 v.Chr hatte sich die Megalithkultur in Frankreich ausgebreitet, die Hinkelsteine gerieten gerade wieder in Vergessenheit, in Amerika endete die Coxcatlán-Phase, in China lebten zahlreiche hochentwickelte Kulturen wie die Laoguantai-, Dadiwan-, Baiyangcun-, Yangshao-, Majiabang-, Hongshan-, Daxi-, Dawenkou-Kultur und viele mehr. Und das sind nur jene, von denen wir wissen und archäologische Funde gesammelt haben.

Wer sich die Mühe macht und ein anderes Bild des Jahres 4004 v.Chr gewinnen will, möge ein wenig in die Welt der Kreationisten eintauchen. Einen kleinen Vorgeschmack bietet die Website *www.creationwiki.org*. Zur Einstimmung finden wir dort beispielsweise ein Video des Dr. *Tas Walker*, einem führenden Wissenschaftler der Kreationisten. Er erklärt uns in diesem Video den »Unsinn der Radiokarbonmethode«. Die Bestimmung des Alters über die Radiokarbonmethode kann nach ihm natürlich nicht stimmen, da für ihn nichts älter als sechstausend Jahre sein kein. Der Repräsentant der *Creation Ministries* argumentiert mit den überzeugenden Worten: »... Gott schuf die Welt in sechs Tagen, das wurde von Gott selbst mit seinen eigenen Händen niedergeschrieben ...« – Na, dann muss es ja stimmen!

Wenn Sie sich amüsieren wollen, tauchen Sie in dieses absurde Universum fantastischer Geschichten ein. Wem das Video von Dr. *Tas* nicht genug ist, der möge in diesem Portal nach den Kreationisten-Museen suchen, die dort aufgelistet sind. Wir bestaunen eine lange Liste von Museen, die auf die kreationistische Lehre hingetrimmt wurden. Es gibt Vergnügungsparks, die *Walt Disney* alle Ehre machen würden. Zum Beispiel das *Creation Museum* in Petersburg in Kentucky: Dort können wir Dinosaurier bewundern, die noch vor 4.500 Jahren auf der Erde anzutreffen waren und auf denen kleine Kinder reiten. Leider ertränkte Gott sie anschließend mit der Sintflut, offenbar hatte doch nicht alles in Noahs Arche Platz. Der Absurdität sind keine Grenzen gesetzt.

All das nur, um »Heilige Schriften« zu rechtfertigen. Sowohl Glaube als auch Wissen sind völlig in den Hintergrund gerückt. Gott ist zur Nebenfigur verkommen. Diese Vereine, Museen, Vergnügungsparks haben nur mehr eines zum Ziel: Die Realität so zu verbiegen, dass ein paar von Menschen geschriebene Texte zur Wahrheit werden.

Besonders skurril wird es, wenn wir uns den Schriften der Religionsgemeinschaft *Scientology* zuwenden. Weltweit zehn Millionen Mitglieder soll diese Gruppe laut eigenen Angaben zählen. Andere Erhebungen gehen eher von unter 100.000 aus. Doch Stars wie John Travolta und Tom Cruise sind prominente Aushängeschilder und sorgen für Popularität.

Scientology ist in den USA anerkannte Religionsgemeinschaft, ebenso in Australien, Italien, Spanien, Portugal, Schweden, Großbritannien und einigen anderen Ländern. In Deutschland ist der Status nach wie vor umstritten. Das Bundesamt in Bonn erließ 2003 zumindest einen steuerlichen Freistellungsbescheid für die *Church of Scientology International*. In Österreich schaffte Scientology bisher nicht einmal den Status der »eingetragenen Bekenntnisgemeinschaft«, der Vorstufe zur Religion.

Der Gründer von Scientology, *Ron Hubbard*, weist einen Lebenslauf auf, der frappierend an jenen *John Smiths*, den Gründer der Mormonen, erinnert. Ständige Geldnöte, keinerlei Ausbildung, aus einfachen Verhältnissen stammend, Anklagen wegen Betrugs und ebenfalls ein etwas lockerer Umgang mit ehelicher Moral – *Hubbard* heiratete seine zweite Frau 18 Monate, bevor er von der ersten geschieden wurde – zeigen ein ähnliches Schema wie bei *Smith*. Lediglich war im 20. Jahrhundert das Teeren, Federn und Lynchen nicht mehr so üblich wie im Jahrhundert zuvor.

Nachdem *Hubbard* fatal als Science-Fiction-Autor gescheitert war, versuchte er es mit Sachbüchern. 1950 brachte er ein spirituelles Lehrbuch mit dem Titel »Dianetics« auf den Markt, in dem er Therapien versprach, die aus jedem Menschen ein Genie zu machen vermögen. (Wir alle kennen leidlich die Plakate mit dem Zunge-zeigenden *Albert Einstein* und dem Titel »Wir nutzen nur 10% unseres Gehirns«, die auf Dianetik-Seminare hinweisen.) Als *Dianetics* überraschend gut vom Markt angenommen wurde, riet ihm sein

Steuerberater, eine Religionsgemeinschaft zu gründen, um die steuerlichen Vorteile von Kirchen auszunützen. Auf die Idee war *Hubbard* noch gar nicht gekommen, er wollte nur einen Bestseller schreiben.

Doch was macht ein verkrachter Romanautor, der plötzlich Kirchenstifter ist? Er braucht eine Rahmengeschichte, sonst ist es ja keine richtige Religion. Aber das war für einen Schriftsteller natürlich kein Problem.[47]

Und so entstand die Geschichte von *Xenu*, dem Herrscher einer *galaktischen Konföderation*, die vor 75 Millionen Jahren 76 Planeten umfasste. Die Menschen lebten damals genau wie wir zu Lebzeiten *Ron Hubbards*. Wie in den 1950ern fuhren sie in Autos, Zügen und Schiffen (trotz der Fähigkeiten, interstellar zu reisen und ein Sternenimperium zu beherrschen). Damen in Schlitzröcken, hohen Absätzen, Wespentaille, Herren in Hahnentritt, schmalen Krawatten und Hut prägten das Bild der Bewohner der *galaktischen Konföderation*.

Als sich gegen den Diktator *Xenu* eine Opposition formte, die diesen absetzen wollte, überlegte sich dieser ein abgefeimtes Komplott: Er lud die Abermillionen an Abtrünnigen zu einer »Einkommenssteuerprüfung«. Aber das war nur ein übler Trick, um die Aufwiegler während der Steuerprüfung mit Alkoholinjektionen zu betäuben. Die Betäubten wurden dann in Raumschiffe verladen, die aussahen wie die damals weit verbreiteten Verkehrsflugzeuge der Klasse *Douglas DC-8*.

Die Verstoßenen wurden mit diesen DC-8 durchs All zum Gefängnisplaneten *Erde* geflogen, dort rund um etliche Vulkane abgelegt und in die Vulkane selbst wurden Wasserstoffbomben geworfen, was zur Vernichtung fast aller Deportierten führte.

Die dieserart »entkörperten« Seelen mussten nun zur Buße im Jenseits qualvoll Kinofilme ankucken, in denen es offenbar um die großen Weltreligionen ging (die es vor

75 Millionen Jahren eigentlich noch gar nicht gab) und wurden so für ihre Untreue bestraft. Als Indiz wird angeführt, dass die Inneneinrichtung heutiger Kinos den damaligen Gehirnwäsche-Kinos der *Xenu*-Gegner nachempfunden ist. Kinos als Relikt der Folterkammern *Xenus*?

Die solcherart geläuterten Seelen, *Thetane* genannt, fuhren dann in die Körper der Überlebenden des Wasserstoffbomben-Pogroms und beeinflussen unser Denken bis heute. Ausgenommen – ja, Sie haben richtig geraten – Sie besuchen genügend Scientology-Seminare, um sie wieder loszuwerden.

Wenn Sie geglaubt haben, der Absurdität seien irgendwelche Grenzen gesetzt, es gäbe ein Maß, das die Menschen nicht mehr zu glauben bereit sind, dann wissen Sie jetzt, dass es ein solches Maß nicht gibt. Bemühen Sie sich, das maximale Maß an Skurrilität zu erfinden – Sie haben keine Chance gegen die Religionsstifter der letzten Jahrhunderte. Keine Geschichte ist verworren genug, dass sich nicht Menschen fänden, die diese glauben und bereit sind, dafür ihr Geld herzugeben. Sie wollen Religionsstifter werden? Stellen Sie sich hinten an und lernen Sie von den wirklich Großen!

Wer entscheidet, was wahr ist?

Religiöse Schriften werden seit jeher als Instrument zum Machterhalt oder zur Ausdehnung der Macht von Führern missbraucht. Es ist auch so leicht: Ich will eine Idee zu meinem Nutzen durchsetzen. Wenn es Gottes Wille ist, dann ist das alles kein Problem. Hier wird ein entscheidender weiterer Schritt von uns verlangt: *Wir sollen nicht nur an Gott glauben, wir sollen auch an die Göttlichkeit einzelner menschlicher Aussagen glauben!* Ein Prinzip, das wir am klarsten am Dogma der eigenen Unfehlbarkeit des Papstes sehen können. Diese Geschichte trug sich so zu:

War zu Beginn des ersten Jahrtausends der Glaube an Gott, seinen Sohn und/oder die Dreifaltigkeit ausreichend, uferte die Anforderung an die Gläubigen im Laufe der Jahrhunderte zunehmend aus. Auch an die Göttlichkeit einzelner Schriften musste geglaubt werden. Es reichte nicht nur, dass Schriften apostolisch waren (wobei wir heute wissen, dass sie das nie waren), plötzlich waren es »heilige« Schriften! Für manche waren diese Texte sogar von Gott diktiert, manchmal auf göttlichen Bergen oder auf göttlichen Schreibmaterialien notiert. Gott war zu wenig, auch an die Göttlichkeit menschlicher Schreibe musste geglaubt werden.

Sobald die Kirchenfürsten aber begriffen hatten, dass die unwiderlegbare Moralkeule der Ketzerei ein mächtiges Instrument ist, holten sie weiter aus: Frei erfundene Glaubensdogmen ohne irgendwelche schriftlichen Quellen, der Fantasie der Bischöfe und Päpste entsprungen, wurden zu göttlichem Willen erklärt und den Gläubigen aufgezwungen. Den Vogel abgeschossen haben unsere kirchenfürstlichen Vorfahren schließlich, als sie ihre eigenen Aussagen als quasi göttliches Wort festlegten und sich damit ein für alle Mal dem Disput entzogen.

Diese amüsante Anekdote dreht sich um den adeligen Comte *Giovanni Maria Mastai-Ferretti*, bekannt als Papst *Pius IX.*, der später sogar seliggesprochen wurde. Dieser *Pius IX.* berief 1868 anlässlich des 1.800-jährigen Jubiläums des Martyriums von Petrus und Paulus seine Bischöfe zum Ersten Vatikanischen Konzil ein.

Doch bevor wir zu diesem geschichtsträchtigen Konzil kommen, ein paar Worte zur historischen Persönlichkeit *Pius' IX.*: Der Aristokrat blickte zu diesem Zeitpunkt bereits auf eine diplomatische Bilderbuchkarriere zurück. Nur vier Jahre nach der Priesterweihe wurde der Spross eines alten und ehrwürdigen Adelsgeschlechts mit der Reorganisation der gesamten Kirche von Chile und Peru betraut. Nach acht

Jahren im Priesteramt war er bereits Bischof. Ein Karrierist erster Güte, dessen Wahl zum Papst ein würdiger Abschluss einer rasanten Laufbahn war.

Doch mit Erlangen des Pontifikats wehte diesem vom Schicksal verwöhnten Kirchenfürsten plötzlich ein rauer Wind entgegen. Sein Mentor, Papst *Pius VII.*, war schon lange tot und seinen Allianzen mangelte es an der erforderlichen Stärke. Das Aufkommen des italienischen Nationalstaates machte dem Vatikan arg zu schaffen und ärgerlich war auch das immer schlimmer werdende Freidenken der Gläubigen.

Um zumindest dieser Plage einen Riegel vorzuschieben, verfasste der stark genervte *Pius IX.* eine Liste von achtzig Irrtümern, die seine Schäfchen tunlichst vermeiden sollten. Dabei versuchte er, einige damals populär gewordene Frechheiten als Frevel zu brandmarken und wirksam zu bekämpfen. Zu den wildesten Beispiele frevlerischer Popularismen zählten: Der irre Gedanke, dass der Mensch frei sei, seine Religion zu wählen[48] – ja, wo kämen wir denn da hin? Seit wann hat Glaube etwas mit freiem Willen zu tun! Oder die abstruse Idee, die Kirche solle keine Gewalt bei der Verbreitung des Glaubens anwenden[49] – ja, geht denn das überhaupt? Der finale, achtzigste Irrtum fasst dann alles zusammen: Die häretische Ansicht, ein Papst könne sich mit dem Fortschritt versöhnen. Diese völlig verderbte Meinung ist natürlich gemeinsam mit den neunundziebzig vorangegangenen Irrtümern absolut strikt abzulehnen.

Sehr zum Ärgernis von *Pius IX.* wurde diese Liste außerhalb seines Palastes keineswegs als sehnsüchtig erwartete Zusammenfassung aller No-Gos angenommen: Zum einen wurde verblüffenderweise innerhalb der vatikanischen Führungsriege heftig über seine vermeintlich so unzweifelhafte Liste diskutiert, zum anderen nahm im Volk kaum jemand Notiz von dieser Aufzählung. Pius' Verbote? Nie gehört.

Die Irrtümer wucherten und breiteten sich aus, die in

§ IV angeführten Verdammnisse des Sozialismus und Kommunismus erfreuten sich regen Zuspruchs, auch der in § III abgelehnte Protestantismus konnte sich nicht über mangelnden Zulauf beklagen, vielleicht gerade wegen Pius' Liste.

Aber, wie das Sprichwort sagt: Wer heute keine Lösung weiß, bildet einen Arbeitskreis! Also berief *Pius IX.* vier Jahre später das Erste Vatikanische Konzil ein, um mit diesen verruchten Strömungen aufzuräumen. Doch diesmal wollte *Pius IX.* es richtig machen. Daher war der erste Tagesordnungspunkt gleich mal die Beschlussfassung über die Unfehlbarkeit des Konzils selbst.

Doch zur völligen Verblüffung *Pius' IX.* zeigte sich, dass nicht alle Konzilteilnehmer von vornherein von ihrer eigenen Unfehlbarkeit ausgingen und dieser Punkt heftig debattiert wurde.

Jetzt begann Pius der Geduldsfaden zu reißen. Der Widerspruch, der ihm ständig entgegenschlug, zerrte an seinem Nervenkostüm. Wozu war man Papst, wenn die eigene – quasi göttliche – Meinung dauernd hinterfragt wurde? Die Sache musste Schwung gewinnen und durfte nicht schon am Anfang mit abweichenden Ansichten zu kämpfen haben! Daher wurden all jene, die Zweifel an der Unfehlbarkeit des Konzils hatten, knallhart ausgeschlossen. Alle Gegner, wie der damals populäre Kirchenrechtler *Ignaz von Döllinger*, wurden hinausgeworfen.

Um es klarzustellen: Es gab viele Kardinäle, die an ihrer eigenen Unfehlbarkeit erheblich zweifelten. Ein beträchtlicher Anteil der Konzilteilnehmer war sich nicht sicher, ob ihr Wort gottesgleich und unfehlbar sei. Doch der Hinauswurf erlöste die Zweifler von ihrer Wankelmütigkeit und befreite *Pius IX.* von seinen Widersachern. So konnte dieser Tagesordnungspunkt letztlich erfolgreich abgehakt werden: Beschlüsse des Konzils wurden vom Konzil selbst als unfehlbar beschlossen.

Nachdem die lautesten Kritiker fortgejagt worden waren,

konnte der arme Pius ein wenig aufatmen und sich zurück-lehnen. Endlich lief das Konzil in die richtige Richtung!

Trotzdem gestaltete sich die Arbeit schwierig. Endlose Debatten über winzige Details (Pius hatte vergessen, die Re-dezeit zu beschränken, dummer Fehler!) zögerten das Kon-zil hinaus, ein Ende rückte in immer weitere Ferne. Da er-kannte Papst *Pius IX.*, dass letztlich nur eines das Problem abweichender Meinungen und endloser Diskussionen lösen würde: Die Menschen sollten endlich begreifen, dass jegli-ches Wort gegenüber dem Päpstlichen von vornherein unter-legen ist. Der Papst muss einfach immer recht haben! Daher hängte er dem gerade zu diskutierendem Dokument *De Ec-clesia* (über die Kirche) geschwind einen Anhang an, das *Caput addendum de Romani Pontificis Infallibilitate*, den »Anhang über die Unfehlbarkeit des römischen Papsts«.

Das war nun doch etwas deftig. Ich weiß nicht, wie es Ihnen dabei geht: Der Papst bringt einen Antrag ein, dass er für immer von Irrtümern befreit sei? Er hat für immer recht? Wenn Sie Zweifel haben, sind Sie nicht allein. Im-merhin hatten etliche Bischöfe damals auch ein echt schlech-tes Gefühl bei der Sache und so verließen zur Abstimmung sechzig Bischöfe das Konzil. Angenommen wurde der Ent-wurf trotzdem und seitdem gilt, dass der Papst in allen Sa-chen des Glaubens, der Sitten, Disziplin, Kirchenleitung etc. unfehlbar ist und für alle Zeiten recht hat.

In den Rang eines Dogmas erhoben, ist die Unfehlbarkeit des Papstes heute ein Bestandteil der Glaubenslehre gewor-den. Wer sich zum römisch-katholischen Glauben bekennt, muss auch daran glauben, dass der Papst *ex cathedra* nie-mals irrt. Jede Aussage eines Papstes als Kirchenlehrer ist für alle Ewigkeit richtig und wird sich niemals als falsch er-weisen. Damit müssen Katholiken erst mal klarkommen. Um es auch wirklich im Sinne des Wortes wiederzugeben, hier in originaler (für die Lesbarkeit in unwesentlich ver-kürzter) Form: »Besitzt … aufgrund des göttlichen Beistandes … Unfehlbarkeit. Diese endgültigen Entscheidungen des Römischen Papstes sind daher aus sich und nicht aufgrund der Zustimmung der Kirche unabänderlich. Wenn sich jemand – was Gott verhüte – herausnehmen sollte, dieser unserer endgültigen Entscheidung zu widersprechen, so sei er ausgeschlossen.«

Wie die Geschichte weiterging? Nachdem Papst *Pius IX.* seine Unfehlbarkeit in der Sitzung vom 18. Juli 1870 gesichert hatte, verkündete er den Konzilteilnehmern erst mal einen wohlverdienten fünfmonatigen Urlaub. Immerhin war er Aristokrat und hatte ein Anrecht auf ein gewisses Maß an Entspannung. Im Herbst fanden sich zwar noch ein paar Bischöfe zusammen, um weiter an den offiziellen Themen zu arbeiten, aber der Druck war weg. *Pius'* Hauptziel war erreicht, wahrscheinlich rechnete er gar nicht mehr damit, dass nach dem langen Urlaub überhaupt jemand zurückkam.

Jene Querulanten, die ihre Zweifel an der Unfehlbarkeit des Papstes hatten, spalteten sich ab und gründeten die altkatholische Kirche. In der Zwischenzeit annektierten die Italiener den Kirchenstaat und *Pius* hatte plötzlich ganz andere Sorgen. So wurde das Erste Vatikanische Konzil auf unbestimmte Dauer vertagt und nie wieder aufgenommen. Seitdem hat der Papst für immer und für alle Zeiten in Fragen der Religion recht.

Ein Dogma, die Unfehlbarkeit des Papstes: Wir können an diesem Beispiel sehr schön die Verletzung der Trennlinie zwischen Glauben und Wissen ersehen. Im Jahr 1870 verkündete ein Mensch, dass der Papst unfehlbar sei und dass daran ebenso zu glauben sei, wie an die Existenz Gottes. Nicht Gott hat zu uns gesprochen, auch kein historischer Text hat dies ausgesprochen, noch nicht einmal eine mündliche Überlieferung kann vorgewiesen werden. Dieses Dogma wurde, aus welchen Motiven auch immer, von Menschen beschlossen und gilt bis heute.

Diese Vermischung von Belegbarem und dem Einfordern von reinem Glauben entspringt dem Streben einzelner kirchlicher Würdenträger. Nichts Göttliches ist daran zu finden.

Ich erwähne es nochmals: Alles, was wir glauben, findet sich in der Glaubenspyramide eine Stufe höher. Sobald wir den Rubikon zwischen Glauben und historischen Fakten überschritten haben, haben Dogmen nichts mehr verloren. Nur was nicht vom Menschen beschreibbar und begreifbar ist, kann ein Dogma sein: die Existenz Gottes, das ewige Leben, das Paradies. Was aber Menschen erfinden, um das Zusammenleben in ihrem Sinne zu gestalten, kann niemals ein Dogma sein. Wer gegen diese Regel verstößt, missbraucht den Gutglauben anderer Menschen für seine eigenen, höchst egoistischen Zwecke.

Da diese Trennung so wichtig ist, möchte ich noch ein paar Beispiele erzählen. An den Fehlern der Vergangenheit sehen wir am schönsten, wie das System funktionieren kann und was falsch gelaufen ist.

Erinnern Sie sich an die Geschichte vom brennenden Dornbusch, durch den Gott zu *Moses* gesprochen hat? Die Erzählung, die sich im Zweiten Buch Mose findet, ist von zentraler Bedeutung für alle Religionen, die aus der jüdischen Tradition entstanden. In diesem Dialog teilte Er in Gestalt eines brennenden Buschs *Mose* Seinen Namen, JHWH, mit.

Kurz zum Faktischen dieser Episode: Die Israeliten hatten laut der Erzählung des Alten Testaments viele Jahre der Demütigung und des Elends in der ägyptischen Versklavung erlitten. Das Alte Testament berichtet dann von einem Anführer namens *Moses*, der das israelische Volk befreite und in einem vierzig Jahre andauernden Gewaltmarsch durch die Wüste schließlich nach Kanaan führte.

Historisch dürfte das so nicht stimmen: Die Israeliten wurden zwar teilweise zur Zwangsarbeit an Bauprojekten gezwungen, so wie auch andere, damals sozial tiefer stehende Bevölkerungsgruppen. Der Name »Hebräer« könnte vom babylonischen Ausdruck *Ḫabiru* abstammen, mit dem dort Heimat- und Rechtlose, Schuldner, Sklaven und Räuber bezeichnet wurden und denen die dort fremden Israeliten zugerechnet wurden. Der große Exodus der Israeliten aus Ägypten war aber mit ziemlicher Sicherheit eine dichterisch ausgeschmückte Legende, die historisch belegbar nie stattgefunden hat.

Moses schaffte es den Erzählungen nach, das israelische Volk, das bereits seit Generationen an die Sklaverei gewöhnt war, zu mobilisieren und zum Aufstand zu bewegen. Dass eine solche Erhebung nicht von selbst kommen konnte, ist klar. *Moses* musste schon mehr in die Waagschale werfen als seine eigene Unzufriedenheit. Letztlich, so will es das Alte Testament, erschien ihm Gott selbst in Form eines brennenden Dornbusches und befahl ihm, die Israeliten nach Kanaan zu führen. Mit dieser Rückendeckung gelang es *Moses* schließlich, die Hebräer zu überzeugen, und der Auszug aus der ägyptischen Sklaverei konnte gestartet werden. So die Erzählung des Alten Testaments.

Das ist zweifelsohne eine erbauliche Geschichte, aber gehen wir trotzdem pragmatisch heran: Lassen wir den Glauben an den Willen Gottes zu, ignorieren wir aber auch nicht historische Fakten. (Den Versuch der Kreationisten, dieses Ereignis mit der ölhaltigen Aschwurz, die sich an heißen Tagen selbst entzünden kann, zu plausibilisieren, lassen wir weg. Was vor 3.500 Jahren gebrannt hat oder nicht, möge für immer im Dunkel der Geschichte verborgen bleiben.)

Mose könnte theoretisch unter der Zeit Pharao *Thutmosis II.* oder *Ramses II.* gelebt haben, auch andere Epochen sind denkbar. Die einzige Quelle, die die Existenz *Mose* erwähnt, ist das Alte Testament selbst. Ein Text, der, wie wir heute wissen, um etwa 500 v.Chr. entstanden ist und an dessen Entstehen viele Menschen über Jahrhunderte mitgearbeitet haben. Wir müssen uns an jene Quelle halten, die von sich selbst göttliche Unfehlbarkeit behauptet, ein Zirkelschluss.

Wir wissen heute mit Sicherheit, dass die Autoren der fünf Bücher *Mose* völlig unbekannt sind. Vermutlich nahmen Priester und Schriftgelehrte die letzten redaktionellen Arbeiten mehr als tausend Jahre nach *Mose* Tod vor. Die Geschichten wurden über viele Jahrhunderte ausgeschmückt, verändert, zeitlichen, politischen und kulturellen Veränderungen angepasst und immer wieder korrigiert. Jeder Stamm dieser Wüsten- und Nomadenvölker hatte seine eigene Überlieferung, die weitergegeben wurde. Letztlich wurden diese Geschichten irgendwann, nochmals Jahrhunderte später, aufgeschrieben. Doch auch das niedergeschriebene Wort ist keine Garantie für Unveränderlichkeit, wie wir zuvor am Beispiel des zweiten Gebotes gesehen haben.

Wenn wir uns ein Bild unseres Gottes machen wollen, müssen wir sorgfältig abwägen, welche Quellen wir für dieses Bild heranziehen wollen. Denn, beim besten Willen, zu unserer eigenen wild ausufernden Märchen- und Sagenkultur auch noch jahrtausendealte, mündlich überlieferte Geschichten aus Palästina hinzuzufügen, erscheint auf den ersten Blick nicht zweckmäßig.

Wenn wir aus dieser Ansprache Gottes aus einem brennenden Busch heraus ein zentrales Dogma herauslesen, nämlich die Namensnennung Gottes (»Ich bin der ich bin«, Ex. 3.14), dann dürfen wir nicht ignorieren, dass die gesamte Episode unter Umständen frei erfunden ist. Weder die Versklavung in der gebrachten Form noch der Auszug aus Ägypten entsprechen der historischen Wahrheit, ebenso wenig wie der vierzigjährige Gewaltmarsch durch die Wüste. Wenn diese Fakten bereits nicht der Wahrheit entsprechen, wie können wir dann die etwas sonderbare Kommunikation Gottes durch einen brennenden Busch ernst nehmen? Die gesamte Geschichte muss völlig wertfrei als eine unzählige Male mündlich weitererzählte, ausgeschmückte, angepasste, später zensurierte Legende aufgefasst werden. Eine schöne Überlieferung, erbaulich, aber als Basis des Glaubens, als Grundlage eines Dogmas, taugt sie nicht.

Ich möchte keinen religiösen Menschen an dieser Stelle vor den Kopf stoßen. Aber wenn wir uns vorstellen, dass sich eine komplette Geschichte als unwahr herausgestellt hat, wie können wir da an dieses sonderbare Detail des brennenden Dornbusches glauben? Wenn ich Ihnen eine abenteuerliche Lebensgeschichte erzähle, ich wäre jahrzehntelang quer durch einen Kontinent gewandert, hätte Völker bekämpft und anderes getan. Aber Sie stellen fest, dass ich niemals auch nur einen Fuß auf diesen Kontinent gesetzt habe, alles nur Schwindel war. Würden Sie mir glauben, wenn ich darauf Wert lege, dass mir am 16. Juli 2008 Gott höchstpersönlich in Form eines brennenden Autowracks erschienen sei? (Nur, um das Beispiel zeitgemäßer zu machen.) Nein, Sie würden mir kein Wort glauben.

Das Niederschreiben der Erzählungen war irgendwann einmal Voraussetzung für einen starken – im Sinne von einheitlich weitverbreiteten – Glauben. Nach Jahrtausenden, in denen jeder Stamm seine eigenen Sagen und Märchen erzählte, erkannten die Menschen, wie wichtig es war, die Gläubigen zu vereinen, den Glauben zu homogenisieren und nach innen wie außen eine einheitliche Basis darzustellen. Wenn man so will, eine frühe Form der Globalisierung: lokale Überlieferungen normieren und mit damals modernen Medien global weiterverbreiten.

Dass diese ausgewählten Texte als »heilig« und als »Gottes Wort« bezeichnet wurden, war ein nachvollziehbarer Kunstgriff, um spätere Diskussionen über die Richtigkeit der niedergeschriebenen Geschichten gleich im Keim zu ersticken.

Auch wenn tausende Jahre nach den Geschehnissen niemand mehr Anspruch auf die Wahrheit erheben konnte, so musste man sich doch für eine dezidierte Fassung der einzelnen Geschichten entscheiden. Und was hebt die bevorzugte Version gegenüber allen anderen hervor? Dass sie von Gott selbst niedergeschrieben oder zumindest diktiert wurde.

Aber tatsächlich selektierten nur Menschen, welche Überlieferungen von Gott selbst stammen, und welche ketzerisch vom Menschen erfunden wurden und daher abzulehnen seien. Es waren Menschen, die die Anekdote vom brennenden Dornbusch aufgeschrieben haben, zu einer Zeit, in der *Mose* und sein Dornbusch bereits seit tausend Jahren zu Staub zerfallen waren.

Über fünfzig Generationen haben die Geschichten des Alten Testaments mündlich vom Großvater an die Enkel weitergegeben. Diese haben die Geschichten wieder vergessen, bis sie schließlich selbst Großväter wurden und wiederum ihren Enkeln Geschichten erzählen mussten. Dann wurden diese alten Schilderungen aus dem Gedächtnis ausgegraben und nach bestem Gewissen und möglichster Erinnerung an den eigenen Nachwuchs weitergegeben.

Ab Stufe D unserer Glaubenspyramide findet sich ausschließlich von Menschenhand Geschaffenes: Schriften, Erzählungen, Bräuche, Traditionen, Vorschriften und so fort. Während in den ersten drei Schichten unser Glaube alleinige Voraussetzung ist, finden wir hier Dingliches, Angreifbares, Manifestiertes. Wenn wir davon ausgehen, dass unser Glaube in den Stufen A bis C Gott und sein Wirken beschreibt, dann sind diese Elemente der Glaubenspyramide dort nicht menschlich. Unser Glaube orientiert sich an etwas, das es schon immer gegeben hat, Gott und Seine Schöpfung. Schriften hingegen entstammen der menschlichen Hand. Hier kann und muss die Wissenschaft eingreifen, Dokumente analysieren und die Authentizität einzelner Erzählungen nachprüfen.

Wenn wir diese alten Geschichten, wie jene des Dorn-
buschs, hören, kommen wir als vernunftbegabte Individu-
en nicht umhin zu realisieren, dass niemand auch nur annähernd weiß, was sich damals zugetragen hat. Wir müssen für uns festhalten, dass es Menschen waren, die tausend
Jahre danach diese Schilderungen notiert haben, und dass
der Ausdruck »Gottes Wort« wohl nur eine Argumentationshilfe war, um die zahllosen unterschiedlichen Erzählungen zu einem Kanon zusammenzuführen.

Der Wille Allahs

Die christliche Tradition erlebte in den ersten Jahrhunderten nach Christus viele Glaubenskämpfe und Dispute, was
Gottes Wort sei. Abweichende Meinungen wurden rasch
als Häresie gebrandmarkt und solche Schriften dem Feuer
überantwortet. Das Resultat ist ein heute stark bereinigter
Kanon, mit wenigen Alternativen. Nur eine Handvoll Apokryphen (Texte außerhalb des Kanons) haben überlebt und
die Disqualifizierung als bibelfremd ist heute außer Diskussion. Der Vorteil einer zentral gesteuerten Glaubenspolitik
des Vatikans.
    Wesentlich unübersichtlicher ist die Situation im Islam.
Eine Glaubensrichtung, die nie zentral verwaltet wurde, in
der es keinen Papst gibt und die immer frei jeden Wildwuchs
zugelassen hat. Eine unüberschaubare Zahl an Strömungen
entwickelte sich, die sich in Feinheiten der Lebensführung
oder der Tradition der Gelehrten nach Mohammed unterschieden.
    Bereits wenige Jahre nach dem Tod Mohammeds spalte-
ten sich die Moslems in *Sunniten* und *Schiiten*. Ursache des
Streits war, wer der legitime Nachfolger Mohammeds sei,
wer die Macht innehaben solle. Die *Sunniten* unterwarfen
sich dem ersten Kalifen *Abū Bakr* und sind heute zahlenmä-

ßig die größte Gruppe. Sie kennen keine klerikale Struktur und spalteten sich bald in viele Untergruppen. Dieser religiöse Pluralismus ließ parallel den weltoffenen türkischen Laizismus und gleichzeitig den Gottesstaat der *Taliban* entstehen. Auch die *Hamas* oder die ultrakonservativen *Salafisten* gehören zu den *Sunniten*. Jede einzelne Gruppierung beruft sich auf ein eigenes Verständnis der Schriften und entwickelte sich unabhängig von den anderen weiter. So entstanden die vier Rechtsschulen der *Hanafiten, Malikiten, Hanbaliten* samt den *Wahhabiten* und die *Schafiiten*.

Die *Schiiten* hingegen vertreten die Ansicht, dass nicht der erste Kalif *Abū Bakr* das erste Oberhaupt der Moslems hätte werden sollen, sondern *Ali*, der Cousin Mohammeds, der mit dessen Tochter Fatima verheiratet war. Die *Schiiten* spalteten sich rasch in viele weitere Gruppen auf wie die *Zwölferschiiten* oder *Imamiten*, die nur die zwölf Nachkommen Fatimas mit ihrem Onkel zweiten Grades als Nachfolger anerkennen. Anders die *Ismaeliten*, diese anerkennen nur sieben direkte Nachfolger Mohammeds, spalteten sich aber ebenfalls rasch wieder in neue Untergruppen auf wie die *Nizaris*, die *Drusen* oder die *Fatimiden*. Die *Fünferschiiten* oder *Zaiditen* glauben daran, dass nur die Nachkommen der beiden Enkel *Hasan* und *Husein* das Imamat innehaben dürfen. Daneben existieren noch zahlreiche weitere Gruppen.

Neben den Abspaltungen der sunnitischen und schiitischen Muslime gibt es aber viele weitere Lehren und Ausprägungen. Am spirituellsten können die *Sufisten* angesehen werden, die asketisch leben, meditieren und nach der Reinheit der Seele streben. Dazu zählen die *Tanzenden Derwische* des *Mevlevi-Ordens*, die auch bei uns Bekanntheit erlangten.

Die relativ junge Bewegung der *Habashi* geht auf den Scheich *Abdullah al-Harari* (1910–2008) zurück. Diese glauben unter anderem an einen 30 Meter großen Adam, der mit Eva vierzig Zwillingspaare zeugte, jeweils ein Junge und ein Mädchen, die dann die Welt bevölkerten.[50]

Zu trauriger Berühmtheit kamen die *Aleviten*, die keine Moscheen kennen, nicht nach Mekka pilgern, nicht fasten und auch nicht das rituelle fünfmalige Gebet verrichten. Für sie steht im Mittelpunkt der Mensch und nicht die Lehre. Dass derlei abweichende Meinung von konservativen Muslimen nicht toleriert wird, kann sich jeder vorstellen.

Im Jahr 1938 beschloss die türkische Regierung, einen Schlussstrich zu ziehen: Das Militär marschierte in der Provinz Dersim (das heutige Tunceli) ein, trieb die Bewohner auf die Straßen und ermordete mehr als 60.000 Aleviten. Der Zorn legte sich nie, 1978 wurden in der türkischen Großstadt Maraş mehrere hundert Aleviten von einem türkisch-nationalistischen Mob mit Messern und Knüppeln ermordet, mehr als 500 Häuser niedergebrannt und über 300 Geschäfte geplündert.

Bis heute verbietet die türkische Regierung eine Aufarbeitung der Pogrome, selbst Gedenkveranstaltungen sind verboten. Im Jahr 1993 stürmte ein islamistischer Mob einen alevitischen Kulturkongress im türkischen Sivas und legte Feuer in dem Hotel, in dem das Festival stattfand. Zehntausende Sunniten hinderten die Menschen am Verlassen des brennenden Hotels und die Feuerwehr am Löschen. 37 Aleviten kamen in den Flammen um. Zuletzt zündete im August 2016 ein zwölfjähriger Selbstmordattentäter einen Sprengsatz auf einer alevitischen Hochzeitsfeier und tötete 53 Menschen. Es kann gefährlich sein, in seinem Glauben zu weit von den herrschenden Lehren abzuweichen.

Ist die christliche Welt verhältnismäßig einheitlich in Lehre und Schriften, so ist der Islam das genaue Gegenteil. Jede Gruppierung hatte ihre eigenen Gelehrten, ihre eigenen Schriften, ihre eigenen Auffassungen. Neben dem Koran, der wörtlichen Offenbarung Gottes an den Prophet Mohammed durch den Erzengel Gabriel, entstand eine unüberschaubare Menge Sekundärliteratur, die Hadīthe. Das sind Texte, die frühestens im achten Jahrhundert entstanden, die ältesten veröffentlichten Sammlungen stammen aus dem neunten Jahrhundert. Hadīthe sind Erzählungen über Handlungen und Aussagen des Propheten Mohammed, die den Gläubigen eine weitere Grundlage für Verhaltensregeln und Normen bieten sollen. Glaubenslehrer legten ihre persönlichen Meinungen Mohammed in den Mund und diese wurden durch lange Listen an Zeugen zur Wirklichkeit ernannt. Da viele dieser Texte dem Koran oder anderen Hadīthen absolut widersprechen, können wir nicht mehr bei allen Schriften von Authentizität ausgehen. Es muss zwangsläufig auch falsche Hadīthe geben.

Der Koran wurde dem Propheten Mohammed vom Engel Gabriel als Gottes Wort eingegeben und von diesem rezitiert und von Dritten wiederum aufgeschrieben. Mohammed selbst konnte nach allgemeiner Meinung weder lesen noch schreiben. Erst 1924 wurde der Koran in seiner heutigen Gestalt fixiert. Die Kairoer Al-Azhar-Universität legte damals fest, was die »unwandelbaren Worte des Propheten« seien.[51] Auch wenn es in Sure 18,27 heißt, dass da keiner ist, »der Seine Worte verändern könnte«, existierten zahlreiche widersprüchliche Abschriften des Korans, die auch unterschiedliche Anzahlen von Suren enthalten. Eine kritische Auseinandersetzung mit den unterschiedlichen erhaltenen Editionen des Korans verbietet die Religion bis heute.

Die ersten Texte des Korans dürften lange nach dem Tod des Propheten aus der mündlichen Überlieferung auf Palmenblätter, Tüchern oder Knochen niedergeschrieben worden sein. Diese Bruchstücke wurden unzusammenhängend als Suren zusammengetragen und gesammelt. Die Erinnerung mag wohl manchmal getrogen haben, ansonsten wären die Widersprüche allein in der geltenden Version des Koran nicht zu erklären.

Der »berauschende Trank aus Dattelpalmen und den Trauben« wird in Sure 16,67 gut geheißen. In Sure 2,219 hingegen als »großes Übel« und in Sure 5,90 als »Werk Satans« bezeichnet. Sure 2,256 lehrt, dass es keinen »Zwang zum Glauben« geben soll. Sure 2,29 fordert hingegen auf gegen alle zu kämpfen, die »nicht an Allah und den jüngsten Tag glauben«.

Die Hadīthe stammen hingegen nicht vom Propheten, sie sind allein durch ihre Entstehung nicht authentisch. Es sind später aufgeschriebene Überlieferungen, was sich damals im Umfeld des Propheten zugetragen haben soll. Im Laufe der Jahrhunderte fühlten sich zahllose Autoren bemüßigt, auch ihren Beitrag zu leisten und ebenfalls vom Leben des Propheten zu berichten. Tausende Hadīthensammlungen entstanden[52] und es wurde immer schwieriger, mit den Widersprüchen umzugehen.

Um eine Vorstellung von der Anzahl der Geschichten rund um das Leben des Propheten zu bekommen, hier ein paar Zahlen: Der Gelehrte *Ahmed Ibn Hanbal* (780–855) sammelte für sein Werk »Musnad« etwa 700.000 Hadīthe aus denen er 40.000 auswählte. Der Imam *Muhammed al-Bukhary* (810–870) trug cirka 600.000 Hadīthe zusammen, Imam *Muslim ibn al-Hajjaj* (vermutl. 817–875) schaffte es, 300.000 Erzählungen anzusammeln.

Um die Glaubwürdigkeit zu erhöhen, begannen die Autoren schon bald, den Hadīthen Listen mit Überlieferungsketten voranzustellen. Je lückenloser die Überlieferung beschrieben wird, desto vertrauenswürdiger sollte der Text sein. Dass bei der Anzahl an Schriften rasch ein riesiger Streit entbrannte, welche Lehrmeinungen denn nun einzuhalten seien und welche nicht, liegt auf der Hand. Islamische Religionsgelehrte haben bis ans Ende aller Tage mit dieser Frage zu tun.

Selbstverständlich können wir auch davon ausgehen, dass ein Teil der Manuskripte überhaupt nur Dichtung ist.

Mit Sicherheit können wir annehmen, dass es unter den vielen Verfassern auch jene gab, die einfach ihre Vorstellungen vom wahren Islam dem Propheten in den Mund legen wollten. Der berühmte Religionsgelehrte und spätere Großmufti von Ägypten *Muhammad Abduh* (1849–1905) formulierte dies in klaren Worten: »Die meisten Hadithe sind frei erfunden und wurden massenhaft in die Welt gestreut.«[53] Das islamische Wissensportal *alrahman* geht gar davon aus, dass »mehr als 99 Prozent der angeblichen gesammelten Ḥadīthen des Propheten Lügen und Erfindungen waren«.[54]

Wir sehen ein Muster: Schriften können nicht nur dazu verwendet werden, den Glauben zu homogenisieren. Religiöse Texte wurden auch seit jeher zur Manipulation eingesetzt und zur Durchsetzung eigener Bestrebungen missbraucht. Simple Texte können so weit zur Beeinflussung verblendeter Gläubiger eingesetzt werden, dass sie sich mit Sprengstoffgürteln in die Luft jagen.

Was geht im Kopf eines Selbstmordattentäters vor, der beschließt, sich in die Luft zu sprengen und etliche Unschuldige mitzureißen? Was motiviert ihn? In jedem Fall wird diesem unglückselig Verwirrten ein Platz im Paradies versprochen, 72 Jungfrauen inklusive.

Doch kommt dieses Versprechen der paradiesischen Entlohnung direkt von Allah? Müssen wir daran glauben, oder ist es nur eine Geschiche, die sich jemand ausgedacht hat? Wenn es den Glauben betreffen soll, dann muss es zumindest durch den Engel Gabriel dem Propheten gesagt worden sein.

Wenn wir die 114 Suren des Korans lesen, finden wir dort keinen Hinweis auf 72 Jungfrauen. Den Gottesfürchtigen werden zwar hübsche Gespielinnen in Aussicht gestellt, aber ohne dies irgendwie näher zu beschreiben. Die Suren 44, 52 und 56 sagen nur aus, dass den Gerechten »Ḥūrīs mit schönen, großen Augen« an die Seite gestellt werden. (Mit Ḥūrī ist eine abstrakte Vorstellung einer paradiesischen Jungfrau bezeichnet. Sure 55 beschreibt genauer, dass Ḥūrīs »zuvor weder von Mensch noch von Ǧinn berührt wurden«. Ǧinn sind Geisterwesen, die für uns unsichtbar sind. Ḥūrīs dürfen weder mit diesseitigen Männern noch mit jenseitigen Wesen verkehrt haben. Für Frauen hingegen gibt es im Jenseits keine attraktiven Männer mit sportlichen Körperbau und ansprechenden Gesichtszügen, die noch keine Erfahrungen mit dem weiblichen Geschlecht hatten.)

Woher kommen die 72 Jungfrauen, die versprochen werden? Sekundärliteratur, Hadīthen, Kommentare oder Lehrbücher, sind es, in denen aus den Ḥūrīs sexuelle Fantasiewesen werden. Auch die Zahl 72 taucht erst viele Generationen nach Mohammeds Tod auf. Eine Kostprobe aus unterschiedlichen und widersprüchlichen Texten zeigt uns, wie verworren verschriftlicher Glaube werden kann:[55]

- Die versprochenen 72 Jungfrauen haben groß gewachsene, schwellende oder wie Pfirsiche geformte Brüste.
- Frauen haben nur einen Mann, und sie werden mit ihm zufrieden sein.
- Ein Mann, der sexuellen Verkehr mit einer Frau wünscht, so tut er dies sofort.
- Die ewigen Jungfrauen werden alle anregende Vaginas haben.
- Sie sind haarlos, abgesehen von den Augenbrauen und dem Kopfhaar.
- Der Penis der Auserwählten wird nie erschlaffen. Die Erektion ist ewig.
- Die Jungfrauen sind so schön, rein und durchscheinend, dass das Mark der Knochen ihrer Beine durch die Knochen und das Fleisch hindurch sichtbar sein wird.
- Die Jungfrauen sind 60 Ellen groß und 7 Ellen breit (rund 30-mal 3½ Meter im Format)
- Sie sind ewig jung.

- Sie haben gleichaltrige Begleiterinnen.
- Sie sind selbstverständlich unberührt.
- Sie haben große, runde Brüste, die nicht hängen.
- Sie sind nicht-menstruierend, nicht-urinierend, nicht-stuhlend und ohne Kinder.
- Sie sind keusch, zurückhaltend und haben bescheidene Blicke.
- Diese paradiesischen Jungfrauen sind nie unzufrieden.

Kommen wir zur Kernfrage dieses Kapitels zurück. Wer sagt, dass ein Mann, der sich mit einem Kilo TNT und einer Handvoll Nägel in die Luft sprengt, ins Paradies kommt? Und dass dort manisch begierige Jungfrauen auf ihn warten? War es Gott, müssen wir daran glauben?

Es waren Propheten (vom griechischen *phemi*, »sagen«, *prophemi* für »vorhersagen«), die viele Jahre nach Mohammeds Tod diese Fantasien niederschrieben. Eine Interpretation der Vergangenheit – also waren diese genau genommen »Postpheten«. Sie interpretierten nach ihrem Gutdünken die Worte des Propheten, der keine solchen Probleme zu haben schien. Es waren Weissager, wie al-Ghazali, al-Ash'ari al-Suyuti und andere aus dem zweiten Jahrtausend, die diese Lustfantasien zu Papier brachten. Männer, die Generationen nach Mohammed ihre sexuellen Wunschvorstellungen in die Verse des Korans hineininterpretierten oder dem Propheten andichteten.

Es gibt nicht den geringsten Grund, über die 72 Jungfrauen auch nur eine Sekunde nachzudenken. Es war weder der Prophet noch Allah selbst, der diese Ausschmückungen verkündete.

Ein anderes Beispiel der Verbiegung von Religionstexten aus dem arabischen Kulturkreis wird uns tagtäglich vor Augen geführt: die Verschleierung. Für viele gläubige Muslime eine Selbstverständlichkeit. Züchtige Frauen haben zumindest ihr Haupthaar zu verbergen, wenn nicht gleich den gesamten Körper mittels einer Burka.

Doch woher kommt diese Forderung, wer hat verlangt, dass sich Frauen verhüllen müssen? Eine Frage, der viele Muslime nicht stellen wollen, und die ein Ungläubiger kaum zu stellen wagt. Der Koran schreibt lediglich vor, dass Frauen »ihre Reize nicht zur Schau tragen sollen, bis auf das, was davon sichtbar sein muss, und dass sie ihre Tücher über ihre Busen ziehen sollen« (Sure 24,31). An einer anderen Stelle fordert der Koran, Frauen »sollen ihre Tücher tief über sich ziehen. Das ist besser, damit sie [als züchtige Frauen, Anm.d.Verf.] erkannt und nicht belästigt werden.« (Sure 33,59). Von einer völligen Verschleierung ist keine Rede.

Einigkeit herrscht unter den Interpreten, dass der Tschador ein traditionelles Kleidungsstück ist wie das Kopftuch im alpinen Raum oder der Schleier katholischer Ordensfrauen. Doch weiter reicht die Übereinstimmung der Gelehrten nicht. Manche Islamforscher finden überhaupt keinen religiösen Hinweis auf irgendeine Form der Verschleierung, die Mehrheit geht von einer Forderung der Bedeckung des Haupthaares aus, nur wenige Extreme leiten einen Ganzkörperschleier aus den Worten des Korans ab.

In Saudi-Arabien ist der Schleier gesetzlich vorgeschrieben, bis vor Kurzem ebenso in Afghanistan und im Iran. Andererseits ist in anderen islamischen Ländern das Tragen von Kopftüchern sogar verboten. In der Türkei war bis 2008 die Verhüllung der Frauen untersagt, was strenggläubige Muslima skurrilerweise dazu zwang, in Europa zu studieren, da hierzulande keine solchen Vorschriften bekannt sind. Erst unter *Recep Erdoğan* (Ministerpräsident von 2003–2014, danach Präsident) wurde der säkulare Geist des Staatengründers *Mustafa Kemal Atatürk* (1881–1938), der die Türkei zu einem modernen, weltoffenen Staat formte, beendet und sukzessiv dogmatische Kleidervorschriften wieder eingeführt. Heute dürfen gläubige Studentinnen wieder verhüllt in Istanbuls Universitäten sitzen. Anders herum formuliert, erlauben jetzt viele Väter ihren Töchtern wieder zu studieren, da sie an den Hochschulen verschleiert bleiben können.

Der Schleier hatte in vergangenen Jahrhunderten sicherlich eine wichtige Funktion. Nicht anders, als in unserem Kulturkreis waren Mütter darauf erpicht, dass ihre Töchter enthaltsam blieben, bis sie durch eine Heirat finanziell und gesellschaftlich abgesichert waren. Eine unerwünschte Schwangerschaft bedeutete das Ende aller sozialen Möglichkeiten. Selbstverständlich stand es auch im Interesse der Väter und Ehegatten, dass Frauen sexuell nicht zu aktiv wurden. Eine gewisse Verhüllung der weiblichen, geschlechtlichen Prädikate durch Kopftücher, hochgeschlossene Kleider, unförmige Trachten u.Ä. kam der Eifersucht der Männer oder der Fürsorge der Eltern in allen patriarchalischen Gesellschaften durchaus zugute.

Der Ethnologe *David Graeber* bietet eine weitere Erklärung, die auch die finanzielle Unterdrückung der sozialen Unterschichten miteinbezieht. *Graeber* beschreibt die Entwicklung der Verschuldung, lange vor der Einführung von Tausch- und Geldhandel. Schulden benötigen immer Sicherheiten und ohne Zweifel wurden früher in Ermangelung anderer Garantien Töchter oder Gattinnen als Pfand für Kredite angeboten. Wer seine Darlehen nicht bedienen konnte, dessen Frauen wurden versklavt, um die Verpflichtung zu tilgen. Der Schleier entstand für *Graeber* aus dem Bedürfnis heraus, jene zu kennzeichnen, die *nicht* als Sicherheit herhalten mussten. Durch die Verhüllung wurden Frauen praktisch »aus der Auslage genommen«. Verschleierung bedeutete Schutz und Auszeichnung, ein Symbol der Freiheit und eines höheren gesellschaftlichen Status. Verhüllte Frauen waren frei, unbelastet, abgesichert und standen anderen Männern nicht als Objekt der Begierde zur Verfügung.[56]

Doch unabhängig von der historischen Argumentation ist die Verschleierung heute als ein Symbol mittelalterlicher Rückständigkeit und weiblicher Unterdrückung gebrandmarkt. Nicht das Kleidungsstück als solches schafft Probleme (wir haben auch keine Probleme mit verschleierten Nonnen), sondern der unreflektierte Zwang stört uns. Die Verpflichtung zur Verhüllung, und all das, was damit in Zusammenhang steht, wird als patriarchalische Knechtung wehrloser Frauen empfunden, eine Unterdrückung, die sich mit dem freien Geist eines modernen Europas einfach nicht verträgt.

Und was uns im Kontext dieses Buchs am meisten stören mag: Es gibt heute schlicht keinen Grund mehr dafür! Weder werden Töchter in Mitteleuropa der Hausbank als Pfand angeboten, noch werden bei uns dürftig bekleidete Mädchen prinzipiell sexuell versklavt. Aus religiöser Sicht wissen wir, dass nicht ein einziger authentischer Beleg für die Schleierpflicht zu finden ist. Lediglich Interpretationen liegen vor, Texte, die hunderte Jahre nach Entstehen des Korans erstellt wurden. Nur diese späten Verfasser kamen – ähnlich wie bei der Erfindung der paradiesischen 72 Jungfrauen – auf die Idee, dass dies »Allahs Wille« sei.

Wie tief die Auslegung religiöser Texte gehen kann, ersehen wir an den Regeln zum muslimisch korrekten Stuhlgang: der Halal-Toilette. In der Tat haben sich Menschen den Kopf darüber zerbrochen, wie das Geschäft am frömmsten zu verrichten sei.

Der gläubige Muslime betritt den Abort zuerst mit dem linken Fuß und spricht ein kurzes Gebet, beim Verlassen wird auch gebetet: »Ich bitte dich – Allah – um Verzeihung.« So wurde es vom Gelehrten Al-Nasā'ī (829–915) als angebliches Wort Mohammeds niedergeschrieben. Wofür genau man um Verzeihung bittet, ist nicht bekannt.

Eine Halal-Toilette kann keinesfalls in der heiligen Farbe grün ausgemalt sein und wer sein Geschäft verrichtet, darf dabei niemals nach Mekka gewandt sein. Was zu tun ist, wenn die Keramik falsch herum steht, bleibt der Fantasie jedes Einzelnen überlassen. Jegliche Handreichung im Rahmen des WC-Besuchs hat ausschließlich mit der linken Hand zu erfolgen, da der Prophet für die Rechte nur Edles vorsieht. Das Urinieren der Herren im Stehen ist verboten, was jene Frauenrechtlerinnen freuen dürfte, die sich über stehend pinkelnde Männer ärgern.

Es gilt als moderner Fortschritt, dass das *Diyanet*, das türkische Amt für religiöse Angelegenheiten, im April 2015 erstmals die Verwendung von WC-Papier zuließ. Bislang war nur die Benutzung von Steinen – mindestens drei, wie Al-Nasāʾī, festhält – oder Wasser für die Reinigung nach dem Stuhlgang zulässig. Wenn Sie also das nächste Mal Toilettenpapier verwenden, seien Sie ab jetzt getrost: Gott will es so!

Die unbefleckte Empfängnis

Zurück zum Christentum und seinen Schriften. Beschäftigen wir uns nochmals mit Papst *Pius IX.*, wir verdanken ihm nämlich ein weiteres, bemerkenswertes Beispiel der Willkür menschlichen Glaubensdiktats: Das Dogma der *Unbefleckten Empfängnis* der Heiligen Maria. Eine schöne Geschichte, die wunderbar demonstriert, wie eine Schrift dazu verwendet wird, Gläubige zu manipulieren.

Kurz für all jene, die damit nicht so vertraut sind: Die heilige Maria wurde bereits früh, im fünften Jahrhundert, als Gottesgebärerin anerkannt. Dem Zeitgeist entsprechend wurde auch darüber spekuliert, ob Maria ihren Sohn Jesu als Jungfrau geboren habe. Immerhin waren auch Dionysos, Quirinius, Attis, Adonis, Mithras, Platon, Perseus und zahlreiche andere Figuren als Jungfrauengeburten dargestellt worden. Es war naheliegend, dass der Sohn des jüdischen

Gottes auch von jungfräulicher Geburt sein müsse. Maria blieb sogar während der Geburt Jesu Jungfrau und auch danach, ja sogar nach den Geburten, der im Neuen Testament erwähnten jüngeren Brüder Jesu blieb ihre Jungfräulichkeit erhalten

Beim Dogma der *Unbefleckten Empfängnis* geht es aber um etwas anderes: Hier wird nicht die immerwährende Jungfräulichkeit Marias behandelt. Es geht darum, dass Maria selbst *ohne Erbsünde* zur Welt kam, ohne jenen Fluch, den Eva mit ihrem Gusto auf den vermaledeiten Apfel in die Welt brachte. Noch so ein Dogma.

Es war nicht nur der Zeugungsakt Jesu durch den Heiligen Geist bedeutsam, sondern auch der Geschlechtsverkehr Marias Eltern, Anna und Joachim. Die beiden haben das Kunststück hingekriegt, dass Maria ohne Erbsünde, »unbefleckt«, gezeugt (»empfangen«) wurde.

Diese Geschichte ist zentraler Bestandteil des katholischen Glaubens. Am 8. Dezember feiern Katholiken in Österreich, Italien, Spanien, Portugal und den katholischen Ländern Südamerikas »Maria Empfängnis« als besonderen Feiertag mit farbenprächtigen Aufmärschen. Ob sich jeder der prozessierenden Gläubigen bewusst ist, dass er genau genommen den Orgasmus eines gewissen Joachim feiert, bin ich mir nicht sicher. Aber jedenfalls ist schulfrei und das ist auch schon etwas.

Worauf ich aber hinaus will, ist erneut die Trennung zwischen Glauben und Realem. Es war Papst *Pius IX.*, der mit seiner Bulle *Ineffabilis Deus* die Idee einer erbsündebefreiten Maria zum Dogma erhob. Es gab auch schon früher Verfechter der Idee, dass Maria von dieser Erbsünde ausgenommen sei, wie *Bernhard von Clairvaux*, *Albertus Magnus* oder *Thomas von Aquin*. Aber, Ehre wem Ehre gebührt, *Pius IX.* war es, dem wir seit 1854 das Dogma und den Feiertag verdanken.

Doch wie ist all das im Lichte unserer Glaubenspyramide zu betrachten? Wir wissen inzwischen, dass die Erfinder der Geschichte von der Erbsünde, die Autoren des Alten Testaments, unbekannt sind und diese Texte (Gen. 3) auf mündlicher Überlieferung unzähliger Stämme und Generationen basieren. Es gab selbstverständlich weder einen Adam noch eine Eva noch einen »Baum der Erkenntnis«, bei diesen Überlieferungen handelt es sich nur um eine moralische Allegorie. Daran zweifelt auch kein katholischer Exeget mehr und auch nicht der Klerus in Rom. Selbst Papst Franziskus bezeichnete bei mehreren Anlässen die Geschichte von Adam und Eva als »Fabel«.

Wenn es aber Eva nie gab und der Sündenfall nur einer didaktischen Idee entspringt, um das Vorhandensein der Sünde in der Welt zu erklären, dann müssen wir auch das Konzept der »Erbsünde« als falsch verwerfen.

Zusätzlich erschwerend findet sich in der Bibel an keiner Stelle das Konstrukt einer vererbbaren Sünde. Einzig im Römerbrief des Apostels Paulus steht »Durch einen einzigen Menschen kam die Sünde in die Welt und durch die Sünde der Tod« (Röm. 5.12), aus dem man so etwas wie eine Erbsünde konstruieren könnte. Erst *Augustinus von Hippo* (354–430 n.Chr.), ein überaus kreativer Mann, entwickelte aus dem Römerbrief das Konzept der Erbsünde, die fleischlich von Generation zu Generation weitergegeben wird.

Wem jetzt der Kopf schwirrt und wer sich nicht mehr sicher ist, woran er glauben soll, sei getrost, er ist in bester Gesellschaft. Immerhin können wir im offiziellen, aktuellen Katechismus der römisch-katholischen Kirche nachlesen: »Die Weitergabe der Erbsünde ist jedoch ein Geheimnis, das wir nicht völlig verstehen können.« (Ecc.kath. 404) Und andere Religionen wie das Judentum oder der Islam kennen diese Idee überhaupt nicht.

Zurück zu *Pius IX.* und seinem Dogma der *Unbefleckten Empfängnis*. Lassen Sie uns die Entwicklung des Dogmas auf einen Zeitstrahl aufzeichnen: Unbekannte Autoren haben vor 4.500 Jahren die Geschichte von Adam und Eva erzählt, die vor zirka 2.500 Jahren von irgendjemand anderem – ebenso unbekannt – aufgeschrieben wurde. Daraus leitete der Apostel *Paulus* vor rund 1.900 Jahren ab, dass durch Adam (nicht Eva!) die Sünde auf die Erde kam. *Augustinus* dachte sich dann vor 1.500 Jahren das Konzept der »Erbsünde« aus, Papst *Clemens XI.* führte 1708 den Feiertag der *Unbefleckten Empfängnis* ein und vor nicht einmal 200 Jahren, nach unendlichen Diskussionen, wurde von *Pius IX.* beschlossen, dass Marias Erbsündelosigkeit Bestandteil des Glaubens sei.

Festzuhalten ist zusätzlich, dass die Erbsünde in dieser Form in den »Heiligen Schriften« genauso wenig erwähnt wird, wie Maria eine besondere Stellung zuerkannt wird. Sie taucht nur nebenbei bei der Geburt und bei der Kreuzigung als Randfigur auf. Ihre Eltern, Anna und Joachim, die für die Unbefleckte Empfängnis verantwortlich gewesen wären, scheinen gar nicht auf. Lediglich in apokryphen Schriften – die einst als nicht glaubenskonform abgelehnt wurden – werden die Eltern Annas erwähnt.

Das sind die unbestrittenen Fakten und wir sehen klar und übersichtlich den Missbrauch von Dogmen, um eine falsche Lehre aufzubauen. Sei es aus mangelnder Überlegung, aus der Not, die Geschichte konsistent zu halten, oder nur, um die Gläubigen bei der Stange zu halten: Die Erfindung von Mariä Unbefleckter Empfängnis ist nicht haltbar. Sie beruht auf Spekulationen längst vergangener Kirchenfürsten, die auch von völlig falschen Voraussetzungen ausgingen. Als Dogmen, wie jene von der Unbefleckten Empfängnis, auftauchten, glaubten die Menschen noch daran, dass *Mose* seine fünf Bücher selbst geschrieben habe, die Texte wurden damals wörtlich genommen und daraus Lehren abgeleitet. Im Bestreben, den höchst verwirrenden erzählerischen Background widerspruchsfrei zu machen und eine in sich konsistente Lehre zu begründen, verdrehten christliche Philosophen den damaligen – wie wir heute wissen falschen – Wissensstand bis zur Unkenntlichkeit.

Die unüberwindbare Grenze zwischen Glauben und Wissen liegt zwischen den Stufen C und D unserer Glaubenspyramide. Sobald wir die Eckpfeiler unseres Glaubens akzeptiert haben und in die Welt der Dogmen und Geschichten eintauchen, regiert die Wissenschaft. Sie erklärt uns, was physikalisch oder biologisch passierte, die Forschung belegt, was von Gott und was von Menschen kam, wann und wo manche Ideen auftauchten, die heute als Allgemeingut nicht mehr hinterfragt werden.

Jedem Menschen steht es frei, zu glauben, was er für richtig hält. Und jedem Zeitgenossen des dritten Jahrtausends ist es zuzumuten, dass er darüber nachdenkt, wie seine Glaubenslehren entstanden sind. Das ist der Mindeststandard eines modernen, gebildeten Menschen, den wir – gerade, wenn wir gläubig sind – sicherstellen müssen. Sonst laufen wir Gefahr, *leicht*gläubig zu werden.

Jeder von uns sollte Glauben in größtmöglichem Maße respektieren, genauso wie wir andererseits auch einfordern können, dass unserer Einstellung nicht durch Verdammungen, Exkommunizierungen (was mir egal wäre) oder Bombengürtel (was mir nicht egal wäre) entgegengetreten wird.

Brennende Bücher

Seit Jahrtausenden toben Kämpfe, welche Schrift »heilig« sei, was Gottes Wort und was im Gegenteil falsch, blasphemisch und häretisch wäre. Auch wenn wir am Beginn dieses Abschnitts festgelegt haben, dass Texte eine Sache der Erforschbarkeit sein müssen, halten sich Dogmatiker aller Religionen keineswegs daran. Die geforderte Trennlinie zwischen Fakten und Glauben wird selten eingehalten und das geschriebene Wort, das analysierbar und wissenschaftlich zuordenbar wäre, verkommt zur doktrinären Verbalkeule. Rufen wir uns in Erinnerung, dass den uns bekannten und erhaltenen Schriften eine Unzahl von vernichteten Texten, verbrannten Büchern und ausgelöschten Autoren gegenübersteht. Wer an etwas glaubt, kann dies nie beweisen. Eine abweichende Meinung muss daher bekämpft werden, denn Argumente gibt es immer für beide Positionen. Die Wahrheit in Glaubensfragen bleibt allen verborgen. Und was ist das beste Hausmittel gegen eine andere Ansicht? Genau, man lässt sie einfach verschwinden.

Jede Religion hat ihre eigene Sammlung an ketzerischen Schriften, die irgendwann der gerade herrschenden Lehre widersprachen und daher dringlichst beseitigt werden mussten. Wenn ein Dogma behauptet, irgendetwas sei göttlich oder heilig gewesen, wenn eine Überlieferung von Wundern oder mystischen Heldentaten berichtet, wenn in Büchern spirituelle Aussagen und Glaubenssätze überliefert werden, dann muss dafür gesorgt werden, dass alles, was dem widerspricht, verschwindet. Das betrifft die unbequemen Widerspruchsgeister, die Ketzer, aber auch deren Texte, die am Gefüge der Lehrmeinung kratzen.

Im jüdisch-christlichen Kulturkreis haben eine ganze Menge alt- und neutestamentarischer Schriften überlebt, die nicht den Weg in den Kanon fanden. Schriften, die in Vergessenheit geraten hätten sollen, aber doch überdauert haben. Vor allem diverse düstere Apokalypsen erfreuten sich in gewissen Kreisen immer schon einer starken Beliebtheit. Abschriften der in 1945 im ägyptischen Nag Hammadi gefundenen Apokalypsen des Paulus, Jakobus, Adam und des Petrus können heute wieder in jeder Buchhandlung erstanden und schaudernd konsumiert werden. Eine andere Petrus-Apokalypse war bereits im zweiten Jahrhundert weit verbreitet und beliebt. Auch diese Schrift wurde lange nach dem Tod des authentischen Petrus verfasst. Der Verfasser hat sie wohl dem Apostel in die Schuhe geschoben. Die Baruch-Apokalypse, die 1866 in einer Bibliothek in Mailand wiederentdeckt wurde, verspricht ebenfalls eine wohlige Gänsehaut. Visionäre Geschichten und der Weltuntergang sind eben kurzweilig, und wenn sie dabei noch geheimnisvoll – gnostisch – sind, umso besser. Das fördert den Absatz und verheißt den Lesern geheimes Wissen.

Aber auch verbotene Erzählungen vom Leben Jesu und der Heiligen haben die Zeit überdauert und können heute wieder frisch gedruckt konsumiert werden. Ebenso aus dem Fund von Nag Hammadi existiert ein berühmtes Thomas-Evangelium, dessen Autor sich hunderte Jahre nach Jesu Tod als dessen Apostel ausgab. Offenbar war das damals ein beliebter Kunstgriff, um die Glaubwürdigkeit der eigenen Schrift zu erhöhen. Daneben sind noch Evangelien von Johannes, Bartholomäus, Maria Magdalena, Marcion, Judas, Petrus, Nikodemus, Philippus, Jakobus, Thomas und viele mehr bekannt. Die abgelehnten, unterdrückten oder einfach bislang unbekannten Evangelien erzählen ihre eigenen Geschichten vom Leben Jesu, die streckenweise von den vier kanonischen Evangelien recht munter abweichen. Lesen können Sie diese Schriften allemal, die Gefahr, als Ketzer am Scheiterhaufen ein loderndes Ende zu finden, ist recht gering geworden.

Doch oftmals widersprechen nicht nur überlieferte, religiöse Texte den Dogmen der Kirchenfürsten, auch profane Werke können ketzerisch an der diktierten Lehre anstreifen. Derlei irrgläubige Bücher wurden von der Kirche seit 1559 im »Index Librorum Prohibitorum« gesammelt und aufgelistet. Wurde ein Autor angezeigt, so wurde ein Indizierungsverfahren eingeleitet, an dessen Ende im schlimmsten Fall die Aufnahme in den Index stand und damit das Verbot, das Werk zu besitzen, zu verkaufen oder es auch nur zu lesen.

Der Kirchenhistoriker *Hubert Wolf* berichtet von Verfahren gegen völlig banale Werke, die aus heutiger Sicht völlig unverständlich scheinen.[57] Sogar gegen *Karl May* und seinen »Winnetou« wurde eine Anzeige erstattet, die allerdings von Rom nicht weiter verfolgt wurde.[58]

Ernster behandelt wurden der leidlich bekannte *Adolph Freiherr von Knigge* und seine Ausführungen zu gutem Benehmen. Immerhin war der Autor ein Freimaurer und Illuminat. Er galt als begeisterter Anhänger von Alchemie, Magie und Theosophie, und war somit in höchstem Maße suspekt.[59] Ratschläge dieses weltlichen Autors zum Umgang mit dem Klerus, den er für hochmütig, intolerant und habgierig hielt, waren dementsprechend distanziert und aus einer pragmatischen Perspektive verfasst. Das mag wohl für den Denunzianten *Knigges* ein wesentlicher Kritikpunkt an dessen Werk gewesen sein und Anlass für das Verfahren gegen das Werk »Über den Umgang mit Menschen«.

Noch viel grotesker ist ein Verfahren gegen die Autorin des bekannten Sklavenromans »Onkel Toms Hütte« *Harriet Beecher Stowe*. Die Geschichte handelt von einem tiefgläubigen Sklaven, der sich aus christlicher Nächstenliebe weigert, als Aufseher andere Sklaven zu züchtigen. Letztlich stirbt er durch seine Standhaftigkeit den Märtyrertod. Was der Autorin und dem Buch vorgeworfen wird, ist der soziale Kontext. Das Werk ruft zum Widerspruch gegen das herrschende System der Sklaverei, gegen die Obrigkeit auf. Und das muss natürlich falsch sein, denn die soziale Ordnung beruht auf dem rechten Glauben. Wer gegen das System ist, muss auch gegen Gott sein. Die von den Protagonisten hochgehaltenen Prinzipien der Tugend und Frömmigkeit wiegen nichts gegen den frevlerischen Wunsch, die Ketten der Sklaverei zu zerschlagen und sich dann frei in einem unabhängigen afrikanischen Staat niederzulassen. So kam der erste Prüfer der Kongretation, ein gewisser *Salvatore Angelo Demartis*, zum Schluss, dass das Werk zu verbieten sei, um die »Wurzel des Irrtums« auszureißen.[60] Auch wenn ein Zweitgutachter zu einem gegenteiligen Ergebnis kam und das Werk letztlich nicht auf dem Index landete, zeigt allein das angestrengte Verfahren die übergroße Angst vor gefährlichen Schriften. Sie könnten Unruhe im Volk erzeugen und die immer schwieriger zu erhaltene Konformität eines homogenen Glaubens gefährden.

Als der Index unter Papst *Paul VI.* 1966 schließlich aufgelöst wurde, umfasste er mehr als 6.000 Werke, die gegen die Glaubenslehre verstießen. Bücher über Sex, Philosophie, Theologie und eigentlich alles wurden auf den Prüfstein gelegt, auf dogmatische Verträglichkeit geprüft und schließlich verboten. Es war ein anderer Paul, der IV. nämlich (1476–1559), der auf die grandiose Idee kam, missliebige Schriften zu sammeln und diese Liste verbotener Bücher, genannt *Index Librorum Prohibitorum*, zu veröffentlichen.

Skurrilerweise gelang *Paul IV.* damit ein veritables Eigentor. Sein eigenes, liebevoll verfasstes Büchlein »Liber inscriptus Consilium de emendanda Ecclesia«, das von den Missständen der Kurie handelte, landete sofort selbst auf dem ersten veröffentlichten Index. Die Kongregationsmitglieder, ein Gremium bestehend aus Kardinälen, wollten offenbar keine Kritik an ihrer Lebensweise hören. Selbst dann nicht, wenn die Kritik vom Papst und dem Erfinder des Index selbst stammte. Somit sah sich Papst *Paul IV.* gezwungen, seine eigene Kommission zu maßregeln und sich selbst wieder vom Index zu nehmen. Als kleine Entschädigung blieb Papst Pius II. als Verfasser ketzerischer Schriften im Index und war damit verboten. Das Dogma der unfehlbaren Päpste kam erst Jahrhunderte später, damals konnte also ruhigen Gewissens Amtsvorgängern widersprochen werden und sie der Verdammnis anheimfallen lassen.

Literarische Riesen fanden ihren Weg in den Index. Namen wie *Honoré de Balzac, Emile Zola, Alexandre Dumas* (sowohl der Ältere als auch der Jüngere), *René Descartes, Thomas Hobbes, Jean-Paul Sartre, Simone de Beauvoir, Gustave Flaubert, Heinrich Heine, Victor Hugo, Im-*

manuel *Kant*, *Jean-Jacques Rousseau* und *Voltaire* finden sich darin. Welcher Autor würde sich nicht sehnlichst wünschen, in diesen Kreis unsterblicher Literaten aufgenommen zu werden?

Vom Erfinder des Index ist hingegen nur mehr wenig bekannt. Wir wissen heute noch, dass sich Papst *Paul IV.* vor allem durch Korruption und Vetternwirtschaft auszeichnete. Nach seinem Tod wurden überall in Rom Freudenfeste veranstaltet und im Überschwang der Palast der Inquisition in Brand gesteckt.

Während neben *Paul IV.* auch praktisch alle folgenden Päpste der völligen Vergessenheit anheimgefallen sind (außer taxativ in Geschichtsbüchern), leben die Genies des *Index Librorum Prohibitorum* in Schulbüchern und unzähligen wissenschaftlichen Werken ewig weiter. Sie werden zitiert und besprochen, sie sind Teil unseres kulturellen Erbes. Diese Köpfe haben unsere Kultur jeweils ein gutes Stück weiter gebracht. Sie haben nicht nur einzelne Menschen, nein, ganze nachfolgende Generationen bereichert. Wer heute am Ende seines Lebens behaupten könnte, er wäre ebenbürtig mit den Mitgliedern des *Index Librorum Prohibitorum*, könnte wohl von höchstem Ruhm und einem unsterblichen Lebenswerk ausgehen.

Auch das Ende des Index entbietet eine gewisse Komik. Die Ankündigung der Auflassung erfolgte zuallererst durch ein Männermagazin, das bislang eher durch den Abdruck dürftig bekleideter Mädchen bekannt war. Der *Gente* veröffentlichte im April 1966 ein Interview mit Kardinal *Alfredo Ottaviani*, in dem dieser beiläufig erwähnt hatte, dass der Index keine Geltung mehr habe. Erst im darauffolgenden Sturm der Neugier gab der Vatikan im Juni bekannt, dass dies richtig sei: Der *Index Librorum Prohibitorium* war Geschichte.

Das Verbot einer Schrift und die Androhung der Exkommunikation bei Zuwiderhandeln sind jedoch oft nicht genug. Besser und nachhaltiger wirkt die Vernichtung aller gedruckten Exemplare, und das vorzugsweise durch Feuer. Papier brennt nun mal gut.

Die Geschichte birgt eine Unmenge an Bücherverbrennungen. Ob es sich um politisch motivierte oder religiöse handelt, Scheiterhaufen aus brennenden Büchern sind starke Signale, um eindringlich auf die Falschheit von Texten hinzuweisen. In trauriger Erinnerung bleiben uns die großen Feuer der Nazis 1933 »wider den deutschen Geist«, bei denen unzählige Bücher jüdischer, marxistischer oder pazifistischer Schriftsteller den Flammen zum Opfer fielen.

Derlei Verbrennungen gibt es, seit es Bücher gibt. Vor bereits über zweitausend Jahren ließ der erste Kaiser von China *Qin Shihuangdi* (259–210 v.Chr.) alle Bücher von nicht meinungskonformen Schulen in ganz China verbrennen. Ein Protest von 460 Gelehrten gegen diese massive Vernichtung von Wissen endete damit, dass sie samt und sonders hingerichtet wurden.

Es ist schwer, eine Hitparade der größten Literaturvernichtungen der Menschheit anzufertigen. Quer durch alle Kulturkreise und Jahrhunderte erwärmten sich Machthaber an den Flammen unerwünschter Schriften. Oft genug wurden nicht nur Bücher, sondern auch gleich deren Besitzer mitverbrannt. In Bihar in Indien wurde 1193 nicht nur eine der bedeutendsten und größten buddhistischen Bibliotheken jener Zeit den Flammen übergeben. Der türkische Eroberer *Bakhtiyar Khilji* ließ auch gleich tausende Mönche, Lehrer und Studenten bei lebendigen Leib mitverbrennen. Dieses Massaker an Menschen und Literatur soll auf Grund der Menge Monate gedauert haben.

Natürlich ist auch die christliche Geschichte voll von groß inszenierten Bücherverbrennungen. Das Feuer bietet sich an, um unerwünschtes Papier loszuwerden, und auch die Inquisition fand es eine gute Idee, Andersdenkende mitzuverbrennen. So wurde der Reformator *Jan Hus* (1372–1415) nicht nur auf dem Scheiterhaufen dem Feuertod preisgegeben, gleichzeitig wurden seine Schriften mitverbrannt.

Manchmal wurde Feuer mit Feuer bekämpft. So geschehen im Jahre 1520, als Papst Leo X. die Verbrennung der Schriften Martin Luthers anordnete. Dieser nahm die Herausforderung an und verbrannte seinerseits am 10. Dezember des Jahres unter großem öffentlichen Beifall die päpstliche Bannandrohungsbulle und gleich ein paar kanonische Rechtsbücher mit. Dass ihn daraufhin der Papst endgültig exkommunizierte, erscheint nachvollziehbar.

Natürlich war auch profane Literatur nicht vor den Flammen sicher. In England wurde 1618 das »Boocke of Sportes« (dt. Buch des Sports) durch den Henker in einer öffentlichen Hinrichtung verbrannt. Die dort beschriebenen Vergnügungen des Bogenschießens, Tanzens oder Springens seien Frevel gegen die Sonntagsruhe, zu verdammen und zu vernichten, lautete das Urteil.[61] Auch die Komödie »Tartuffe« des großen Dramatikers *Molière* (1622–1673) musste leider im Jahre 1664 in den Flammen aufgehen, ebenso wie das Erziehungsbuch »Émile« von *Jean-Jacques Rousseau* (1712–1778) im Juni 1762. Beides offenbar üble Ketzerei.

Welche Meinung man auch immer über Internet und Fortschritt haben mag, eines ist gewiss: Bücherverbrennungen werden wohl künftig der Vergangenheit angehören. Was ungezählte Male elektronisch auf Computern gespeichert ist, kopiert und verschickt werden kann, dessen Verbrennung zahlt sich nicht mehr aus. Ein weltweites Löschen eines Textes scheint heute unmöglich geworden zu sein. Das Internet vergisst nicht, heißt es. Hoffen wir, dass das stimmt. Denn dann sind unsere Bücher endlich in Sicherheit.

Schriften sind Menschenwerk. Unsere Vorfahren haben sie verfasst, manchmal in lauterer Absicht, manchmal, um ihre Macht zu festigen. Um Kritik zu unterbinden, wurden religiöse Schriften gerne als »heilig« erklärt, und umgekehrt, unbequeme Meinungen als »unheilig« verboten und verbrannt. Mit Gottes Willen hat das nichts zu tun.

Zusammenfassung Stufe D: Hier weicht der Glaube physisch vorliegenden Artefakten und wissenschaftlich erforschbaren Texten. Von Menschen niedergeschrieben müssen wir anerkennen, dass diese Texte auch fehlerhaft und widersprüchlich sein können. Die alleinige Behauptung, es seinen »heilige Schriften«, hat nicht verhindert, dass manchmal willkürliche Behauptungen zur Bekräftigung der eigenen Meinung aufgestellt wurden. Wer nicht leichtgläubig sein will, muss sich damit auseinandersetzen, welche Texte er als Grundlage seiner religiösen Praxis akzeptiert und welche nicht.

Glaubenspyramide Stufe E – Vereinsmeierei

Mit einem Aufschrei fiel *Felix Manz* zu Boden, er war gestolpert und längs auf den Holzbohlen des Stegs aufgeschlagen. Kurz blickte der Gestrauchelte auf seine vor dem Oberkörper gefesselten Hände, die jetzt bluteten und in denen nun sicherlich Holzsplitter steckten. Doch er rappelte sich sofort wieder in die Höhe, liegenzubleiben war nicht seine Art.

Aufgerichtet überragte seine große, breite Gestalt die beiden Büttel, die ihn links und rechts weiterstießen und nicht unwesentlich zu seinem Sturz beigetragen hatten. Seine langen blonden Haare wehten im kalten Winterwind und ungebrochen richtete *Manz* wieder seine klugen, blauen Augen auf die Menge, die an den Ufern des Limmat auf ihn wartete. Gefesselt und bedrängt trug er deutliche Spuren der Misshandlung. Trotzdem, und auch wenn seine Kleidung stark in Mitleidenschaft gezogen war, beeindruckte seine stolze Haltung. Ein großer Mann, im doppelten Sinn des Wortes.

Zahlreiche Schaulustige, zufällige Passanten und Freizeitsadisten, aber auch einige seiner Anhänger tummelten sich an diesem 15. Januar im Jahre des Herrn 1527 links und rechts des Flusses und ergötzten sich an dem Schauspiel. Der Wind peitschte das schwarze Wasser und ließ weiße Schaumkronen auf den Wellen tanzen. Eine düstere, unruhige Flut, die mitten durch Zürich hin zum See strömte. Genau in der Mitte wurde der Fluss durch den Wellenbergturm geteilt. Ein freudloses, steinernes Verlies, das nur durch ein Boot erreichbar war. Dorthin wurden Mörder, Vergewaltiger, Brandstifter gebracht – und *Felix Manz*. In dieser Abgeschiedenheit war nicht nur die Inhaftierung Strafe, auch die Einsamkeit in der Mitte des Flusses und die Hoffnungslosigkeit ob einer offensichtlich unmöglichen Flucht sollten Teil der Züchtigung sein. Eine Haft dort zeigte den Delinquenten und dem Rest der Bevölkerung: Diese sind ausgestoßen, sie sind nicht mehr Teil unserer Gesellschaft. Die Botschaft an *Felix Manz* war genauso eindeutig gewesen: Du hast verspielt.

Plötzlich ein lauter Ruf: »Bleib standhaft!« *Manz* suchte in der Menge am Ufer nach der Ruferin und entdeckte seine Mutter zwischen den Menschen. Begleitet von seinem Bruder hatte sie sich unter die Schaulustigen gemischt und stand immer noch auf seiner Seite. Diese Treue schmerzte *Manz* fast, gab ihm aber auch wieder Kraft. Nicht alles war verloren, wenn es noch Anhänger gab, die zu ihm hielten, die seine Meinung für richtig ansahen.

Wie ein lästiges Insekt, dessen Surren erst nach einer gewissen Zeit wahrgenommen wird, schwatzte neben ihm ein eifriger Prediger. Er hatte den Auftrag, ihn zur Umkehr zu überreden. Doch was vermag ein kleiner Geist, ein Befehlsempfänger der Obrigkeit, gegen den großen *Felix Manz* auszurichten? Gestärkt durch das Bewusstsein, dass die Seinen noch immer hinter ihm standen, rempelte *Manz* den plappernden Priester zur Seite und begann, wieder laut zum Volk zu sprechen. Seine Botschaft war das, was er immer schon gesprochen hatte: Bekehrung, Rückbesinnung auf die Heilige Schrift, Aufruf zu einem Bekenntnis des Glaubens durch die heilige Taufe.

Ob viele in dem Getümmel seine Worte vernahmen? Doch was auch ohne Worte über die Fluten des Limmat zu sehen war und auch der eisige Wind nicht verwehen konnte, hier stand ein Mann, der nicht aufgab, der nicht wankte, der seinem Glauben treu blieb.

Genervt von so viel Unbeugsamkeit rissen die zwei Knechte *Manz* brutal zu Boden. Sie fürchteten wohl, dass ihnen der Delinquent die Show stahl. Rücksichtslos kniete sich einer der beiden auf seinen Rücken und fixierte ihn, während der andere unbarmherzig seine Füße zusammenband. Gemeinsam drehten sie *Manz* um, der jetzt an Händen und Beinen gefesselt war. Der eine schlug dem Wehrlosen einige Male mit der Faust ins Gesicht. Die beiden Schergen packten seine Unterarme und zogen sie über die Knie, sodass seine gebundenen Hände unter den Knien an den Schienbeinen lagen. Rasch steckte der eine einen Stock zwischen Kniegelenke und Arme. *Manz* musste in dieser gekrümmten, embryonalen Haltung völlig hilflos am Boden liegen bleiben. Unfähig zur kleinsten Bewegung musste er alle Schmähungen und Tritte der Bewaffneten über sich ergehen lassen. Wie so oft in der Geschichte, ergötzten sich die Soldaten an der Wehrlosigkeit des Gefesselten.

Doch selbst in dieser furchtbaren Situation gab *Manz* nicht auf. Mit lauter Stimme begann er zu singen: »In manus tuas Domine commendo Spiritum meum«, zu Deutsch »In Deine Hände, Herr, übergebe ich meinen Geist«. Ob er sich in diesen Minuten mit Jesus Christus verglich, der bekanntlich mit ähnlichen Worten seinem Tod entgegengesehen hatte?

Angewidert packten die zwei Scharfrichter den Singenden und schoben ihn an die Kante zum Wasser hin. Mit einem kräftigen Tritt stieß ihn der eine in die eisigen Fluten. Höhnisch lachend sahen sie zu, wie der so unwürdig Gefesselte hilflos im Limmat versank. Doch des Spaßes war noch nicht genug: Wie um sicherzugehen, dass der Ertrinkende nicht mehr auftauchte, griff sich einer der beiden eine Stange und stieß mehrmals im Wasser nach *Manz*. Nicht, dass plötzlich ein Wunder den Verurteilten befreite und er wieder emporstieg. Was wusste man schon?

Nach wenigen Minuten war das Spektakel vorbei. *Felix Manz* ertrank in den eisigen Fluten der winterlichen Limmat. Sein Leichnam wurde geborgen, die Menge zerstreute sich. Wieder einmal war eine protestierende Stimme für immer verstummt.

Was hatte *Felix Manz* verbrochen, dass er ein so unwürdiges Ende fand? Wie wir heute offen aussprechen dürfen: Nichts! Er war nur anderer Meinung in der Ausübung religiöser Praxis. Ein frommer Christ, ermordet von anderen Christen, die nicht seiner Meinung waren. Es ging nicht um Fragen des Glaubens, nicht um das Wort Gottes oder die Heilige Schrift, sondern nur um Details in der Ausübung religiöser Praxis, die *Manz* das Leben kosteten.

Manz ist einer der prominentesten christlichen Märtyrer, die durch die Hand anderer Christen ihr Ende fanden. Es ist wert, sein Leben ein wenig zu beleuchten. Er wurde als uneheliches Kind eines Züricher Geistlichen mit einer einfachen Frau aus dem Kirchendienst geboren. Als hochbegabter Schüler – sicherlich auch durch Unterstützung seines leiblichen Vaters – hatte er die Gelegenheit, eine profunde Schulbildung zu erlangen und sich später dem Studium des Hebräischen, Griechischen und natürlich des Lateinischen zu widmen. Einiges deutet darauf hin, dass *Manz* eine Zeitlang in Paris studierte. Zu seinen Lehrern zählte der berühmte

Hebräist und Mathematiker *Johann Böschenstein*, bei dem er vermutlich den ersten Kontakt mit den Züricher Reformatoren rund um *Huldrych Zwingli* gehabt hatte.

Der junge *Felix Manz* war ein höchst frommer Intellektueller, der sein Leben dem Glauben gewidmet hatte. Er veranstaltete private alttestamtliche Bibelrunden, bei denen Aspekte des Alten Testaments diskutiert wurden. Rasch sammelte sich eine eigene Gemeinde um den jungen Gelehrten und ließ sich von *Manz* die Heilige Schrift erklären.

Beeinflusst vom Kreis *Zwinglis*, aber auch selbst ein kritischer Geist, begann *Manz* schon bald, Vorschläge für die Verbesserung der religiösen Praxis zu äußern. Seine Ideen dienten einer christlichen Lebenspraxis, die sich an der Bibel orientierte. Manches davon war geschaffen, um den Zorn der Obrigkeit zu erregen. Beispielsweise seine Forderung, wahre Christen dürften sich nicht mit der Waffe des Mordes schuldig machen und müssten den Wehrdienst verweigern, konnte den Adel nur erzürnen. Auch der Gedanke, alle Türschlösser zu entfernen, war nicht nur für die vermögenderen Bürger ein Affront. Ein spätmittelalterlicher Kommunismus, der auf wenig Verständnis stieß. Der größte Stein des Anstoßes war jedoch die Erkenntnis, dass die Säuglingstaufe dem Neuen Testament widerspricht. Jesus war als Erwachsener getauft worden (Mk 1,9–11) und taufte selbst nur Mündige, die ihren Glauben bekennen konnten. Es war für *Manz* völlig unverständlich, dass die Kirche Säuglinge taufte, die doch nicht begriffen, was mit ihnen geschah. Nur ein gereifter Mensch könne sich frei entscheiden, dem Erlöser nachzufolgen und die heilige Kirche anzuerkennen, davon war *Manz* überzeugt. Ein neugeborenes Baby zu taufen, sei so sinnlos wie ein Darlehensvertrag mit einem Kleinkind. Wie im Neuen Testament beschrieben, sollen nur wahrhaft Gläubige der Taufe teilhaft werden. Die Zwangsbeglückung unmündiger Kinder müsse ein Ende haben.

Aus dieser Frage entsprang ein jahrelang dauernder Disput, der auch die beiden Kritiker *Zwingli* und *Manz* entzweite. Alle Versuche *Manz'*, in zahlreichen Gesprächen eine Einigung mit den anderen Reformatoren und mit der Obrigkeit zu erzielen, scheiterten. Seine »Protestation und Schutzschrift« (ca. 1525) an den Züricher Stadtrat wurde als Häresie verstanden. Der Verfasser sowie seine Mitstreiter wurden aufgefordert, Zürich »mit Weib, Kind und Gut« zu verlassen und jegliche Predigertätigkeit zu unterlassen.

Unbequem und unbeugsam wie *Manz* war, begann er jetzt erst recht eine intensive Predigertätigkeit in der Schweiz und versuchte, Gläubige dahingehend zu bekehren, dass die Taufe nur bei Erwachsenen vollzogen werden sollte. Dass dies nicht einfach hingenommen werden würde, war vorhersehbar. Zahlreiche Verhaftungen folgten, doch *Manz* blieb stur. Noch hatte niemand seine Meinung mit logischen Argumenten widerlegen können. Der Vorwurf der Häresie griff für ihn nicht, da es keine biblische Quelle gab, der er widersprochen hätte. Kein Gefängnis konnte ihn beugen, denn in der Sache hatte er recht – zumindest war niemand in der Lage, ihm sein Unrecht ohne Dogmatik nachzuweisen. Stets predigte und taufte er weiter Erwachsene, sobald er wieder auf freiem Fuß war.

Seine starke Haltung und die Logik seiner Argumente überzeugten: Die Schar der »Wiedertäufer« wurde zunehmend größer. Immer mehr Menschen schlossen sich seiner Meinung an, dass das Sakrament der heiligen Taufe bekennenden Christen vorbehalten sein sollte und nicht plärrenden Babys.

Doch sein Querulantentum gegen die Amtskirche und die regionale Politik Graubündens war von Anfang an zum Scheitern verurteilt. Gegen die Mächte der irdischen Gewalt kam ein einzelner Prediger – und wenn er noch so erfolgreich ist – nicht an. Auch der kämpferische Weg des *Felix Manz* fand schließlich im Urteil des Züricher Bürgermeisters an jenem Nachmittag im Januar sein Ende.

Ob *Felix Manz* recht hatte? Das bleibt für immer unentscheidbar, da die Heilige Schrift, das Wort Gottes, keinerlei Hinweise gibt, ob Säuglinge oder Erwachsene getauft werden sollen. Unzweifelhaft ist nur eines: Jesus und seine Jünger tauften keine Kleinkinder.

Wer sich zu Gott bekannte, der wurde rituell in das Wasser eines Flusses (bei *Johannes dem Täufer* beispielsweise in den Jordan) getaucht. Das Ab- und wieder Auftauchen symbolisierte einen Neubeginn und eine Waschung von seinen bisherigen Sünden. Wer sich entschloss, diesen Weg künftig zu gehen, sollte befreit von seiner Schuldenlast sein und frisch den neuen Lebensabschnitt beginnen.

Später wurde begonnen, Neugeborene zu taufen, mit dem Argument, dass man das Kind von den ersten Tagen an vor der Verdammnis schützen wolle. Es widersprach der Logik der diabolischen Bestrafung, Kleinkinder zur Hölle zu schicken, nur weil sie noch keine Gelegenheit zur Taufe gehabt hatten. Doch damit entfiel dummerweise auch das bewusste Entscheiden für Gott. Die Taufe wandelte sich vom Symbol der Schuldbefreiung und dem Bekenntnis zu Gott in einen Aufnahmeritus wider Willen. Klarerweise wurde eine solche Veränderung nicht kritiklos durchgesetzt. Bereits *Tertullian* (ca. 150–220) empörte sich über die Zwangstaufe an unmündigen Kindern. »Gebt das Heilige nicht den Hunden und werft eure Perlen nicht den Schweinen vor«[62] zitierte er Matthäus und sorgte sich darum, dass die Taufe an Unwürdige verschwendet würde. Wer weiß schon, welche Erwachsenen später aus den getauften Säuglingen werden? Für ihn war die Taufe eine »schwere Bürde«[63], die bewusst eingegangen werden musste.

Doch die Kindstäufer setzten sich durch und im Laufe der Jahrhunderte wurde dieses Ritual an Kleinkindern ein fixer Bestandteil des christlichen Lebensweges. Letztlich bleibt es aber nur ein Brauch, Kinder zu taufen, der an keiner Stelle von Gott oder Christus angeordnet ist. Der beständige

Disput zwischen Befürwortern und Gegnern endete irgendwann und die Kindstaufe blieb über. Es hätte genauso gut auch für die Erwachsenentaufe ausgehen können. Als Sakrament ist beides gleich gültig, daran herrscht kein Zweifel.

Felix Manz starb nicht, weil er ein Ketzer gewesen wäre. Er wandte sich auch nicht gegen eine Auslegung der Heiligen Schrift. Seine Aussage war nur, dass ein gewisser Brauch, Menschen bereits als Kinder zu taufen, nicht zielführend sei. Seine Kritik betraf nicht Gott, nicht den Glauben an Ihn, auch nicht die Bibel oder das Sakrament der Taufe an sich, sondern nur eine Tradition, die nicht einmal schriftlich festgehalten war. Ein Ritual, das schon lange bestanden hatte, aber weder richtig noch falsch war, genauswenig wie die Ablehnung dieser Gepflogenheit.

Von Menschen für Menschen gemacht

Nun sind wir auf dem erdigen Boden des menschlichen Lebens angelangt. Auf dieser letzten Stufe E der Glaubenspyramide findet sich all das, was eindeutig nicht Gott und den Kernbotschaften des Glaubens zugeordnet werden kann, auch nicht zu den religiösen Schriften gehört, sondern von Menschen für die irdische Organisation erfunden worden ist. Neben Brauchtum, Ritualen und Gewohnheiten finden wir hier die Buchhaltung eines Pfarrgemeinderats, die Anschaffung von Gesangsbüchern für die Kirche, die Prämie der Feuerversicherung der Kirche oder den Arbeitsvertrag der Pfarrsekretärin. Dinge, die für den Betrieb einer Kirche notwendig sind, aber nichts mit dem Glauben an Gott zu tun haben. Derlei Themen finden sich in jeder Religion. Überall sind Kirchen, Moscheen oder Tempel zu betreiben, Schriften zu drucken, Websites zu betreiben, Angestellte zu bezahlen.

Wir finden auf dieser Stufe außerdem das weite Problemfeld irdischer Verfehlungen von Vertretern der Kirche.

Wenn ein Angestellter der Kirche, beispielsweise ein Priester, eine Straftat begeht, unterliegt dies (auch) der weltlichen Gerichtsbarkeit. Dann handelte der Delinquent nicht als Stellvertreter Gottes, als geweihter Repräsentant einer Glaubensgemeinschaft, sondern als fehlbare Person, die gegen unsere Regeln verstoßen hat. Auch hier kommt Gott nicht vor, ein Mensch wird von Menschen gerichtet.

Es gab in letzter Zeit speziell rund um die römisch-katholische Kirche mehrere Kritikpunkte an der realen Verwaltung, die die Emotionen hochkochen ließen. Vor allem die Stellung der Frau, der skandalöse Umgang mit sexuellem Missbrauch durch Geistliche, der Zölibat und nicht zuletzt die ungeliebte Kirchensteuer sorgten für Proteste, die bis heute nicht verstummt sind.

Auch der Islam hat seine Probleme mit dem realen Leben: Wenn ein »Islamischer Staat« Gott und Politik vermengt, entsteht Chaos, meist auf dem Rücken einfacher Menschen ausgetragen, die von diesen Konflikten gar nichts hören wollen. Was Kemal Atatürk vor 100 Jahren sehr wohl verstanden hatte, leuchtet unseren Zeitgenossen nicht mehr ein.

Alle diese Themen haben nichts mit unserem Glauben zu tun. Egal, was ich auf den Stufen A bis C beschlossen habe zu glauben, diese irdischen Belange sind Probleme, die sich die Menschen selbst eingebrockt haben. Gott ist dabei außen vor und was wir keinesfalls hinnehmen dürfen, ist der Versuch, diese Vereinsmeierei als »Gottes Willen« zu deklarieren, um andere Ansichten mundtot zu machen. Dieses finale Argument unbeugsamer, machtgieriger Despoten ist die letzte rhetorische Keule, die dann ausgepackt wird, wenn jede Vernunft scheitert. Frauen in der Kirche? Geht nicht, Gott will es nicht! Zölibat aufheben? Nicht möglich, weil Jesus das so gewollt hätte. Kirchensteuer? Gottes Wille!

Die Terrororganisation »IS« erwirtschaftete 2015 zwei Milliarden Dollar, was der Finanzierung von Waffen und Söldnern dient. All das findet unter dem Argument statt, dass »ein Muslime nur von einem Muslimen regiert werden soll«, was auf den Propheten Mohammed zurückgeführt wird. Allahs Wille geschehe! Bilal Erdoğan, Sohn des türkischen Präsidenten Recep Erdoğan, kontrolliert dazu den Erdölexport der vom IS besetzten Territorien und unterstützt damit den Terror gegenüber einer völlig hilflosen Zivilbevölkerung in Syrien.[64] Warum nicht? Es ist ja für den rechten Glauben.

Will Gott Steuern von uns?

Welche irdische Institution erregt mehr Widerstand als das Einheben von Steuern? Schon Jesus musste sich mit der Frage auseinandersetzen, ob Steuern gerechtfertigt sind. (»Gebt dem Kaiser was des Kaisers ist« war seine Antwort, Lk 20,25, wir erinnern uns.) Lassen Sie uns einen kurzen Blick auf die Kirchensteuer werfen.

Wo stehen solche irdischen Alltagsprobleme in unserem Pyramidenkonzept? Klarerweise ganz unten auf der Basis der Pyramide, weit weg von Glaubensfragen. Es sollte keinerlei Berührungspunkte geben. Doch ist das in der Praxis wirklich so?

Bei über einer Milliarde Katholiken ist klar, dass dies einen gewaltigen Organisationsaufwand verursacht. Nur die riesigen Nationen China und Indien kommen auf eine vergleichbare Verwaltungsgröße. Andere Religionen wie der Islam oder der Hinduismus sind nicht dermaßen hierarchisch strukturiert, eher auf lokaler Ebene organisiert und weisen entsprechend weniger Organisationsaufwand auf. Die zweitgrößte, geschlossene christliche Konfession ist mit 100 Millionen Gläubigen die russisch-orthodoxe Kirche. Die protestantischen Bekenntnisse spalten sich wieder in einzelne, kleinere Gemeinschaften auf, sind aber immer noch riesige Apparate. Allein die Protestanten Deutschlands umfassen 23 Millionen Mitglieder. Wir sprechen bei Glaubensgemeinschaften in der Regel von gewaltigen Gesellschaften mit einem unvergleichlichen Verwaltungsapparat. Das größte Unternehmen der Welt, *Royal Dutch Shell*, mutet da im Vergleich mit seinen knapp 500.000 Miterbeitern geradezu zwergenhaft an.

Jeder, der einmal in einem Verein tätig gewesen ist, weiß, was es für einen Aufwand bedeutet, eine Handvoll Menschen zu administrieren: Mitgliedsverzeichnisse, Adressverwaltung, Aussendungen, Beiträge einheben, zahlungsunwilligen Mitgliedern nachlaufen, Abstimmungen organisieren, eine Hierarchie etablieren, um entscheidungsfähig zu sein, juristischer und vertraglicher Krempel, Mieten, Gehälter, Gestaltung eines Jahresprogramms, Eventmanagement und, und, und. Ein Verein, der zehn Angehörige zählt, muss erfahrungsgemäß einen davon zur Administration abstellen. Wenn sich die Mitgliederzahl der Hundert nähert, arbeitet schon eine Handvoll Angestellter für den Verein und es muss eine Hierarchie installiert werden. Je mehr Mitarbeiter tätig sind, desto komplizierter wird alles. Bald muss eine zweite Hierarchieebene eingezogen werden, ein Berichtswesen, Personalmanagement, Mitarbeitergespräche, Jahresprämien. Der Verwaltungsaufwand steigt exponentiell mit der Anzahl der Mitwirkenden. Bei drei Hierarchiestufen sind bereits über 25 Prozent der Belegschaft ausschließlich mit der Verwaltung der übrigen drei Viertel beschäftigt, die wiederum nichts anderes tun, als Mitglieder zu administrieren. Personalmanager und Unternehmer kennen diesen Mechanismus zur Genüge.

All diese in der Organisation tätigen Menschen beziehen Gehälter, sitzen in Büros, die bezahlt werden müssen, und organisieren Clubräumlichkeiten, Veranstaltungen, Publikationen, die für die Teilnehmer kostenlos sein sollen, den Verband aber trotzdem Geld kosten. Eine Menge Scheine wechselt zwischen den Händen, bis das System eines Vereins endlich rund läuft.

Dennoch jammern in allen Klubs, und natürlich auch in jeder Glaubensgemeinschaft, die Mitglieder über die Gebühren. Es sei zu viel, zu oft, zu wenig Gegenleistung, nicht nachvollziehbar, man wisse nicht, wohin das Geld geht.

Die Mitarbeiter einer Interessengemeinschaft sind Idealisten und nur der Sache verpflichtet. Sie kümmern sich nicht um die finanzielle Gebarung oder haben keine Ahnung davon. Es gibt keinen Eigentümer, der das Wohl seiner Firma im Auge hätte und mit Argusaugen über der Finanzgebarung seiner Angestellten wacht. Aber, und das ist der Knackpunkt, Geld ist mehr als genug da, denn viele Mitglieder zahlen auch viel ein, Monat für Monat, Jahr für Jahr, unermüdlich wird gespendet.

Kaum eine Vereinigung, die nicht ihren Skandal um verschwundene Mittel, missbräuchlich verwendetes Vereinseigentum oder überzogene Spesenabrechnungen hat. Sobald es eine gemeinschaftliche Kasse gibt, in der eine große Menge an Mitgliedsbeiträgen lagert, kommt einer auf die Idee hineinzugreifen. Sowie ein Spesenkonto eingerichtet wurde, gibt es einen, der meint, sich daraus frei bedienen zu dürfen.

Wir haben vom Bischof von Limburg gelesen, der beschuldigt wurde, sich auf Kosten der Gemeinde einen Palast gebaut zu haben. Wir lasen von einem Pfarrer aus Unterfranken, der über eine Million Euro an Kirchengeldern auf die Seite geschafft haben soll. Wir hörten von einem Kardinalstaatssekretär, der sich seine 700 m²-Wohnung um 400.000 Euro mit Geldern des von ihm geleiteten Kinderkrankenhauses umgebaut haben soll. Oder auch vom Bischof von Attika, Panteleimon, der rechtskräftig von einem griechischen Gericht zu sechs Jahren Haft verurteilt wurde, nachdem er mehrere Millionen an Kirchengeldern veruntreut haben soll.

Aber wir erfuhren genauso vom inzwischen als schuldig verurteilten Kassier eines großen Sparvereins, der 13 Millionen Euro aus der Vereinskasse entwendet hatte, um damit an der Börse zu spekulieren. Oder wir hörten vom Vorstand eines großen Automobilclubs, der sich mit Rettungshubschraubern herumfliegen ließ. Oder von einem FIFA-Vizepräsidenten, der 750.000 Dollar Hilfsgelder für Erdbebenopfer in Haiti unterschlagen haben soll. Nicht nur Kirchen, alle Formen von Vereinen, politische Parteien, Kammern und ähnliche Gemeinschaften kennen das Problem: Es gibt eine prall gefüllte Kasse, desinteressierte und unachtsame Eigentümer und früher oder später taucht mit Sicherheit jemand auf, der sich bedienen will.

Solche Vorkommnisse demotivieren die Mitglieder, ihre Beiträge zu zahlen. Verständlich, aber trotzdem sind diese Zahlungen für das Fortbestehen des Vereins oder der Glaubensgemeinschaft notwendig. Und wir sprechen nicht vom lokalen Tennisverein, nein, wir reden von einer Religionsgemeinschaft, die Immobilien in Form von tausenden Kirchen, Grundeigentum erhalten und verwalten muss und hunderttausende Angestellte hat. Dafür hebt die römisch-katholische Kirche in Deutschland jährlich rund fünf Milliarden Euro ein, die evangelische Kirche nochmals etwa 4,6 Milliarden. Dieses Geld wird für Gehälter, Immobilienkosten (Kirchen), Bildung und Karitatives verwendet.

Obwohl klarerweise diese Finanzmittel für den kirchlichen Betrieb unerlässlich sind, behilft sich die römisch-katholische Kirche gern mit dem Lieben Gott, wenn verzweifelt Argumente für das Geldeintreiben gesucht werden. Die römisch-katholische Kirche in Deutschland und Österreich steht auf dem Standpunkt, dass sie Menschen, die keine Steuer zahlen, die von Christus eingesetzten Sakramente verweigern dürfe. Stellen wir uns das bildlich vor: Eine letzte Beichte des reuigen Sünders, um Erlösung zu erlangen, wenn noch eine Rate offen ist? Nein! Eine Taufe eines sterbenden Kleinkindes, wenn die Eltern im Rückstand sind? Nope! Krankensalbung, wenn der Todkranke säumig mit der Steuer ist? Keinesfalls! Gottes Gnade gibt es nur gegen Münzeinwurf!

Man kann nur hoffen, dass ein Priester nicht weiß, wenn er einen Steuerschuldner vor sich hat oder dass er heimlich darüber hinwegsieht.

Der Kirchenrechtler *Hartmut Zapp* wollte das genau wissen: Er trat 2007 aus der »Kirche, Körperschaft öffentlichen Rechts« aus und verkündete, weiterhin streng gläubiger Christ zu sein. Warum auch nicht, jeder kann an Christus glauben, selbst ohne Mitgliedschaft in einem Verein. Auch aus seiner Gemeinde wollte er sich nicht verabschieden, sogar zahlungswillig blieb er! Er verweigerte nur das System der Zwangsmitgliedschaft und der Besteuerung. Gott hat uns die Sakramente für das ewige Leben geschenkt, wie kann das ein Steuereintreiber einem Christen verwehren? Das wollte nicht in den Kopf von *Hartmut Zapp* hinein und er ließ es darauf ankommen.

Er unterlag: Die letzte Instanz, das Bundesverwaltungsgericht, gab der Beschwerde der römisch-katholischen Kirche recht. Ein Austritt aus dem irdischen Verein »Kirche« und gleichzeitiger Verbleib in der ideellen Glaubensgemeinschaft sei nicht möglich. Wer an Gott glauben will, muss zahlen. You wanna pray? You gonna pay![65]

Auch in der bekannten Urkundensammlung »Der Glaube der Kirche« von Neuner-Roos aus dem Jahre 1992 wird klargestellt, dass »... niemand außerhalb der katholischen Kirche ... des ewigen Lebens teilhaftig wird, vielmehr verfällt er dem ewigen Feuer, das dem Teufel und seinen Engeln bereitet ist. ... Mag einer noch so viele Almosen geben, ja selbst sein Blut für den Namen Christi vergießen, so kann er doch nicht gerettet werden, wenn er nicht im Schoß und in der Einheit der katholischen Kirche bleibt.«[66] Die Verfasser dieses Standardwerks können uns mit diesen Zeilen ganz genau Auskunft darüber geben, was Gott will und was mit Steuerflüchtigen nach ihrem Tod passiert. Das Urteil des Bundesverwaltungsgerichts mutet dagegen richtig harmlos an.

Das System der Kirchensteuer verdanken wir dem Artikel 13 des Reichskonkordats, das *Adolf Hitler* mit Papst *Pius XI.* 1933 geschlossen hatte und die Kirche zur Einhebung von Steuern ermächtigt. Dieses Konkordat gilt bis heute.

Zusätzlich werden die Personalkosten für Priester und Pastoren in Deutschland vom Staat getragen und nicht durch die Konfessionen selbst finanziert. Als historisch christliches Land lässt sich die Bundesfinanz seine Religionen auch einiges kosten. Zu den Kirchensteuern, die die Finanzämter für die Kirchen einziehen müssen, kommt nochmal rund das Doppelte an Subventionen für Religionsunterricht, Denkmalpflege, Seelsorge, Stiftungen, Ausbildung von Theologen, Pensionen für kirchliche Würdenträger, Rundfunksendungen, Missionswerke und anderes.

All jene, die keiner Glaubensgemeinschaft angehören, sollten wissen, dass in Deutschland knapp 20 Milliarden Euro ihrer Steuern und Abgaben an Religionsgemeinschaften ausgeschüttet werden – zusätzlich zu den Einnahmen aus der Kirchensteuer und unabhängig davon, ob der Steuerzahler Mitglied der Kirche ist oder nicht.

Meine persönliche Meinung dazu? Wer die Leistungen eines Vereins in Anspruch nimmt, sollte kein Problem damit haben, ein paar Euro dafür einzuzahlen. In Österreich beträgt der Beitrag 1,1% vom steuerbaren Einkommen. Dieser Beitrag wird aber dann für die Berechnung der Einkommenssteuerbasis gutgeschrieben und nicht doppelt besteuert (maximal 400 Euro im Jahr 2016). In Deutschland ist die Kirchensteuer ein Zuschlag auf die bereits berechnete Einkommensteuer. In den einzelnen Bundesländern werden unterschiedliche Sätze von zusätzlich 8–9% Prozent erhoben. Bei einem Monatsbrutto von 3.000 Euro fallen in Berlin beispielsweise 39,76 Euro (Steuerklasse I) an, das wären 1,3%.

Das sollte leistbar sein, wenn man aktiv am Vereinsleben

teilnimmt und die Sonntagsmessen, Sakramente, Beichtge-
spräche und Ablässe »konsumiert«.

Andererseits bezahlen wir aus unserer normalen Einkom-
menssteuer ohnedies eine Menge für die Kirche. Jeder Be-
rufstätige berappt mit seiner Steuer jährlich um die 500 Euro
für Religionsgemeinschaften, ob er nun Mitglied einer Konfession ist oder nicht.

Das ist die Kehrseite der Medaille: Jeder Angehörige dieser Vereine sollte sich sehr stark dafür interessieren, warum
die Kirchen mit ihrem Geld so schlecht auskommen. »Die
Kirchen bewegen – ohne Caritas und Diakonie – ein Finanz-
volumen von knapp 35 Milliarden Euro pro Jahr. Die Hälfte
bezahlt der Steuerzahler, knapp zehn Milliarden die Mitglieder, sieben Milliarden stammen aus Zinsen, Erträgen, Mieten oder Pachten«, stellt der Politologe, Autor und Journalist
Carsten Frerk klar.[67] Sie ärgern sich über die Kirchensteuer?
Dann müssen Sie sich auch über jenen Betrag ärgern, den Sie
zusätzlich mit Ihrer Lohnsteuer bezahlen müssen.

Eine Frage bleibt noch offen: Wer sind die Menschen, die
die Kirchensteuer bezahlen? Wer sind die braven Gläubigen,
die ihr sauer verdientes Geld der Kirche abtreten? Die er-
nüchternde Antwort: Kirchen finanzieren sich wie Fitnessstudios! Neben den sprudelnden Einnahmen aus Einkom-
menssteuer, Mieten und Zinsen bezahlen zum Großteil Kar-
teileichen den Beitrag und kaum aktive, gläubige Menschen.

Die überragende Mehrheit der Kirchensteuerzahler war
schon jahrzehntelang in keiner Kirche mehr. Eine EU-wei-
te Erhebung kam zum Ergebnis, dass 25 Prozent der Deutschen dezidiert weder an Gott, Geister oder sonstige höhere
Mächte glauben.[68] Nur 58% glauben überhaupt an einen
Gott und nur 2,6 Millionen Deutsche gehen zumindest ab
und an in einen Gottesdienst. Rein rechnerisch müssen zumindest fünf Prozent der zahlenden Katholiken und Protestanten in Deutschland überzeugte Ungläubige sein. Von den
verbliebenen, zahlenden Gläubigen sind die Praktizierenden

rein statistisch nur mehr eine Splittergruppe.[69] Es ist wie im Fitnessstudio ums Eck: Einmal angemeldet, vergessen die Mitglieder regelmäßig, sich wieder abzumelden. Sie zahlen den Beitrag einfach weiter, auch wenn sie schon jahrelang nicht mehr trainieren waren. Sowohl die traditionellen Religionsgemeinschaften als auch Fitnessstudios leben sehr gut davon, dass nur ein winziger Prozentsatz wirklich aktiv mitmacht. Sonst müssten wir zehnmal so viele Kirchen bauen, entsprechend mehr Priester einstellen, mehr Verwaltungsangestellte beschäftigen. Das kann sich kein Fitnessstudio leisten und die Amtskirche auch nicht. In Summe läuft es also eigentlich ganz gut.

Werfen Sie einen Blick in die Finanzgebarung der eigenen Pfarre, blicken Sie unter die Decke der offiziellen Zahlen, prüfen Sie die Kostenrechnung Ihrer Glaubensgemeinschaft. »Wissen Sie, was das größte Problem der Kirche in Deutschland ist? Sie hat zu viel Geld«, meinte *Joseph Ratzinger*, emeritierter Papst *Benedikt XVI.*[70] Ein Verein, der vom Staat und von Papiergläubigen in Milliardenhöhe finanziert wird, sollte von seinen Mitgliedern einmal genau unter die Lupe genommen werden. Es wird nicht nur beim Bischof von Limburg einiges zu finden sein, das verbesserungsbedürftig ist.

Wenn Sie jetzt das Gefühl haben, die Amtskirche, die Kirchensteuer, die Verwaltung, seien gar nicht so heilig, sondern ganz und gar irdisch, dann habe ich mein Ziel erreicht. Diesen Eindruck wollte ich Ihnen vermitteln: Lassen Sie sich nicht einreden, Gott hätte irgendetwas mit diesem Verwaltungskram zu tun. Derlei ist zwar notwendig, aber kritisierbar und nicht Gottes Werk.

Weder hat Gott die Kirchensteuer erfunden noch den Zölibat. Auch dieser ist eine Erfindung von Menschen und nur ein Bestandteil des irdischen Kirchenrechts, nicht der Dogmen.

Enthaltsamkeit – um Gottes willen!

»Die Kleriker sind gehalten, vollkommene und immerwährende Enthaltsamkeit um des Himmelreiches willen zu wahren«,
heißt es im Kirchenrecht.[71] In der Ausbildung sollen junge
Priester lernen, dass der Zölibat »als eine besondere Gabe
Gottes in Ehren zu halten« sei[72], wird dort vorgeschrieben.

Wieder finden wir diese elende Vermengung von Glauben und menschlichem Willen. Es waren Menschen, die sich
das ausgedacht haben. Egal, was wir von Askese, Enthaltsamkeit und anderen Selbstbeschränkungen halten mögen,
es war niemals Gottes Wille, sondern eine moralische Forderung von längst verstorbenen Menschen, die auf diese Idee
gekommen sind.

Das erste Mal taucht der Zölibat im vierten Jahrhundert
in einem Briefwechsel des römischen Bischofs *Siricus* (334–
399) auf, der die Ansicht vertrat, Priester müssen keusch
leben, um den täglichen Gottesdienst würdig feiern zu können. Um diese Aussage verstehen zu können, müssen wir
uns in Erinnerung rufen, dass jene Zeit von der Gnostik geprägt war. Das Körperliche galt als unrein oder gar verdam-
mungswürdig. Askese und Enthaltsamkeit waren anzustre-
bende Ideale. Das damalige Frauenbild war ebenfalls hinterfragbar: Der große und verehrte Kirchenlehrer *Augustinus von Hippo* (354–430) vertrat die Ansicht: »Das Weib ist
ein minderwertiges Wesen, das von Gott nicht nach seinem
Ebenbilde geschaffen wurde.« Ein anderer bedeutender Kir-
chenvater, *Johannes Chrysostomos* (349–407), meinte: »Die
Weiber sind hauptsächlich dazu bestimmt, die Geilheit der
Männer zu befriedigen.«

In einem Umfeld, das das Sexuelle als verwerflich und
Frauen als schmutzige Geschlechtsspielzeuge der Männer
ansah, entwickelte sich der Wunsch nach asketischen Priestern. Der *Hl. Hieronymus* (347–420) fürchtete gar, dass
sich der verheiratete Klerus letztlich »durch nichts mehr von
Schweinen unterscheidet«.

Die Synode von Elvira um das Jahr 300 verbot den Klerikern zuerst einmal den Geschlechtsverkehr (Canon 33), wenn auch nicht die wirtschaftlich oft lebensnotwendige Heirat mit einer Frau. In der Synode von Orange (441) wurde dann die gänzliche, lebenslange Keuschheit von Klerikern eingefordert. Doch erst im zweiten Laterankonzil im Jahr 1139 wurde unter Papst *Innozenz II.* die Priesterehe als ungültig erklärt.

Neben der kultischen Reinheit, die für Priester gefordert wurde und in vielen Kulturen mit sexueller Askese einhergeht, gab es aber auch noch reale Argumente. Im Zeitalter des Investiturstreits herrschte in Europa das Eigenkirchenrecht. Das bedeutete, dass die Kirchen samt deren Priestern dem Adeligen des Landstrichs gehörte, auf dem die Kirche stand, und nicht Rom. Der Landherr setzte einfache Landgeistliche ein, die gehorsam nicht nur die Gläubigen betreuten, sondern als Vasallen auch den Acker und das Vieh des Kirchenhofs bestellen mussten und ihren Zehent abzuliefern hatten. Die eingehobenen Steuern und Gebühren flossen dem Landherrn zu, der Priester musste um sein Auskommen kämpfen, Rom sah von dem Geld nichts. Personal war für die prekär lebenden Kleriker unerschwinglich, daher nahmen sich viele Landgeistliche (wie andere Kleinbauern auch) Frauen als billige Arbeitskräfte und zeugten Kinder, die ebenfalls am Hof mithelfen konnten.

Es entstand eine Klasse an Klerikerkindern, die erbberechtigt war und die Kirchen von ihren Vätern übernahm, diese weiterführte oder verkaufte. Natürlich war dies gänzlich gegen die Interessen der Kirche und zahlreiche Kirchenfürsten wehrten sich immer vehementer gegen die Simonie, den Handel mit Kirchenämtern.

Das Konzil von Pavia (1022) erklärte alle Klerikerkinder zu Unfreien, Sklaven der Kirche, um der Kirche ihren Besitz zu sichern. Ziel war es, die Erbkirchen herauszulösen und wieder der Amtskirche einzugliedern. Der Kleriker sollte nur

Rom unterstellt sein und sich voll und ganz auf sein geistliches Amt und den Gehorsam Rom gegenüber konzentrieren. Der Zölibat war genau das Mittel, das dieses Vorhaben sichern konnte. Wer nicht mitmachen wollte, wurde exkommuniziert. Ein stets bewährtes Schwert, mit Ansichten anderer umzugehen: Du bist nicht meiner Meinung? Dann kann es sich nur um Häresie handeln und du bist des Teufels!

Heute, tausend Jahre danach, ist der Zölibat etwas Alltägliches geworden. Es gehört zum Alltag, wenn Seelsorger ihre Sexualität in Heimlichkeit ausleben müssen. Denn, dass viele Geistliche nicht sexuell enthaltsam leben, davon können wir ausgehen. Der Psychiater *Richard Sipe* erhob in einer Umfrage, dass 25 Prozent aller US-amerikanischen Priester Verhältnisse zu Frauen unterhielten. 30 Prozent gaben an, homosexuell zu sein, wovon zwei Drittel eine feste Beziehung zu einem Mann unterhielten.[73] In Deutschland ermittelte *Eugen Drewermann*, dass von 18.000 in Deutschland lebenden Pfarrern mindestens 6.000 ein Verhältnis mit einer Frau hatten. In Österreich beruft sich der Theologe *Paul Zulehner* auf Studien, die belegen, dass aktuell bis zu 50 Prozent des österreichischen Klerus eine Beziehung zu einer Frau pflegen.[74] Ein Missstand, der immer öfter offen angesprochen wird. Das Hauptbestreben Roms, derlei geheim zu halten, um den Anschein zu wahren, gelingt immer seltener.

Missbrauch in der Kirche

Die Haltung der katholischen Kirche ist »per se eine Basis für Perversion« formuliert der Psychologe *Philipp Schwärzler*, Verfasser des Berichts der Plattform für Betroffene kirchlicher Gewalt.[75] Nur so ist zu erklären, dass knapp 80% der 15.849 Missbrauchsopfer, die seit 2014 von der Bischofskonferenz in einer Metastudie untersucht wurden, Männer und Knaben unter 25 Jahren sind. Das Durchschnittsalter der Opfer ist erschreckende zwölf Jahre. Ebenso erschreckend ist, dass mehr als drei Viertel der sexuellen Missbräuche gewaltsam erfolgte, Vergewaltigungen, und dass den überführten Priestern durchschnittlich mehr als fünf Opfer nachgewiesen werden konnten.[76] Die Täter sind brutale, pädophile Wiederholungstäter im schwarzen Rock, so lässt sich das Ergebnis der Studie zusammenfassen.

Im Vergleich zum Rest der Gesellschaft ist die Anzahl an Straftaten unter Priestern stark erhöht. Die Metastudie der Bischofskonferenz befasste sich mit den wenigen, dokumentierten Missbrauchsfällen in neun Ländern (USA, Deutschland, Irland u.a.). In Summe Regionen, in denen rund 75.000 Priester tätig sind und wo über 15.000 Missbrauchsfälle bekannt wurden. Das unfassbare Ergebnis: Auf fünf Priester kommt ein Fall sexueller Gewalt!

Abseits der Kirche geht man international von rund einem Prozent pädosexuell orientierter Menschen aus.[77] Doch diese werden wiederum nur zu einem geringen Anteil straffällig. Der Anteil an pädosexuell-kriminellen Tätern liegt im Promillebereich. Auch ist die pädophile Straftat zum überragenden Großteil physisch gewaltfrei. Meist geht es um Streicheln, Zusehen, Angreifen, ebenso verwerflich, aber ein gänzlich anderes Täterprofil als der typische, brutale Vergewaltiger in der Kutte. Es steht völlig außer Zweifel, dass das autoritäre, zolibatäre Umfeld der katholischen Kirche eine Sonderform sexueller Gewalt produziert, die außerhalb der Kirche kaum anzutreffen ist.

Das sind Fakten und es ist erschütternd, dass sich eine Institution, die sich der Liebe und Moral verschrieben hat, diesen Fehler nicht mit aller Konsequenz erkennen und korrigieren will.

Natürlich verrichtet der Großteil der Kleriker eine großartige und wichtige Arbeit. Es sind gute Menschen und es geht hier nicht darum, Vorurteile zu stärken oder Misstrauen zu schüren. Ohne Priester wäre in vielen Bereichen Sozialarbeit gar nicht möglich und selbstverständlich möchte niemand Geistliche pauschal des Missbrauchs verdächtigen. Dennoch muss offen ausgesprochen werden, dass die Amtskirche nach wie vor die Augen vor den sexuellen Problemen seiner Priester verschließt. Das hat nichts mit dem Glauben an Gott zu tun, hier geht es um irdische Rahmenbedingungen, die grauenhafte Verbrechen begünstigen oder gar hervorrufen.

Viri probati im Aufstand

Doch nicht nur rund um die mehr oder weniger heimlich sexuell aktiven Priester bricht die Mauer des Schweigens auf. Auch die offiziell anerkannten *Viri probati* proben den Aufstand. Das sind verheiratete Männer, die auf Grund ihrer »vorbildlichen Lebensweise« später geweiht wurden. Das Priesteramt dürfen sie jedoch nicht ausüben, wogegen immer stärkerer Protest laut wird. Auch der bei der Weihe zu leistende Schwur, nach dem Tod der Ehefrau nicht mehr zu heiraten (und Kinder allein großzuziehen) wird von Medien inzwischen als sittenwidrig angeprangert.

Im umgekehrten Fall, wenn ein katholischer Priester später heiratet, verliert er alles. Es gibt seit 1977 ein Abkommen zwischen römisch-katholischer und protestantischer Kirche in Deutschland, dass ein konvertierter katholischer Geistlicher nicht von der protestantischen Gemeinde angestellt werden darf. Wenn sich ein Pfarrer für eine Frau entscheidet und zum Protestantismus konvertiert, kann er nicht einmal mehr als Religionslehrer in seinem Umfeld arbeiten. Er muss die Heimat verlassen, aus den Augen aus dem Sinn. Die Lieblingslösung für die katholische Amtsgewalt. Dabei sind es nicht gerade wenige, die derart verstoßen werden. Insgesamt haben in den letzten 30 Jahren über 100.000 katholische Priester ihr Amt zugunsten einer Ehe aufgegeben.

Doch manche haben Glück: Den willkürlich verliehenen Dispens aus Rom, die Erlaubnis zu heiraten oder verheiratet Priester werden zu dürfen, genießen in Österreich um die 30, in Deutschland mehrere hundert Geistliche, weltweit etliche Tausend.[78] (Der Vatikan hält die genauen Zahlen natürlich geheim.) Diese hatten einfach das Glück, dass – aus welchen Gründen auch immer – eine Ausnahme gemacht wurde und sie ihr Leben wie wir alle leben und ihren Beruf ausüben dürfen. Ich persönlich kenne einen äußerst engagierten Pfarrer im nördlichen Österreich, der vor Jahrzehnten sein Amt niederlegte, um zu heiraten, ausgestoßen wurde und unlängst als Verheirateter, Großvater und Unternehmer vom Bischof wieder eingesetzt wurde. Der Priestermangel bewog seine Exzellenz zu einem Meinungsumschwung.

Jeder kann, ähnlich wie bei der Kirchensteuer, seine eigene Meinung dazu haben. Wer sich entscheidet, in Askese zu leben, um seiner spirituellen Berufung voll und ganz folgen zu können, möge dies tun.

Wenn ein Arbeitgeber einen Dienstvertrag auflegt, der das Sexualverhalten seiner Mitarbeiter mit Pönaledrohungen in die Heimlichkeit treibt, dann klingt das zumindest grob sittenwidrig. Ich kenne kein anderes Unternehmen, das derlei von seinen Angestellten fordert.

Hier möge sich jeder sein eigenes Bild schaffen. Worum es in diesem Kapitel geht – um den logischen Faden wieder aufzunehmen – ist die Verwerflichkeit, solche Weltanschauungen mit Gottes Wort legitimieren zu wollen. Wenn jemand argumentiert, dass Askese gut sei, dann möge er dies historisch, psychologisch, soziologisch, philosophisch, praktisch, juristisch oder sonstwie argumentieren. Aber was absolut nicht geht, ist das Hineinzerren Gottes in diese Ebene des religiösen Stufenbaus. Gott steht uns hier nicht als Argumentationshilfe zur Verfügung. Auch wenn es noch so verführerisch ist, zu sagen »Gott will es so«, so muss jeder vernunftbegabte Zeitgenosse anerkennen, dass diese Argumentation seit tausend Jahren passé ist.

Lassen wir Gott und unseren Glauben an Ihn auf den oberen Ebenen unserer Systematik und gehen wir getrost davon aus, dass Zölibat, Kirchensteuern und auch jede andere Vereinsmeierei Menschenwerk sind und nur durch vernünftige Argumente vertret- oder widerlegbar sind.

Zusammenfassung Stufe E: Eine Kirche ist eine irdische Institution, die verwaltet werden will. Dafür sind Regeln und eine Finanzgebarung nötig wie in anderen Unternehmen auch. Wichtig ist, dass dies nichts mit Gott zu tun hat. Eine Argumentation von organisatorischen Maßnahmen als Gottes Wille ist verwerflich und strikt abzulehnen.

KAPITEL 4
Glaubt noch irgendjemand?

Nun, wo wir endlich Ordnung in unser spirituelles Leben gebracht haben, ist es leicht geworden, zwischen Überirdischem, an das wir glauben wollen, und menschlichem Wissen, freiem Willen, Taten und belegbaren Ereignissen zu unterscheiden. Manches, an das wir glauben wollen, an das können wir nur glauben. Vieles aber, das in den Brei der Religiosität hineingeworfen wurde, müssen wir als von Menschen willkürlich festgelegte Willensäußerungen entlarven und hinterfragen.

Warum wir glauben

Warum glaubt der Mensch überhaupt? Wozu sollen wir in unserer aufgeklärten Welt noch an irgendetwas glauben? Erschlägt uns die Fülle des heute Beweisbaren nicht schon völlig? Wozu noch weitere Inhalte hinzufügen, wo wir doch die Realität nicht mehr verarbeiten können? Wir leiden schon an *Information overload*, wie es der Futurologe *Alvin Toffler* bezeichnete.[79] Brauchen wir zusätzlichen *Content*?

Nach wie vor sind Kirchen aller Glaubensrichtungen gut gefüllt, trotz aller Austrittswellen. Die beiläufige Frage »Glaubst du an Gott?« begegnet uns regelmäßig und zeigt uns, dass Gott immer noch ein Thema ist. Vor Gericht schwören wir auf ein Kruzifix mit zwei brennenden Kerzen, »so wahr mir Gott helfe«. Wir hören amerikanische Präsidenten regelmäßig verlautbaren, dass sie für irgendjemanden beten. Und trotz aller Zweifel ist der Segen *Urbi et orbi* zu Ostern weltweiter Quotenbringer: 217 Fernsehstationen übertragen in 74 Länder, einige hundert Millionen Zuseher empfangen den Segen via Television.[80]

Glaube *ist* Teil unseres täglichen Menschseins. Es ist für uns seit tausenden von Jahren selbstverständlich, dass es viele Zeitgenossen gibt – mancherorts die Mehrheit –, die an Gott, an das Jenseits, an ein Leben nach dem Tod glauben wollen. Manche stellen sich das eine vor, andere etwas anderes, kaum zwei glauben an exakt das Gleiche. Aber geglaubt wird.

Ernst Bloch meinte »Die Religion ist der Seufzer der bedrängten Kreatur«[81] und umschreibt damit ein menschliches Bedürfnis. Eine Beobachtung, die sich mit der Tatsache deckt, dass jede menschliche Kultur ihre Götter kennt, egal ob auf einer Südseeinsel, in einer Großstadt oder auf einem sturmumtobten Berggipfel. Ist in uns der Wunsch zu glauben ererbt und verankert? Oder können wir aus diesem allgemeinen Drang zur Religion auf die Existenz eines Schöpfers schließen?

Wenn wir ein wenig überlegen, kommen wir rasch auf eine Liste an Motivatoren, warum der Mensch seit jeher die Ursache für gewisse Ereignisse in jenseitigen Mächten suchte. Wir finden schnell die Hintergründe, warum so viele Hilfe von außerhalb unseres Erfahrungsschatzes erflehten, warum wir seit hunderten Generationen die Verantwortung für unser Leben bereitwillig abgegeben haben. Ohne einen Anspruch auf Vollständigkeit erheben zu wollen, lassen sich rasch ein paar Grundprobleme des Menschen aufzählen, die mithilfe des Glaubens an das Jenseits gelöst werden können.

Der Tod. Der Tod ist etwas Unfassbares. Selbst einige der rationalsten Menschen, die ich kenne, wollen es nicht wahrhaben, dass durch den Tod die »Maschine Mensch« abgeschaltet wird. Sie hoffen auf irgendeine Form des Weiterlebens. Zu abstrakt ist der Gedanke, dass der Mensch, der als biologischer Mechanismus sich seiner selbst bewusst ist, mit dem Stillstand des Motors diese Funktionalität verliert. Die Aussage »Mist, ich bin jetzt tot« ist nicht möglich, weil wir zu diesem Zeitpunkt nicht mehr zu denken vermögen. Denken und ein Ich-Bewusstsein funktionieren nur in der kurzen Zeitspanne ab der Kindheit bis zum Tode. Vorher und nachher reduziert sich der Mensch auf einen bunten Haufen Biochemie. Vor dem Selbsterfahren in den ersten Lebensjahren und nach dem Tod gibt es keine Entität mehr, die sich seiner selbst bewusst wäre und den Satz »Ich bin« formulieren könnte. Nur wer denkt, ist, wer nicht mehr denken kann, ist nicht mehr.

Dieser Gedanke ist natürlich schrecklich. Alles, was wir sind und was wir tun, ist auf den winzigen Radius unseres Erlebens zugeschnitten. Etwas anderes, jenseits des Tellerrandes, wollen wir nicht wahrhaben oder können wir nicht verstehen. Was wir aber ohnedies nicht verstehen können, das ist ein freies Gärtlein unserer Fantasie, in dem wir beliebige Bilder schaffen können, was denn nach dem Tode sein möge.

Dieses Gärtlein bestellen wir eifrig, um uns die Angst vor dem Tode zu nehmen. Dort vergraben wir die Furcht, nicht mehr alles zu erreichen, was wir uns vorgenommen haben. Oder die Sorge, dass wir das Schöne, das wir heute kennen, nicht mehr zur Verfügung haben. Oder auch die Angst vor dem Unbekannten: Was bedeutet es, nicht mehr zu sein, wie fühlt sich das an? Fühlen wir unendliche Einsamkeit im Angesicht des Erlöschens unseres Lebens? Sind wir erdrückt von der Vorstellung, dass der Tod niemals endet, keine zeitliche Beschränkung hat? Kein kindliches »Es tut mir leid«

kann den Tod ungeschehen machen, er ist so unermesslich brutal unumkehrbar. Wie soll ein Mensch mit diesen Gedanken klarkommen?

Dem Fremden begegnet man am besten, indem man sich ein Bild davon macht, was das Unbekannte sein könnte. Doch noch ist niemand vom Jenseits zurückgekommen. (Ich meine wirklich dort gewesen, nicht die inzwischen hinlänglich bekannten Lichttunnel-Erfahrungen von Nahtodpatienten.) Wir können uns unsere Idee vom Paradies frei zeichnen und so die Unsicherheit nehmen, was der Tod, denn eigentlich sei. Wir können dem Tod sogar ein Gesicht geben, einen Knochenmann vielleicht, denn was wir kennen, vor dem fürchten wir uns nicht so sehr.

Der Schmerz und die Trauer um Verstorbene finden in der Vorstellung eines jenseitigen Lebens Linderung. Die Hoffnung, geliebte Menschen wiederzusehen, tröstet uns. Es ist eben ein Unterschied, ob ich einem Kind sagen muss »Bello ist tot und kommt nicht wieder« oder ob ich ihm erzähle, dass es Bello jetzt gut geht und er auf einer himmlischen Wiese für immer mit seinen Hundefreunden spielen darf. Trauer lässt sich mit einer romantischen Vorstellung eines jenseitigen Paradieses oder der Wiederkehr als Reinkarnation leichter ertragen. Noch niemand hat das Paradies gesehen, auch die angeblich Reinkarnierten können sich leider nie an ihre früheren Leben erinnern. (Ich meine richtige, vollständige Erinnerungen, nicht verworrene Fantasien aus einer sündhaft teuren Channeling-Sitzung bei Madame Lenormand aus dem Kleinanzeigenteil der Lokalzeitung.) Da hilft die Vorstellung eines Himmelreichs doch ungemein, mit Trauer fertig zu werden.

Sinnstiftung. Dieses Argument ist der Angst vor dem Tod verwandt. Auch dabei geht es um die Furcht vor der Ungewissheit. Was hat das Leben für einen Sinn, wenn wir nicht zu einem bestimmten Zweck von Gott geschaffen wurden und unser Handeln am Ende gewogen und bewertet wird? Die Vorstellung, dass nach dem Tod das Selbstbewusstsein endet, ist erschreckend. Aber ebenso brutal ist der Gedanke, dass das eigene Leben nicht mehr Sinn hat, als das eines Regenwurms, der sich die wenigen Monate seiner Existenz durch die Erde wühlt. Nach unfassbar kurzer Zeit verschwindet das Lebewesen wieder und keiner bemerkt es. Das kann wirklich deprimierend sein.

Wer seinen Lebenszweck in einer Religion sucht, läuft andererseits in Gefahr, dass er seine Sinnstiftung aus dem Leben hinausdrängt und ins Jenseits verlagert. Nach dem Motto: Ich muss auf dieser Welt keinen Sinn finden, Gott findet den für mich. Wer *Viktor Frankl* gelesen hat, weiß, dass er auch in einem Konzentrationslager einen Lebenssinn finden konnte, der im Hier und Jetzt lag. (Wobei *Frankl* durchaus gläubig war.) Religion allein spendet noch keinen Sinn im Leben. Eine Religion mag eine Aufgabe sein, eine Pflicht, eine Freude, doch einen Sinn zu finden, bleibt uns Menschen überlassen.

Wer sein Heil in der Aussage sucht »Ich bin, weil Gott mich schuf«, der kommt unweigerlich früher oder später zur Frage, warum Gott das getan hat? Er, der so weit weg ist und nie mit uns spricht, was ist ihm eingefallen, als er uns geschaffen hat? Hatte dieser Akt des Schöpfens denn einen Sinn? Oder war das nur eine Laune meines Gottes, ein Zeitvertreib, ein Irrtum vielleicht? Wir werden es nie erfahren.

Doch wer in der Kirche eine Aufgabe sucht, als Vorbeter, Messdiener, im Kirchengemeinderat oder im Kirchenchor, der kann in dieser Funktion seinen Sinn finden. Mit dem Glauben hat das zwar nichts zu tun, einen Sinn bieten solche Arbeiten in der Gemeinde aber allemal.

Gerechtigkeit. Wer unterdrückt wird, wer nicht die Freiheit hat, sein Leben zu gestalten, wie er möchte, wer hilflos gegenüber Krankheit, Hunger, Krieg oder Terror ist, der kann seiner Ohnmacht ein Ventil öffnen, indem er Zuflucht bei einer überirdischen Instanz sucht. Wenn auf dieser Welt keiner für einen Armen spricht, so tut es vielleicht ein Gott, der dann doch für Ausgleich sorgt.

Das uns innewohnende Gefühl für Gerechtigkeit verlangt nach einer Balance, wenn das Pendel zu sehr in die andere Richtung ausschlägt. Wer ständig Pech hat, will sich zumindest damit trösten, dass er im Jenseits für seine Mühen entschädigt wird. Wer sich hilflos sieht, der findet Zuspruch durch überirdische Wesen, die ihm virtuell zur Seite stehen. Wer seinem Feind nicht die Stirn bieten kann, weil er zu schwach ist, dem bleibt die Hoffnung, dass der Strolch im nächsten Leben brennen wird.

Erklärungen für das Unverständliche. Wir wissen, dass Religionen aus dem Wunsch *zu verstehen* entstanden sind. Blitz, Donner, Tod und Krankheit, Hitze und Kälte, all diese Phänomene waren für unsere Vorfahren lange Zeit völlig unerklärbar, unvorhersehbar und nicht begründbar. Warum kam in einem Jahr viel Schnee und das nächste Jahr wieder keiner? Warum gedieh in einem Jahr die Ernte prächtig und dann verhagelte es drei Ernten hintereinander? Wieso stirbt das geliebte Kind so früh, während der böse Nachbar immer älter wird? Rationale Erklärungen dafür gibt es nicht und der Mensch hat ein riesiges Problem damit, wenn etwas nicht erklärbar ist.

Der Erfolg der menschlichen Rasse beruht darauf, dass wir für verschiedene Phänomene Erklärungsmodelle finden konnten. Das ist quasi eine Marotte von uns: Wir müssen alles erklären und hoffen, daraus die Zukunft deuten zu können. Einem Pferd ist es völlig egal, warum im Stall manchmal das Licht brennt und dann wieder nicht. Oder warum plötzlich Futter in seinem Trog ist. Es ist halt so, das Leben ist kompliziert. Für ein Tier ist nur wichtig, dass der Bauch voll ist. Sind Menschen Götter? Unerheblich, sie bringen das Fressen und spannen das Tier vor ihren Karren. Sie sind einfach mächtiger, ein Geheimnis gibt es dabei nicht.

Ganz anders denken wir, die wir alles verstehen und erklären wollen. Schon für unsere Vorfahren war das äußerst wichtig. Wir brauchten funktionierende Regeln, um Nahrung zu finden, oder das Wissen um die Ursachen von Krankheiten, um diese heilen zu können.

Biologisch macht unsere Rasse nicht viel her. Wir sind unfassbar langsam und schwerfällig (auch wenn wir uns einreden, dass unsere Sportprofis so toll seien), wir sehen schlecht und haben weder Reißzähne, Hörner noch Krallen. Zu allem Überfluss sind wir auch noch nackt und den Unbillen des Wetters viel härter ausgesetzt als andere Spezies. Das Systematisieren unserer Umwelt mit einfachen Regeln half uns trotzdem zu überleben. Fremde bringen oft Böses, daher ist bei abweichendem Äußeren Vorsicht geboten. Dunkle Wolken bringen Sturm, daher besser eine Höhle aufsuchen. Kamille lindert Magenschmerzen, Johanniskraut hilft bei Entzündungen, Ringelblume bei Ekzemen. Dieses Erfahrungswissen half uns zu überleben und wurde gesammelt und von Generation zu Generation weitergegeben.

Der Wunsch, Macht über die Welt und über die Zukunft zu gewinnen, wurde mit der Zeit immer stärker. Aus Beobachtungen wurden Gesetze abgeleitet und diese sagten uns, was sein wird oder was wir tun mussten, um unsere Ziele zu erreichen. Prinzipien zu konstruieren, wurde zu einer richtiggehenden Obsession des Menschen. Heute wenden wir unvorstellbare Mittel dafür auf.

Vergleichen wir: Wie viel Futter investieren ein Wolf oder ein Delphin in die Erklärung der Welt? Genau: nichts, nicht das kleinste Stückchen. Es ist diesen Tieren völlig egal, wie unser Planet funktioniert. Sie brauchen zum Überleben auch kein Wissen. Schnelligkeit, scharfe Zähne und richtige Reaktionen sichern ihre Existenz und sind ihnen viel wichtiger als zu verstehen, wie die Welt funktioniert.

Der Mensch hingegen investiert bei einem Weltbruttosozialprodukt von rund 74 Billionen Dollar (2015) und geschätzten Forschungsausgaben von zwei Prozent rund 1,5 Billionen Dollar jährlich in neue Erkenntnisse.

Doch wie soll eine so von Wissen besessene Spezies wie der Mensch damit umgehen, dass wir so vieles nicht verstehen? Der größte Gewinn des Dummen ist es, nicht zu wissen, dass er dumm ist. Je klüger wir werden, desto klarer wird die Erkenntnis, was wir alles nicht wissen. Selbst die simpelsten Dinge entziehen sich unserem Verständnis. Warum fällt beispielsweise ein Apfel vom Baum? Bis heute begreifen wir nicht ansatzweise, was den Apfel nach unten zieht? Jedes Kind sieht, dass er fällt. Doch warum er das tut, bleibt uns verschlossen.

Unsere klügsten Köpfe haben versucht, Regeln aufzustellen, wie schnell der Apfel fällt. Sir *Isaac Newton* fand als Erster ein Gesetz, das das Verhalten des fallenden Apfels zu beschreiben vermochte. *Albert Einstein* präzisierte das Verhalten der Schwerkraft in einem Raum-Zeit-Kontinuum und konnte sogar beschreiben, wie Licht von der Gravitation gekrümmt wird. Doch *warum* sie das tut, wusste auch er nicht. Wie *Newton* zeichnete auch *Einstein* die Natur nur nach, ohne ihre Ursachen zu verstehen. Was er im Großen tat, versucht die Quantentheorie im Winzigkleinen. Und auch diese Theorie beantwortet die Frage nach dem Grund der Anziehungskraft nicht, sondern beschreibt lediglich, was wir beobachten können.

Nach wie vor können wir nur versuchen, aus Beobachtungen Regelmäßigkeiten abzuleiten. Ähnlich Schimpansen in einer Versuchsanordnung, wo nach Tastendruck eine Banane erscheint, freuen wir uns, wenn wir mit der Zeit immer besser vorhersehen können, wann die Banane kommt. Aber wer die Bananen dort platziert und warum, vermögen wir nicht einmal zu erfragen.

Es ist paradox: Je länger der Mensch existiert, desto größer werden unsere Anstrengungen zu verstehen und mehr zu wissen. Und je mehr wir uns bemühen, desto mehr erkennen wir, wie wenig wir bereits verstanden haben.

Die Menschheit war einmal naiv wie ein kleines Kind, das in seinem Laufstall alles versteht und sich sicher fühlt. Später entdeckt es die elterliche Wohnung und lernt viel Neues. Aber es entdeckt auch, dass es hinter der Wohnungstür und vor den Fenstern noch mehr gibt und der Wissensdurst steigt exponentiell mit dem neu Kennengelernten. Dann, wenn das Kleine den Garten erforscht, gewinnt es zwar wieder viele Erkenntnisse, doch es sieht jetzt auch, dass hinter dem Zaun eine weitere, noch viel, viel größere Welt wartet. Und wenn der junge Mensch später auf den Berg hinter dem Elternhaus steigt, um die ganze Welt sehen zu können, wird er am Gipfel erschüttert feststellen, wie groß das Unbekannte ist. Unfassbar, wie weit das Auge reicht, wie groß die Länder sind, die der junge Mensch noch nie gesehen hat. Und hier, am Gipfel des Berges, erkennt der Mensch das erste Mal, dass er niemals alles wird sehen können, dass die Welt zu groß, zu weit und zu unverständlich ist, um jemals alles erkennen zu können.

Um sein Unwissen verstehen zu können, muss der Mensch nach oben steigen. Erst wenn er zurückblicken kann, wenn er erkennt, wie wenig er gestern wusste, begreift er, wie wenig er heute weiß. Je höher wir steigen, je weiter wir gehen, das Begreifen des eigenen Unwissens steigt im Quadrat zum Gewinn an Wissen.

So forscht der Mensch wie ein Süchtiger immer weiter. Nach jedem Schuss folgen sofort der Entzug und der unwiderstehliche Drang, noch mehr zu forschen, noch mehr zu wissen. Ein Kreislauf, der niemals endet.

Der Zufall ist das größte Grausen für den Menschen. Welche entsetzliche Vorstellung, dass vieles einfach zufällig passiert und nicht vorhersehbar ist! Wir möchten alles in Formeln und Vorhersagen stopfen, nichts soll unerklärbar bleiben.

Doch wie die Welt entstand, was nach dem Tod passiert, das verschließt sich jedem Forschungsmodell. Wir können darüber nur spekulieren. Könnte alles nur Zufall gewesen sein oder hatte eine für uns unsichtbare Kraft die Hand im Spiel? Was passiert nach dem Tod? Lebt die »Seele« noch weiter oder ist alles aus, weil das Leben nur ein zufälliger biochemischer Prozess war? Nur eines können wir dazu mit Sicherheit sagen, dass wir das niemals wissen werden. Wir können nur vermuten und Ideen entwickeln, wie die Welt entstanden ist und welche Rolle der Mensch darin spielt, zu Lebzeiten und danach.

Wenn wir das Unbegreifliche erklären wollen, wenn wir ein Modell für das konstruieren wollen, was wir nie verstehen werden, müssen wir auf nackten Glauben zurückgreifen. Das ist die einzige Möglichkeit, diese Lücke zu schließen und trotz der Unmöglichkeit zu wissen auch hier Verständnismodelle anzubieten.

Moral. Wir wissen heute, dass dem Menschen ein für unsere Art passendes Moralgerüst mitgegeben worden ist. Den Anforderungen unseres Lebens und unserer Umwelt entsprechend haben wir Regeln entwickelt, die dem Überleben unserer Gattung helfen. Wohlgemerkt, nur *unserer* Spezies! Was dem Homo sapiens richtig erscheint, passt für andere Arten möglicherweise gar nicht. Das Töten des Männchens nach dem Geschlechtsakt erscheint uns Menschen als unmoralisch, für manche Spinnenarten ist dieser kannibalistische Eiweißschock jedoch ein wesentliches Element ihrer Fortpflanzung. Passend für unsere Art zu leben, zu jagen, uns fortzupflanzen, entstand ein System an Richtlinien, das besser zu unseren Lebensumständen passte als alternative Verhaltensformen. Es sind keine »guten« oder »richtigen« Regeln, sondern Muster, die in der Praxis eine höhere Überlebenswahrscheinlichkeit aufwiesen als andere.

Ein paar Beispiele: Wir überleben mit größerer Wahrscheinlichkeit, wenn wir uns nicht gegenseitig töten. Der Mensch pflanzt sich zu langsam fort, um ein beständiges, tödliches Ausleseverfahren im Kampf zuzulassen. Jeder Getötete fehlt bei der Verteidigung des Clans gegen Raubtiere und menschliche Feinde. Das Resultat ist, dass wir uns eingeprägt haben, dass das menschliche Leben innerhalb der Gruppe hochzuhalten ist.

Kooperation ist wichtig bei der gemeinsamen Jagd und beim Verteilen von Ressourcen. Jagd in der Gruppe funktioniert nur, wenn jedes Mitglied zuverlässig an genau der Stelle steht, wo es vereinbart war. Es ist für das Überleben aller entscheidend, dass wir uns darauf verlassen können, dass die Reserve nach einem Ausflug noch da ist und nicht geplündert wurde. Ehrlichkeit, Vertrauen, Loyalität und Verlässlichkeit entwickelten sich als wesentliche Werte aus diesen Notwendigkeiten heraus.

Verhaltensmuster, die die Überlebenswahrscheinlichkeit der Spezies maximierten, können dabei durchaus zum Nachteil des einzelnen Individuums sein. Wenn ein gewisses Maß an Promiskuität für unseren Genpool notwendig ist, leidet der betrogene Ehemann trotzdem tierisch, wenn er seiner Frau auf die Schliche kommt.

Religionen formulierten für das Set an Verhaltensmustern, die das Überleben unserer Art besser unterstützten als andere Verhaltensweisen, den Moralbegriff. Einfache Sätze beschrieben die Eckpunkte eines effizienten Zusammenlebens. Regeln, die jeder versteht und die einfach zu merken sind. Unter den Bezeichnungen *Edler Achtfacher Pfad*[82] (Buddhismus), *Zehn Lebensregeln*[83] (Hinduismus), *Fünf Säulen* (Islam) oder den *Zehn Geboten* fassten weise Männer die wesentlichen Verhaltensregeln zusammen. Leicht zu lernen sollten sie den Menschen einen Leitfaden bieten, wie die Gemeinschaft besser zusammenleben kann. Dabei geht es immer um unser biologisches Erbe, was für die Entwicklung der menschlichen Rasse wichtig war: nicht lügen, nicht stehlen, nicht töten, nicht fremdgehen und – je nach Religion – ein bisschen Respekt vor den Göttern. Es ist wesentlich leichter, von der Kanzel herab zu predigen »Hier sind zehn Gebote, halte dich daran, sie sind von Gott persönlich«, als mühsam zu argumentieren, dass wir am Ende alle besser fahren, wenn wir uns zusammenreißen! Umständliche Erklärungen, woher und warum gewisse Verhaltensweise für die Spezies Mensch produktiv sind (für andere Arten jedoch durchaus kontraproduktiv sein können), würde die breite Masse niemals erreichen.

Wenn wir die Frage ausdehnen und nicht nur hinterfragen, was Menschen zu glauben motiviert, sondern auch, warum sie sich Religionsgemeinschaften anschließen, religiöse Riten praktizieren, finden wir andere, neurologische Hintergründe.

Wir haben uns bereits Gedanken darüber gemacht, dass der Mensch ein unschlagbar leistungsfähiges Gehirn entwickelte, das ihn zum ständigen Forschen drängt. Wir wollen alles verstehen, alles vorhersagen können. Doch das Leben nach dem Tod, der Sinn unserer Existenz, entziehen sich völlig jeder Erforschbarkeit. Und das erzeugt in uns massives Unwohlsein. Es kann doch nicht sein, dass wir gerade für diese wichtigen Fragen keine Antwort finden?

Das monströse Gehirn, das sich im Menschen entwickelte, ist vor allem für rasche Entscheidungen ausgelegt. Schnelligkeit entschied schon immer über Leben und Tod. Doch was hat unser Denkapparat heute noch zu tun? Seit wir in Gruppen zusammenleben und gelernt haben, unsere Rückzugsgebiete zu sichern und zu verteidigen, ist der ausgefeilte Intellekt des Jägers kaum mehr gefordert. Unser Gehirn ist einfach zu groß für den menschlichen Alltag geworden. »Es ist, wie wenn wir ein linkes Bein hätten, das fünfmal länger ist als das rechte«, meint der Anthropologe *Lionel Tiger*.[84] Das Hochleistungsgehirn des Homo sapiens wird zumeist nur zu einem winzigen Prozentanteil beansprucht und das erzeugt Unwohlsein.

Religionen kümmern sich darum. Unser zu stark entwickeltes Gehirn will beschäftigt werden und wer betet, singt, beichtet, glaubt, der gibt seinem Gehirn etwas zu tun. »Brainsoothing« (Gehirnberuhigung) nennt *Tiger* das.

Gemeinsam mit dem Neurologen *Michael McGuire* stellte *Tiger* in Studien fest, dass Menschen eine Methode gefunden haben, ihr unterfordertes Gehirn zu beruhigen: Nämlich mit dem Ausstoß von Serotonin. Dieser Neurotransmitter bewirkt Entspannung und Gelassenheit. Serotonin dämpft Angst, Aggression und lässt Kummer verschwinden. Eine feine Sache, doch wie können wir die Ausschüttung dieses angenehmen Hormons auslösen?

Durch religiöse Praxis gelingt dies ganz leicht. Drei religiöse Übungen bewirken eine vermehrte Produktion von Serotonin: Zum Ersten die Vorstellung einer überirdischen Gerechtigkeit und göttlichen Wirkens als letzte große Instanz der Ordnung und Hilfe für die Schwachen. Zweitens die Mitgliedschaft in einer religiösen Gruppe, das Gefühl von Zugehörigkeit zu Gleichgesinnten. Und drittens das regelmäßige Praktizieren von religiösen Riten und die Jahrtausende alte Tradition solcher Institutionen.[85] »Kirchen, Tempel, Moscheen sind im Grunde Serotonin-Fabriken«, sagt *Tiger*.[86] Wer sich in einer Religion engagiert, ist dank Serotonin glücklicher als andere.

Diese drei Faktoren – Glaube, Gemeinschaft und Rituale – beruhigen unser gestresstes Gehirn. Der Glaube an Irreales gibt uns die Antworten auf Fragen, für die es keine Antworten geben kann. Unser Geist, der alles verstehen und wissen will, erträgt es schwer, wenn er nicht wissen kann, was vor uns und nach uns passiert. Gläubigkeit löst dieses Problem für uns. Der Glaube gibt die Lösung, nach denen unser Intellekt so dürstet. Er verrät uns, was wir benötigen, um wieder rund zu laufen. Wir verhalten uns wie eifersüchtige Ehemänner, die mit allen Mitteln die Wahrheit über die Untreue ihrer Frauen kennen wollen, obwohl sie wissen, dass sie dieses Wissen schmerzen wird. Ohne Vernunft suchen wir nach Antworten, die wir nicht hören sollen. Und da es für die Fragen des Jenseits keine Lösung geben kann, bauen wir uns Erklärungen und glauben daran.

Sakrale Bauten – die in allen Religionen bemerkenswert ähnlich aussehen – konzentrieren eine Gemeinschaft Gleichgesinnter. Als Rudeltiere fühlen wir uns in Gruppen wohl, geborgen, sicher. Kirchen vermitteln dieses Gefühl noch dazu in einer höchst egalitären Weise: Sämtliche Gläubige sind völlig gleichwertig, alle sitzen nebeneinander auf Bänken, keiner ist bevorzugt. Nur der Vertreter Gottes ist separiert, erhoben und blickt in die andere Richtung. Wir suchen Lösungen, er gibt sie uns. Dieses Setting vermittelt Menschen gleich mehreres: Sicherheit in der Gemeinschaft, Selbstbewusstsein durch Mitgliedschaft und Gleichwertigkeit aller Mitglieder, Autorität und Lösungskompetenz des Priesters in einer ungewissen Zeit. Unser Körper belohnt uns dafür mit Serotonin.

Die kirchlichen Rituale beruhigen unseren Geist und sind ebenfalls wichtige Serotoninspender. Das gemeinsame Gebet oder der Gesang in der Kirche geben uns zusätzliches Gemeinschaftsgefühl, vermitteln Ordnung und Beständigkeit. Die Unterteilung des Jahres in Festtage, der wöchentliche Gottesdienst, die Rituale um die großen Lebensereignisse Geburt, Heirat, Tod, bauen ein stützendes Gerüst für unsere Psyche. Was unerklärlich scheint, macht plötzlich Sinn. Wer sein Leben nach diesen Zeremonien ausrichtet, wird mit einen signifikant höheren Serotoninlevel belohnt.[87]

Das ritualisierte Gebet spendet ebenfalls Kraft. Wer monoton die Verse des Rosenkranzes oder anderer Formeln wieder und wieder aufsagt, erlebt eine Trance wie bei anderen Meditationstechniken auch. Zahlreiche Studien konnten inzwischen feststellen, dass Meditation oder regelmäßiges

Gebet sich positiv auf Blutdruck, Herzrhythmusstörungen, Depressionen auswirken und den Stresslevel senken.[88]

Um in den Genuss eines erhöhten Serotoninausstoßes zu kommen, bedarf es der Bereitschaft, sich auf eine Religion einzulassen. Wer mit Konformismus und Menschenansammlungen nicht viel anfangen kann, wird kaum in einer vollen Kirche glücklich werden. Ein positives Verhältnis zu den Menschen im Umfeld ist für die religiöse Praxis in einer Gemeinschaft höchst förderlich. Dementsprechend zeigt die Forschung, dass Religiosität und Empathievermögen stark korrelieren.

Anthony Jack von der Case Western Reserve University in Cleveland erforscht, welche neuronalen Vernetzungen im Gehirn für analytisches Denken und welche für soziales Handeln verantwortlich sind. Seine Studien zeigen, dass Ungläubige den emphatischen Teil eher unterdrücken, während religiöse Menschen analytische Regionen im Gehirn tendenziell zurückdrängen.[89] Gläubige verfügen statistisch über mehr Mitgefühl als Atheisten. Im Gegenzug weisen glaubenslose Menschen einen höheren Intelligenzquotienten auf und sind zu rationaleren Entscheidungen befähigt.

Was dabei Ursache und Wirkung in dieser Korrelation ist, bleibt offen: Neigt der empathische Mensch eher zur Teilnahme an religiösen Gemeinschaften samt ihren moralischen Vorstellungen? Oder ist es umgekehrt, erzieht uns ein religiöses Leben zu mehr Empathie? Das ist zumindest das, was die großen Religionen für sich beanspruchen.

Glaube – Hoffnung – frommer Wunsch

»153 ... Der Glaube ist ein Geschenk Gottes, eine von ihm eingegossene übernatürliche Tugend. Damit dieser Glaube geleistet wird, bedarf es der zuvorkommenden und helfenden Gnade Gottes und der inneren Hilfen des Heiligen Geistes, der das Herz bewegen und zu Gott umkehren, die Augen des Verstandes öffnen und allen die Freude verleihen soll, der Wahrheit zuzustimmen und zu glauben.« (Katechismus der katholischen Kirche, 1.1.3.4.III)

Wenn jemand im Brustton der Überzeugung erklärt, er »glaube«, damit vielleicht sogar ein wenig Geringschätzung gegenüber jenen äußert, die die »Gnade des Glaubens« nicht erfahren dürfen, was meint er genau damit? Was heißt es zu glauben? Nicht im sozialen Kontext (wie lebt der Gläubige) oder psychologisch (was empfindet der Gläubige), sondern rein logisch betrachtet: Was bedeutet es, zu *glauben*?

Dieser Frage möchte ich eine kurze Überlegung voranstellen: Welche Konsequenzen hat es für uns, wenn wir die Existenz Gottes für wahr halten? Gehen wir kurz in uns und widmen wir ein paar Minuten dem Problem, welche Auswirkungen das Annehmen dieser Gnade Gottes für den Einzelnen hat.

Denken wir dazu an einen unschlüssigen Menschen, der an Gott gezweifelt hat oder vielleicht gar nichts von ihm wusste. Mag sein, dass er ein Anhänger einer anderen Glaubensrichtung war und nun bekehrt wurde. Oder ein Schicksalsschlag hat ihn zum Glauben geführt, wie auch immer. Er hat jetzt seinen Glauben gefunden, er hat sich entschlossen, Gott zu akzeptieren. Nach Jahren des Zweifelns sagt er nun: Ja, ich glaube!

Welche Auswirkungen hat diese Entscheidung? Wer sich Gott und einem Leben nach dem Tod öffnet, fasst einen Entschluss, der nicht weitreichender sein könnte. Es geht nicht um den Zeitraum von ein paar Wochen wie bei der Urlaubsplanung. Es geht nicht um ein paar Jahre wie bei der Wahl eines Jobs. Es geht auch nicht um das ganze Leben wie bei einer Heirat oder einem Schwerverbrechen, das mit lebenslanger Haft bedroht wird.

Es geht um unendlich viel mehr, nämlich um die Ewigkeit! Es ist die Auswahl zwischen nie enden wollender Glückseligkeit für alle Zeiten, ewiger Pein oder gar nichts mehr, wenn das Leben vorbei ist. Wir können keine schwerwiegendere Entscheidung treffen.

Wie kann sich ein Mensch einem Problem widmen, das weit über seine irdische Existenz hinausgeht? Was, wenn wir uns irren? Wenn wir uns den Fragen nach einem Leben nach dem Tode oder einem allgewaltigen Gott stellen, dann dürfen wir keinen Fehler machen. Nahezu jede Religion reagiert allergisch auf das Verehren anderer Götter, Götzendienst wird praktisch immer schlecht aufgenommen.

Dennoch geben alle Religionen freimütig zu, dass man »glauben müsse« und nicht wissen könne. »Glaube sei ein Geschenk« und keineswegs selbstverständlich, man müsse von Gott zum »Glauben berufen« sein. Wir müssen sogar für einen »starken Glauben beten«! Welch krasser Widerspruch: Zum einen steht außer Diskussion fest, dass wir die Wahrheit nicht wissen können und »glauben müssen«, zum anderen wird abweichender Glaube sowohl mit irdischem Terror als auch ewiger Verdammnis bestraft.

In diesem Konflikt hat jeder gleich recht und unrecht. Eine Milliarde Hindus können sich irren und nach ihrem Tod für diesen Irrtum mit ewigem Höllenfeuer bestraft werden. Oder umgekehrt. Oder es ist alles völlig anders und alle menschlichen Religionen liegen falsch. Unendlich viele Möglichkeiten sind denkbar. Vielleicht leben wir als Computerprogramme in einer Matrix oder wir sind Bakterien auf einem Staubkorn, das bei einem kleinen Knall – von uns als »Urknall« bezeichnet – entstand. Vielleicht sind wir nur

Versuchsorganismen in Reagenzgläsern gelangweilter Doktoranden einer uns überlegenen Spezies. Wir könnten auch das real gewordene Fantasieprodukt eines Kinofilms einer höher stehenden Art sein und deren Kids lachen über uns in ihren transdimensionalen Kinos. Wer weiß?

Da jede Religion von »Glauben« spricht und festes Wissen nicht möglich ist, dürfen wir uns alles denken. Wie soll ein Mensch diesen Konflikt, den andere ihm aufgebürdet haben, lösen? Vor allem mit den angedrohten, absolut entsetzlichen, für alle Ewigkeit andauernden Konsequenzen.

Kluge Köpfe haben in den vergangenen Jahrhunderten viele Werkzeuge entwickelt, um zwischen Wissen und Glauben unterscheiden zu können. Vor über 2300 Jahren schrieb Aristoteles die *Logik* als Lehre vom folgerichtigen, widerspruchsfreiem Denken. Ungezählte Forscher haben seit damals einen breiten Werkzeugkasten an logischen Hilfsmitteln entwickelt, um Probleme konsistent zu lösen. Das ist auch wichtig für uns, denn wenn wir nicht möglichst viele Fehler ausschließen, gefährden wir schlimmstenfalls unser Leben.

Zu diesen Werkzeugen gehört beispielsweise das konditionale Schließen, »wenn« etwas ist, »dann« gilt etwas anderes. Wir können sagen, »wenn es regnet, ist die Straße nass.« Da es heute regnet, folgt daraus, dass die Straße nass sein muss.

Wenn wir von wenigen Beobachtungen mutig auf alles Übrige schließen wollen, dann hilft uns die *Induktion*, ein weiterer, wertvoller logischer Mechanismus. Klassische Beispiele für induktive Schlüsse sind, wenn nach dem Erblicken von etlichen weißen Schwänen angenommen wird, dass auch alle anderen Schwäne weiß sein müssen (was bekanntlich nicht stimmt). Oder dass die Sonne immer im Osten aufgeht, weil sie bislang immer dort aufgetaucht ist (was ziemlich sicher stimmt).

Die *Induktion* ist in uns einprogrammiert und hilft uns seit Urzeiten zu überleben. Wer zwei- oder dreimal auf einen bissigen Bären traf, konnte induktiv daraus schließen, dass wohl alle Bären gefährlich wären. Was die Überlebenswahrscheinlichkeit gleich wesentlich verbesserte.

Um sinnvolle induktive Schlüsse ziehen zu können, bedarf es einer wichtigen Zutat: der Wahrscheinlichkeit. Je öfter wir ein Phänomen beobachten und das in Relation zum vermuteten gesamten Vorkommen setzen, desto wahrscheinlicher wird das Zutreffen des induktiven Schlusses. Ein weißer Schwan lässt uns noch nicht ständig weißes Gefieder vermuten. Doch wenn wir einmal zehn, zwanzig oder hundert Schwäne gesehen haben und alle waren weiß, nehmen wir der Einfachheit halber an, alle wären weiß.

Die wesentliche Zutat zu diesem induktiven Schluss, war die *Wahrscheinlichkeit*, wie oft wir Schwäne gesehen haben und wie viele davon weiß waren. Ohne bewusst darüber nachgedacht zu haben, schätzen wir, wie viele Schwäne uns noch begegnen werden. Wir unterscheiden zwischen dem Wert eines induktiven Schlusses anhand der Größe unserer Stichprobe. Haben wir zufällig ein Tier beobachtetet und wollen wir davon auf alle schließen? Oder haben wir vielleicht Hunderte gesehen, was uns wesentlich mehr Sicherheit gäbe? Wir besitzen ein intuitives Gefühl, ob unsere Beobachtung ausreichend ist, um auf die Allgemeinheit schließen zu können.

Und damit sind wir auch schon beim *Glauben*. Denn Induktion ist nichts anderes als Glaube, eine Vermutung über die Wahrheit anstellen. Wenn wir auf Grund unserer Erfahrung plus der Beobachtung eines Phänomens annehmen, dass irgendetwas so oder anders sei, dann stellen wir eine Vermutung über die Realität an, wir *glauben* daran. Wenn ich meinen Autoschlüssel nicht finde, obwohl ich alles abgesucht habe, dann vermute ich, er ist in meiner Jackentasche. Wissen tue ich es nicht, ich schätze es. Es ist wieder ein induktiver Schluss, denn dort war der Schlüsselbund schon ein paar Mal. Ich *glaube*, dass er in meiner Jacke zu finden ist.

Um zu *glauben*, benötigen wir *Vorwissen*! Sonst wäre es reine Spekulation, Wunschdenken oder Fantasie. Wissenschaftlich ist das Problem bekannt und in der Entscheidungstheorie wird zwischen Wahlmöglichkeiten abhängig vom Vorwissen unterschieden. Wenn sich ein Entscheidungstheoretiker der Frage, ob er an etwas *glauben* will, nähert, hat er vier Alternativen zur Auswahl:

Die Entscheidung unter *sicheren Rahmenbedingungen* ist die Einfachste: Die Möglichkeit, die das beste Ergebnis bietet, wird gewählt werden. Wir können uns vorstellen, wir müssten eine Wahl treffen, ob wir einen offenen Schuhkarton mit zehn Golddukaten oder einen anderen, der leer ist, wählen. Selbstverständlich würde sich jeder für die befüllte Schachtel entscheiden.

Schwieriger wird es, wenn wir nicht genau wissen, was in den Kartons ist. Dies bezeichnet die Entscheidungstheorie als *Probleme unter Risiko*: Wir kennen die Auswirkungen unserer Entscheidung und mit welcher Wahrscheinlichkeit sie eintreffen. Beispielsweise ist die Wahrscheinlichkeit für eine Haiattacke hinlänglich bekannt. Im Jahr 2015 stieg die Anzahl von tödlichen Haiangriffen weltweit von drei (2014) auf sechs an. In Relation zu 1.184.000.000 Touristen 2015, ist die Wahrscheinlichkeit beim Urlaub von einem Hai gefressen zu werden 0,0000005%.[90] Unter Kenntnis dieser Wahrscheinlichkeit können wir uns entscheiden, ob wir in Griechenland ins Meer steigen oder eben nicht.

Um beim Beispiel mit den Schuhkartons zu bleiben, wären in diesem Fall in einer prall gefüllten Schachtel 10 Golddukaten im Wert von 500 Euro zwischen zahlreichen 1-Cent-Münzen zu finden. Würden Sie 50 Euro bezahlen, um mit verbundenen Augen eine Münze ziehen zu dürfen? Sie können diese Entscheidung leicht treffen, denn Sie wissen ungefähr das Verhältnis zwischen Dukaten und Münzen anhand der Größe des Kartons. Dies wird als *Entscheidung unter Risiko* bezeichnet.

Noch schwieriger wird es, wenn wir nicht einmal die Wahrscheinlichkeit für das Eintreffen eines Ereignisses kennen, was als *Probleme unter Ungewissheit* bezeichnet wird. Das typische Beispiel dafür ist eine Unternehmensgründung. Die meisten Start-ups haben keine Ahnung, ob ihr Businessmodell aufgeht und mit welcher Wahrscheinlichkeit dies passieren könnte. Eine neue Sport-App für das iPhone, eine Vermarktungsplattform für ökologische Produkte, ein Fast-Food-Restaurant, das auf Rezepte aus Zentralafrika setzt – wer weiß schon, ob so etwas gehen kann? Oder, um im Großen zu denken: eine Mondlandung, ein Heilmittel gegen Krebs, ein Krieg gegen ein fernes Land in Asien, wir haben keine Ahnung wie wahrscheinlich ein Erfolg ist.

Unser Schuhkartonbeispiel sähe jetzt so aus, dass Sie zwar wissen, dass Golddukaten zwischen den Centmünzen versteckt sind, aber Sie wissen nicht wie viele. Vielleicht sind in der Kiste hunderte Dukaten, vielleicht kein einziger. Der Griff kostet 50 Euro. Machen Sie es?

Doch das Schlimmste, was unserem rationalen Gehirn passieren kann, ist ein Problem, von dem wir nicht einmal die Ausgänge kennen: Das *Problem völliger Unsicherheit*. Wir können uns als Bild unsere Urahnen vorstellen, die in eine dunkle Höhle klettern sollten, ohne eine Idee, was darin sein könnte. Bären, Wölfe, Drachen, Vampire, Monster-Spinnen, alles, was Mythen uns erzählten und unsere Fantasie zulässt, wäre denkbar. Ein Abenteuer, ohne eine Vorstellung, was uns erwartet.

Ein modernes Pendant wären Geheimdienstausschüsse in den USA, die Projekte und Budgets absegnen müssen, ohne im Geringsten Bescheid zu wissen, was in diesen Vorhaben passiert. Wie soll ein Betrag von 100 Millionen Dollar bewilligt werden, wenn die Entscheidungsträger nicht informiert werden dürfen, wofür das Geld ausgegeben wird?

Das Beispiel mit dem Schuhkarton sähe jetzt so aus, dass Sie keine Information hätten, was der Karton enthält. Dukaten, Diamanten oder bloß Süßigkeiten oder alte Supermarktquittungen? Sie wissen nichts über den Inhalt. Wäre Ihnen der Griff 50 Euro wert? Das ist ein Problem in vollkommener Unsicherheit.

Mit diesem Schema können wir uns auch der Frage nach der Existenz Gottes oder dem Leben nach dem Tod stellen. Und offensichtlich handelt es sich um ein Problem völliger Unsicherheit. Weder kennen wir die Höhe des Risikos, dass wir mit unserer Meinung falsch liegen, noch kennen wir alle möglichen Szenarien, die uns nach unserem Tod erwarten könnten. Jede Variante ist denkbar. Ob Paradies, Wiedergeburt, ein einfaches Lebensende, Wolke, Jungfrauen, Odins Tafel oder doch etwas völlig anderes, wir haben keinen Anhaltspunkt, was sein könnte. Das Jenseits ist eine Blackbox, von deren Inhalt wir nicht die geringste Ahnung haben. Und wir haben natürlich auch keinen Schimmer von den Eintrittswahrscheinlichkeiten all dieser unbekannten Alternativen.

Um jedoch verlässlich auf etwas schließen zu können, benötigen wir zuvor bekannte *Fakten* und dazu *Wahrscheinlichkeiten* für unsere Annahmen. Wir müssen zumindest Anhaltspunkte haben, um sinnvoll vermuten zu können.

Wenn ich behaupte, hinter meinem Computermonitor sitzt ein lebender, kleiner, rosaroter Elefant, was würden Sie denken? Es gibt nicht das geringste Indiz für eine solche Aussage. Im Gegenteil, Sie verfügen über ein umfangreiches Wissen über Elefanten. Sie wissen, wie sie aussehen, dass sie ziemlich groß sind und wo sie leben. Es gibt überprüfbare Fakten und aus Ihrer Erfahrung schätzen Sie leicht die Wahrscheinlichkeit für die Existenz winziger, rosaroter

Rüsseltiere ein. Sie werden rasch beginnen zu *glauben*, dass ich Sie beschwindle oder übergeschnappt bin. Die Kombination von Wissen und Wahrscheinlichkeit erlaubt Ihnen, einen *Glauben* über die Richtigkeit meiner Behauptung zu entwickeln.

Glaube ist eine statistische Einschätzung von Wahrscheinlichkeiten. Wir brauchen Hintergrundwissen, Erfahrungen, Hinweise, zumindest Indizien, um etwas glauben zu können. »Ich glaube, morgen regnet es«, »Ich glaube, Donald Trump gewinnt die Wahl«, »Ich glaube, mein Auto parkt dort hinten«, »Ich glaube, unser Kühlschrank macht es nicht mehr lange«, »Ich glaube, meine Tochter hat einen Freund«. Alles induktive Schlüsse von Erfahrungswerten und Anhaltspunkten für einen vermuteten Ausgang. Der Duden beschreibt *glauben* als »für möglich und wahrscheinlich halten«. Wenn wir glauben, treffen wir eine positive Annahme über eine vermutete Realität anhand von erlebten Fakten.

Wenn wir aber sagen, »Wir glauben an ein Leben nach dem Tode«, so kann das kein Glaube sein, sondern lediglich eine *Vermutung* über den möglichen Ausgang des Experiments Leben. Es ist eine Annahme unter *völliger Unsicherheit*. Es gibt nicht das kleinste Indiz dafür, dass diese Idee stimmen könnte. Nicht einmal der biblische Lazarus, der legendär von den Toten auferweckt wurde (Joh. 11,1–45), berichtete aus dem Jenseits. Wir können keine sinnvolle Aussage über die Richtigkeit dieser Annahme treffen. Dazu fehlen uns sowohl Anzeichen als auch eine Einschätzung, wie wahrscheinlich diese Idee sein könnte. Wenn wir vom Leben nach dem Tode sprechen, dann können wir nur *hoffen*, wir können es uns *wünschen*, davon *träumen*, aber ein Glaube daran, der auf statistischen und persönlichen Erfahrungen beruhen würde, ist nicht möglich.

Etwas einfacher zu beantworten ist die Frage nach der Existenz eines Gottes. Im Unterschied zu zuvor, verfügen wir dazu über einen reichhaltigen Erfahrungsschatz. Zahlreiche Indizien ermöglichen uns, eine Wahrscheinlichkeit für die Existenz eines Gottes abzuschätzen. Dazu zählen Fakten, wie das Wissen, dass noch nie jemand einen Gott gesehen hat. Wir können (und dürfen) uns nicht einmal ein Bild von Gott machen. Gott hat auch noch niemals (glaubwürdig und nachvollziehbar) mit einem Menschen (sinnvoll und ohne wirre Metaphern) gesprochen. Wir wissen aus eigener Erfahrung und von Berichten anderer, dass die Ansprache Gottes, das Gebet, keinen Kontakt mit einem jenseitigen Wesen herstellt. Niemals wird unser Versuch zu kommunizieren beantwortet. Weder ist es uns geglückt, unsere Schularbeitsnoten durch Beten zu erwünschen, noch einen Kranken heilen zu lassen. Nicht einmal dem Papst gelingt dies, wenn er die Menschen zum »weltweiten Gebet für den Frieden« aufruft. Trotz des Gebets von Millionen Menschen samt dem Stellvertreter Christi auf Erden will sich der Weltfriede nicht einstellen.

Das Gegenteil macht hingegen sehr viel Sinn: Wenn wir alte Erzählungen und Mythen beiseite lassen, verfügen wir über einen reichhaltigen Schatz an persönlich erlebter Nicht-Existenz eines Gottes. So wie wir nach 20.000 Morgen, an denen die Sonne im Osten aufging, darauf getrost schließen können, dass sie wohl bis ans Ende unseres Lebens dort aufgehen wird, genauso könnten wir nach ebensovielen Tagen ohne Gott darauf schließen, dass Er wohl niemals mehr kommt. Auch alle Menschen, die wir kennen, können bestätigen, dass niemand jemals Gott gesehen hat. Ebenso überlieferten alle bekannten Vorfahren kein Erleben eines Gottes. Es gibt nur uralte, archaische Erzählungen, deren Wahrheitsgehalt nach so vielen Generationen ohne Gott genauso bezweifelt werden kann, wie die Geschichten aus 1001 Nacht, die auch ziemlich alt sind.

Atheismus bietet den Vorteil, dass er durch erdrückende Indizien gestützt wird. Der Glaube, dass es keinen wie immer gearteten Gott gibt, basiert auf unendlich vielen Anhaltspunkten und Lebenserfahrung.

Dieser Standpunkt gibt der Spaß-Religion der *Pastafari* Anlass für ausreichend Spott gegenüber herkömmlichen Religionen. Die Pastafari sind eine kulturelle Bewegung, die als Opposition zu einem gewissen *Dr. Kent Hovind* entstand. Eine weitere schillernder Figur religiöser Absurdität, die ich Ihnen abschließend nicht vorenthalten will.

Hovind, geboren 1953 in den USA, ist einer der Superstars des amerikanischen Kreationismus. Er erregte Aufmerksamkeit durch sein Angebot, jedem 250.000 US-Dollar zu bezahlen, der die Richtigkeit der Evolutionstheorie beweisen könne. Nach zahlreichen Einsendungen ruderte er zurück und erklärte, für ihn bedeute Evolution, dass Zeit, Raum und Materie von selbst entstanden seien, oder dass sich die Planeten von selbst aus Weltraumstaub entwickelt hätten. Diese Verdrehung des Evolutionsbegriffes war natürlich nicht mehr beweisbar. Letztlich hat *Hovind* seine Wette zurückgezogen und gekniffen.

Seine Thesen verbreitet er als Prediger im Süden der USA. Sein Höhepunkt war das *Dinosaur Adventure Land*, wo gezeigt wurde, wie Dinosaurier und Menschen in der Zeit zwischen 4000–2000 v.Chr. zusammen gelebt haben. Dieser Park ist inzwischen auf Grund von Steuervergehen geschlossen. Seinen Doktortitel erwarb *Hovind* an der nicht akkreditierten Korrespondenz-Universität *Patriot Bible University* nach vierwöchigem Studium des Faches »Christliche Erziehung«. Er wurde rechtskräftig zu zehn Jahren Gefängnis wegen diverser Steuerdelikte verurteilt, wovon er neun Jahre in einer Strafanstalt abbüßen musste. 2014 wurde *Hovind* noch des zweifachen Postbetruges angeklagt, der Prozess läuft zum Zeitpunkt der Entstehung dieses Buchs noch.

Solche Piraten, die auf der Suche nach Beute auf den

Meeren des Glaubens segeln, inspirieren oftmals kluge Köpfe zu pointierter Kritik. *Hovinds* Prämie für den Beweis der Evolutionstheorie stachelte den Physiker *Bobby Henderson* dazu an, einen alternativen Preis ins Leben zu rufen: Er erklärte, ein »fliegendes Spaghettimonster«, bestehend aus einem Körper aus einem Fleischklößchen und Spaghetti als Tentakel, habe die Welt und den Menschen erschaffen.[91] 250.000 US-Dollar solle jener erhalten, der beweisen könne, dass Jesus *nicht* der Sohn des fliegenden Spaghettimonsters sei. Das Preisgeld wurde später noch auf eine Million Dollar erhöht und bis heute nicht eingelöst.

Aus dieser Spaßwette entstand die bis heute aktive Bewegung der *Pastafari*. Eine Satirereligion, deren Name sich vom italienischen Wort *Pasta* (Teigwaren) und den zuvor erwähnten *Rastafari*, ableitet.

Bobby Henderson wollte aufzeigen, dass wir im Grunde alles erfinden und als Gott bezeichnen können. Die Aussage, man könne nicht das Gegenteil behaupten, erstickt jeden vernünftigen Gedanken. Egal, was wir uns ausdenken, sofern es nur weit weg genug ist – am besten überhaupt immateriell – wird niemand beweisen können, dass unser Gottesbegriff falsch ist.

Sind also Atheisten die einzigen *Gläubigen?* Nur sie *glauben* ja im Sinne des Wortes.

Selbst Atheisten können jedoch keinen Wahrheitsanspruch erheben, auch sie stellen nur Vermutungen an. Sie schließen mittels Induktion von Erlebtem auf eine vermutete Realität. Doch die Wahrheit kennen auch sie nicht. Wie der Mathematiker *Bertrand Russell* (1872–1970) es formulierte, wenn wir behaupten, eine Teekanne kreise zwischen Mars und Erde in elliptischen Bahnen um die Sonne, kann auch das niemand widerlegen.[92]

Atheisten glauben aufgrund der Evidenz ihrer Annahmen und das unterscheidet sie von religiösen Menschen. Letztere ignorieren ihr Erfahrungswissen, genauso wie sie das Fehlen etwaiger Indizien, die eine Voraussetzung für den Glauben sind, ausblenden. Und sie negieren, dass niemand auch nur ein Gefühl hat, wie wahrscheinlich die Existenz Gottes überhaupt sein könnte.

Der Philosoph und bekennende Atheist *Daniel Dennett* vertritt die Ansicht, dass die meisten religiösen Menschen gar nicht an Gott glauben, sondern an den Glauben selbst (»Belief in Belief«).[93] Sie halten den Glauben für moralisch und kulturell wichtig. Für *Dennett* ist das ein Unterschied wie zwischen der Haltung, an den Sozialismus als gute Sache zu glauben, und der Aussage, dass der Glaube an den Sozialismus wichtig sei. Bei Ersterem glaube ich an die Idee, Zweiteres beschreibt den Glauben an den Glauben an das Modell.

Dennett mag recht haben, aber die Betrachtung greift meiner Ansicht nach zu kurz. Das Faszinierende an religiösem Glauben sind nicht die Vorstellungen, woran geglaubt wird, oder die Motivationen dazu. Es ist das Ungleichgewicht zwischen nicht vorhandener empirischer Evidenz und dennoch getroffenen Schlussfolgerungen.

Versuchen wir künftig, präziser in der Formulierung zu sein: Es gibt keinen Glauben an Gott, es gibt nur einen *Wunsch nach Gott*. Niemand ist zum Glauben berufen, wir *lassen nur einen Wunsch* zu. Niemand kann stark im Glauben sein, sondern nur *schwach im Zulassen eines Wunsches*. Dass sich dieser Wunsch erfüllen wird, dürfen wir jedenfalls hoffen.

Wir alle haben die Verantwortung, den Sinn unseres Lebens zu finden. Wie der Begründer der Existenzanalyse *Viktor Frankl* so bedeutungsvoll schrieb: Sinn wird nicht gegeben, sondern jeder muss seinen Sinn selbstbestimmt finden.[94] Für *Frankl* muss die Sinnfrage »diesseits der Aufgabelung einerseits in die theistische und andererseits in die atheistische Weltanschauung«[95] beantwortet werden. Die Frage nach dem Sinn des Lebens ist außerhalb der Religionen zu suchen.

Gott mag eine Erklärung für die eigene Existenz sein, einen Lebenssinn verleiht der Glaube an einen Gott nicht.

Wem es geglückt ist, seinen persönlichen Sinn im Leben zu finden, der ist frei, sich mit Religion zu beschäftigen. Ich hoffe, die Gedanken dieses Buches helfen dabei, sich ohne historische oder dogmatische Altlasten der Vorstellung des Jenseits zu widmen. Es gibt kein Richtig und kein Falsch. Wenn wir zulassen, dass auch Dogmatiker letztlich irren können, haben wir die Chance, uns unbefangen dem Thema Religion zu nähern. Auf diesem Weg mag Ihnen das vorgestellte System der Glaubenspyramide dabei ein Werkzeug sein, Ihre Gedanken und Empfindungen zu ordnen.

Dankesworte

Jeder Autor, jede Autorin, muss bekennen, dass sein oder ihr Werk das Resultat von unzählig vielen anderen Menschen ist, die ihn oder sie geprägt haben. *Bernhard von Chartres* (†1124) bezeichnete Schreibende als »Zwerge auf den Schultern von Riesen« und meinte damit, dass unsere eigenen Einsichten auf den Ergebnissen wahrhaft großer Denker fußen.[96] Auch ein Gnom sieht auf den Schultern eines Titanen weiter als normale Menschen, die am Boden stehen.

Daher verneige ich mich vor den zahlreichen historischen Geistesgrößen, deren Zitate diese Arbeit erst möglich machten. Ich verbeuge mich aber auch vor den vielen Menschen meiner Zeit, die mir geholfen haben, dieses Buch zu schreiben.

Allen voran gebührt der meiste Dank meiner Lektorin *Verena Minoggio-Weixlbaumer*, der Verlagsleiterin des *Goldegg Verlags*, die bereits dieses sechste Manuskript von mir lektorierte. Nicht nur die konstruktive Arbeit am Text ist es, die mich zur Schuld verpflichtet, sondern auch zahllose Stunden fruchtbarer Gespräche, viele entgangene Feierabende, Jahre des Privatlebens, schulde ich ihr. Ich habe meine Lektorin, vor vielen Jahren geheiratet, ich hoffe, sie hat dies nie ob meiner vielen Buchprojekte und ständig wechselnden Interessen bereut.

Ein ebenso herzlicher Dank gebührt dem gesamten Team des *Goldegg Verlags*. Es hat meine Buchprojekte immer mit Begeisterung unterstützt, obwohl es das nicht müsste, und meine Bücher mit höchster handwerklicher Qualität hergestellt und promotet. Es sind großartige Menschen, die zu kennen für mich ein Privileg ist.

Nichts macht so viel Freude, wie die Verfolgung eigener

Ideen im Wissen, dass viele wertvolle Menschen diese Idee unterstützen. Mein inniger Dank richtet sich an alle Genannten und Ungenannten. Ohne Euch wäre dieses Buch nicht möglich gewesen.

Allen Leserinnen und Lesern gilt mein Dank dafür, dass sie mir beim Kauf dieses Buchs vertrauten. Ich hoffe, Sie hatten kurzweilige Stunden mit meinen Geschichten und Gedanken. Für Diskussionen, Meinungsaustausch stehe ich gerne zur Verfügung und freue mich auf jede Form des Feedbacks.

Ihr *Elmar Weixlbaumer*

Anmerkungen

1. David B. Barret et al., World Christian Encyclopedia, A comparative Survey of Churches and Religion in the modern World2, Oxford University Press, 2001

2. Marco Grillo, Desde 2010, uma nova organização religiosa surge por hora, O Globo, 27. 3. 2017

3. Brian J. Grim, Religious Hostilities reach Six-Year-High, Pew Research Center, 2014

4. Nikolai Kuhl, Der Pestaufstand von Moskau 1771. Aus: Heinz-Dietrich Löwe, Volksaufstände in Rußland: Von der Zeit der Wirren bis zur »Grünen Revolution« gegen die Sowjetherrschaft, S. 325–352, Harrassowitz Verlag, 2006

5. Man erinnere sich an das Jamestown-Massaker 1978, wo knapp tausend Menschen starben. Die Anführer motivierten die Gläubigen, sich und ihre Kinder selbst zu töten, um der Auflösung des Camps durch das US-Militär zuvorzukommen.

6. Memo vom 3. April 2003, Zitat aus Jos. 1.9.

7. Das Gotteslob erschien 2013 in einer für alle deutschsprachigen katholischen Kirchen (ausgenommen Liechtenstein und Schweiz) geltenden Neuauflage und löste das fast vierzig Jahre zuvor erschienene Vorgängerbuch ab. Das Gesangbuch wird von allen Bischöfen Deutschlands, Österreichs und dem Bischof von Bozen-Brixen gemeinsam herausgegeben. Vor 1975 gab es kein gemeinsames Gesangbuch für die deutsche Sprache. Die zwischen 1938 und 1964 bei verschiedenen Verlagen erschienenen Gesangbücher mit dem Titel »Gotteslob« sind eigenständige Publikationen und haben nichts mit dem von den Bistümern herausgegebenem Gesangbuch zu tun.

8. Volker Reinhardt, Luther, der Ketzer. Beck, 2016, S.10

9. CIC IV/I/IV/IV, Can. 992

10. Der Codex Iuris Canonici, kurz CIC, ist Gesetzbuch der römisch-katholischen Kirche. Ähnlich der Scharia, dem islamischen Recht, leistet sich auch die Kirche in Rom ein eigenes Gesetzeswerk, das derzeit in der Fassung von 1983 unter Papst Johannes Paul II vorliegt.

11. David B. Barret et al., World Christian Encyclopedia, A comparative Survey of Churches and Religion in the modern World², Oxford University Press, 2001

12. Blaise Pascal, Gedanken über die Religion, Teil II, Ab-

schnitt 3. Entnommen aus der deutschen Übersetzung von Karl Adolf Blech, herausgegeben von Michel Holzinger, Berliner Ausgabe 2016.

13. Ich beziehe mich auf die Funde aus 2013 in der Afar-Senke in Äthiopien, die zum Zeitpunkt des Entstehens dieses Buchs die ältesten Funde der Gattung Homo waren.

14. Mk 10,9 ff: Was aber Gott verbunden hat, das darf der Mensch nicht trennen. ... Wer seine Frau aus der Ehe entlässt und eine andere heiratet, begeht ihr gegenüber Ehebruch. Auch eine Frau begeht Ehebruch, wenn sie ihren Mann aus der Ehe entlässt und einen anderen heiratet.

14a. Studie Market Institut 2017, Sample 412 befragte Personen entnommen aus: Conrad Seidl, Nur jeder Vierte glaubt an die Existenz eines einzigen Gottes, Standard, 14.4.2017

15. K. A. H. Hidding, Der Hochgott und der mikrokosmische Mensch, in: Numen, Vol. 18/2, 94–104, Brill 1971

16. Pluralitas non est ponenda sine necessitate, aus William von Ockham, Scriptum in primum ibrum sententiarum, in: William von Ockham, Opera theologica.

17. Die Welt, Gesund durch Gebete: Die Wissenschaft untersucht die Kraft des Glaubens, 15. 4. 2006.

18. Largest Study of ThirdParty Prayer Suggests Such Prayer Not EffectiveIn Reducing Complications Following Heart Surgery. Harvard Medical School Press Release. 1. 3. 2006

19. Die Welt, Gesund durch Gebete: Die Wissenschaft untersucht die Kraft des Glaubens, 15. 4. 2006.

20. Feste Regeln für das Unerklärliche, Süddeutsche Zeitung, 11. 5. 2010

21. Eine Aufstellung aller Geheilten findet sich hier: https://de.lourdes-france.org/vertiefen/heilungen-und-wunder/die-geheilten-von-lourdes

22. Wunder gibt es immer wieder – Lourdes Ärztekomitee geht den Spontanheilungen nach, 3Sat, 26. 3. 2015

23. Challis GB1, Stam HJ., The spontaneous regression of cancer. A review of cases from 1900 to 1987. Acta Oncologica 1990; 29(5):545–50.

24. John Littlewood, A Mathematician's Miscellany. Methuen, 1953

25. Monika Berthold, Spontanheilungen. Gibt es sie oder nicht? Ärztezeitung, 15. 12. 2009

26. Monika Berthold, Spontanheilungen. Gibt es sie oder nicht? Ärztezeitung, 15. 12. 2009

27. Carl Sagan, Der Drache in meiner Garage. Oder die Kunst der Wissenschaft, Unsinn zu entlarven. Doemer Knaur, 1997.

28. Thomas von Aquin, Summa contra Gentiles

29. Horst Seidl, Thomas von Aquin, Die Gottesbeweise in der »Summe gegen die Heiden« und der »Summe der Theologie«, Felix Meiner Verlag, Hamburg, 1996

30. Frank J. Tipler, Die Physik des Christentums, Piper, 2008

31. Robert Spaemann, Der letzte Gottesbeweis, Pattloch, 2007

32. Löffler, Winfried, Einführung in die Religionsphilosophie, Wissenschaftliche Buchgesellschaft, 2. Aufl. 2013

33. Robert Spaemann, das ewige Gerücht, die Frage nach Gott und die Täuschung der Moderne, Klett-Cotta, 2014

34. Christoph Kardinal Schönborn, Finding design in nature, 7. 7. 2005, New York Times, deutsche Übersetzung von KathPress.

35. Ebd.

36. Hans Jonas, Der Gottesbegriff nach Auschwitz: Eine jüdische Stimme, Suhrkamp, 1987

37. Hans Küng, Existiert Gott? Antwort auf die Gottesfrage der Neuzeit, Piper, 2001

38. Leonard Percival Howell, The Promised Key, 1935, Übersetzung der zitierten Passagen durch den Autor.

39. Die folgenden Begebenheiten können hervorragend ausführlich nachgelesen werden in: Klaus-Rüdiger Mai, Gutenberg: Der Mann, der die Welt veränderte, Propyläen, 2016

40. Entnommen aus Horst Hermann, Lexikon der kuriosesten Reliquien: Vom Atem Jesu bis zum Zahn Mohammeds, Rütten & Loening, 2003

41. Ludwig Feuerbach, Das Wesen des Christentums, Verlag der Contumax, Berlin 2015, S. 232

42. Jörg Römer, Todesfall Prince – was ist Fentanyl? Spiegel, 3. 6. 2016

43. Charles Taze Russell, 16. 2. 1852–31. 10. 1916, USA, Mitbegründer des Verlags »Zions Wachtturm Bibel- und Traktatgesellschaft« und der Internationalen Bibelforscher-Vereinigung, aus denen die Zeugen Jehovas hervorgingen.

44. Harald Stöber, Gott Jahwe und Prophet Ezechiel, Ein kritischer Blick auf Religionen, Engelsdorfer, 2012

45. Karl Jaroš, Das Neue Testament und seine Autoren, S. 211, Böhlau 2008
46. Keller, Werner, Und die Bibel hat doch recht. Forscher beweisen die historische Wahrheit. Bertelsmann 1953
47. Siehe Mikael Rothstein, »His Name was Xenu. He used renegades …«, Aspects of Scientologys Founding Myth, in James R. Lewis (Hrsg.), Scientology, S. 365–388, Oxford University Press, 2009
48. Syllabus errorum, § III (15)
49. Syllabus errorum, § V (24).
50. Peter Köhler, Amen! Kuriose Fundsachen aus der Welt der Religionen, Eichborn 2013
51. Peter Köhler, Amen! Kuriose Fundsachen aus der Welt der Religionen, Eichborn 2013
52. Die Website www.answering-islam.org spricht von 1465 Sammlungen.
53. Muhammad Abduh, tarihul'l Üstaz, Band 2, S. 347–349, 516, 559
54. http://www.alrahman.de/zuverlaessigkeit-der-ahadith-die-korrumpierung-der-hochreligion-islam/, abgefragt 4. 11. 2016.
55. Entnommen aus der muslimischen Schriftquelle www.wikiislam.net, 28. 5. 2016
56. David Graeber, Debt, The First 5,000 Years, Melville House, 2011
57. Hubert Wolf, Index, Der Vatikan und die verbotenen Bücher, Beck, 2007
58. ebd., S. 203 ff
59. ebd., S. 71
60. ebd., S. 173.
61. Wolfgang Behringer, Kulturgeschichte des Sports: Vom antiken Olympia bis zur Gegenwart, Beck, 2012, S. 12
62. Tertullian, De Babtisto, Kap. 18
63. Ebd.
64. Martin Podlasly, Der Erdogan-Clan – Unterstützer des »Islamischen Staates«, Neopresse, 27. 11. 2015; »Islamischer Staat«: Moskau wirft Erdogan Verstrickung in Ölhandel vor, der Spiegel, 2. 12. 2015
65. Matthias Matussek, Grundsatzurteil zur Kirchensteuer: Es reicht!, Spiegel, 27. 9. 2012
66. Neuner-Roos, Der Glaube der Kirche. Überarbeitete Aufla-

ge von Karl Rahner und Kar-Heinz Weger, Verlag Friedrich Pustet, 1992

67. Stuttgarter Nachrichten, 8. 8. 2010
68. Stefan Schmitt, Erlösung unerwünscht, Die Zeit, 9. 10. 2010.
69. Zahlenmaterial aus statista.de
70. tagesspiegel.de, 21. 4. 2013
71. Codex Iuris Canonici 1983, Can. 277, § 1, weiters Can. 599
72. Codex Iuris Canonici 1983, Can. 247, § 1
73. Carmelo Abbate, Sex und der Vatikan: Ein Bericht über die verborgenen Seiten der Kirche. Goldmann, 2012.
74. Ebda.
75. Missbrauch in Kirche: Zwei Drittel der Täter geweihte Priester, APA in Die Presse, 24. 11. 2010
76. Annette Langer, Kirchliche Missbrauchsstudie: Priester, 39, psychisch labil, sucht Zwölfjährigen, Spiegel, 27. 6. 2016
77. John Briere, Marsha Runtz, University males' sexual interest in children: Predicting potential indices of »pedophilia« in a nonforensic sample. In: Child Abuse & Neglect, Vol. 13, 1, 1989, S. 65–75.
78. Siehe www.priester-ohne-amt.org
79. Alvin Toffler, Future Shock, Bantam, 1984
80. Oliver Errichiello, Arnd Zschiesche, Markenkraft im Mittelstand: Was jeder Manager von Dr. Klitschko und dem Papst lernen kann. S. 28, Springer 2008
81. Bloch, Ernst, Atheismus im Christentum, S. 91, Suhrkamp 1968
82. Rechte Einsicht, rechte Gesinnung, rechte Rede, rechtes Handeln, rechter Lebensunterhalt, rechtes Streben, rechte Achtsamkeit, rechte Konzentration.
83. Sich rein halten, zufrieden sein, freundlich und geduldig sein, sich bilden, sich ganz nach den Göttern richten, nicht zerstören und verletzen, nicht lügen, nicht stehlen, andere nicht Beneiden, nicht unbeherrscht und gierig sein.
84. Markus Somm, Wie Gott das Gehirn der Gläubigen ruhigstellt, Die Welt, 12. 7. 2010
85. Lionel Tiger, Michael McGuire, God's Brain, Prometheus Books, 2010
86. Markus Somm, Wie Gott das Gehirn der Gläubigen ruhigstellt, Die Welt, 12. 7. 2010
87. Lionel Tiger, Michael McGuire, God's Brain, Prometheus Books, 2010

88. Dale A. Matthews, David B. Larson, Constance P. Barry, The Faith Factor: An Annotated Biography of Clinical Research on Spiritual Subjects, Rockville, Maryland, 1993

89. Anthony I. Jack, Jared P. Friedman, Richard E. Boyatzis, Scott N. Taylor, Why Do You Believe in God? Relationships between Religious Belief, Analytic Thinking, Mentalizing and Moral Concern, PlosOne, 23. März 2016

90. Alle Zahlen von statista.de

91. Bobby Henderson, The Gospel of the Flying Spaghetti Monster, Random House, 2006

92. Bertrand Russel, Is there a God, aus: The Collected Papers of Bertrand Russell, Volume 11: Last Philosophical Testament, 1943–68, Routledge Chapman & Hall, 1993, S. 547 f.

93. Daniel C. Dennett, Breaking the Spell: Religion as a Natural Phenomenon, Penguin, 2007, S. 200 ff

94. Viktor Frankl, Der Wille zu Sinn, Hogrefe, 2015

95. Ebd. S. 117. Frankl bezog sich dabei auf die Logotherapie.

96. Johannes von Salisbury, Metalogicon, 3,4,46–50